성경 속의 문학

국립중앙도서관 출판시도서목록(CIP)

성경 속의 문학 = (The) bible as literature / 지은이: 한성우. -- 대전 : 오늘의문학사, 2014
p. ; cm

참고문헌 수록
ISBN 978-89-5669-644-7 93210 : ₩15000

성경[聖經]
성서 문학[聖書文學]

233.08-KDC5
220.6-DDC21 CIP2014029350

성경 속의 문학

한성우 지음

오늘의문학사

원고 집필을 마치고도 한동안 주저하고 고심하던 끝에 이 책을 출간하기로 결심했다. 이런 연유는 무엇보다도 성경책 그 자체에 함축되어 있는 근본적이고 전통적인 인식 때문이었다. 그러한 인식이란 바로 우리가 익히 알고 있는 바와 같이 성경은 영원불변하고 절대적인 하나님의 말씀이라는 사실이다. 어느 누구에게든지 성경은 그 어떤 책보다도 거룩하고 엄숙하고 때론 신비스런 존재가 되고 있다. 그래서 우리는 일상적으로도 성경을 소중하게 생각하고 또 그렇게 다루고 있다. 하물며 그러한 책을 신학적이 아니라 "문학"적 접근을 시도한다는 것은 자칫 성경의 그러한 경건성과 권능을 훼손시킬 수 있는 일이 될지도 모른다는 걱정 때문이었다. 이러한 사실은 비단 필자만의 문제가 아니라 오래전부터 성경에 대한 문학적 접근을 시도해온 수많은 국내외 학자들이 공통적으로 당면하고 있는 문제이기도 하다.

그러나, 이 문제에 대해서 필자는 본문 속에서 자세하게 설명하고 있지만, 결론적으로성경에 대한 문학적 접근은 그 내용 즉, 신학적인 교리에 대한 것이 아니고 단지 그 내용(하나님 말씀)의 외적 표현 형식과 방법에 대한 연구라고 할 수 있다. 우리가 알고 있듯이 성경은 하나님의 말씀이라는 내용이 문학적 형식과 방법이라는 매개를 통해서 표현되어 있는 책이다. 따라서 소위 "문학으로서의 성경"에서의 접근 대상은 당연히 그러한 교리적 내용의 외연이 될 수밖에 없기 때문에, 성경에 대한 경건성과 진리에 어떤 훼손을 초래할 수 있다는 것은 杞憂에 불과하다.

그러나 한편, 오늘날 어떤 면에서 보면 앞의 지적 사항 보다 더 중요하고 시급한 문제는 기독교 교리서로든 일반교양서로든 성경을 읽으려는 사람들이 점점 감소하고 있다는 점이다. 이러한 사실은 성경책 출판관계자들의 말에서도 직접 확인되고 있는 바다. 이는 비단 성경책에만 국한되는 현상이 아니고, 넓게는 포스트모더니즘의 시대 · 사회적 배경이 되고 있는 오늘날의 高度 情報化 시대의 활자매체의 퇴조 경향과 맞물려서 출판 문화계 전반에서 빚어지는 현상이기도 하다. 그러나 아이러니컬하지만, 오늘날과 같은 포스트모더니즘(postmodernism)의 문화사조와 퍼지(fuzzy) 문명 속에서는 사회적인 무질서와 혼란, 그리고 인간 존재의 불확실성과 불안감, 소외감과 박탈감 등을 극복하기 위해서는 오히려 성경에 대한 친밀성이 아무리 강조되어도 부족함이 없다. 그럼에도 불구하고, 성경 독자는 자꾸 줄어들고, 더불어 교회를 찾는 사람들의 발걸음도 점점 줄어들고 있다는 소식이다. 이러한 모습은 땅 끝까지 복음을 전파하라는 하나님의 말씀에 비추어 특히, 크리스천들에게는 깊이 생각해볼 문제이다.

왜 오늘날 사람들은 성경과의 친밀성을 상실하고 교회에서 자꾸 멀어져만 가는 것일까? 물론 거기에는 여러 가지 이유가 있을 테지만, 필자는 무엇보다도 그에 대한 원인이자 대안이 될 수도 있는 성경과의 친밀성을 확보하는 일이라고 생각한다. 간단히 말해 그것은 성경을 좀 더 자주 그리고 열심히 읽는 일이다. 우리가 규칙적으로 식사를 하고 더 나아가 생존을 위해서 끊임없이 공기를 호흡하듯이 일상적 · 본능적으로 성경을 읽고 묵상하는 일을 의미한다. "문학으로서의 성경"은 바로 그러한 "읽기로서의 성경"을 의미한다. 일단은 무겁고 엄숙한 신앙 교리서로서의 성경을 문학작품을 읽듯이 어떤 기대감과 호기심을 가지고 흥미롭고 감동적으로 읽는 것이 중요하다. 그것은 명제적 · 사색적 교훈이 아니라, 곧 예술적 감동이 수반되는 독서를 의미한다. 성경에서의 이러한 감동적 독서체험은 다름 아닌 말씀에의 감동 감화이다. "믿음은 바라는 것들의 실상이요 보지 못하는 것들의 증거"(히브리서 11.1)라는 것은 바로 이러한 말씀의 감동 감화를 의미하는 데, 이는 또 성령체험의 다른 표현일 것이다. 우리는 "문학으로서의 성경" 읽기를 통해서 반복적으로 등장하는 이야기와 시 속의 이미지와 은유, 직유, 환유, 상징, 알레고리 등의 문학적 장치들을 도구로, 지금 여기서 나에게 직접 말씀을 하고 계시는 하나님을 생생하게 만날 수 있을 있을 것이다. 피상적인 靜的인 지식이 아니라 능동적, 力動的으로 나와 하나님 사이에서 살아 역사하시는 말씀을 온 몸으로 직접 보고 듣고 지각할 수 있는 것이다.

필자는 본서의 처음부터 끝까지 그러한 하나님과의 만남과 성령 체현을 위한 하나의 문학적 방법으로써, 1부에서는 "문학으로서의 성경"의 개념과 각종 수사적 장치들에 대한 이론을 개진하고, 2부에서는 1부의 이론을 실제적으로 적용해서 가장 문학으로서 접근 가능한 말씀들을 각 장르별(단편소설, 시, 지혜문학, 희곡)로 이해 감상할 수 있도록 했다. 작품 선정은 표현에 대한 자기-의식적이고 스타일면에서 현대문학 작품에 근접한 성경책들을 대표적으로 선정했다. 우선은 이러한 모델을 통한 "문학으로서의 성경" 체험은, 우리가 전체 성경을 그렇게 읽을 수 있도록 하는 길잡이 역할을 할 것이다.

"네 시작은 미약하였으나 네 나중은 심히 창대하리라"(욥기 8.7)는 말씀과 같이, 본서는 이제 막 성경의 문학적 접근에 대한 걸음마에 불과하지만, 기존의 신학적, 역사적, 문법적, 고고학적, 서지학적인 성경연구에 대한 보완적인 방법으로, 궁극적으로는 하나님의 영광을 더욱 위대하고 찬란하게 드러내는 작업이 될 것이라고 확신한다.

2014. 8

저자

■ 차 례

제2부 『성경 속의 문학』의 실제

제1부

『성경 속의 문학』 이론

1. 『성경』 읽기와 시대 · 사회적 환경의 변화

두 말할 필요 없이 하나님의 말씀은 영원한 진리이지만, 그 진리의 속살을 감추고 있는 언어는 때에 따라, 상황에 따라 변화한다. 마치 우리가 계절에 따라 옷을 바꿔 입듯이 인간 삶의 물리적 환경이 변하면, 그 언어적인 환경도 변화하기 마련이다. 인류가 이 지구상에 존재하기 시작한 이래 수 천 년에 걸쳐 얼마나 많은 언어가 소멸되고 새롭게 만들어졌는가를 보면 쉽게 이해 할 수 있을 것이다. 그러한 변화는 지금 이 순간도 진행 중이다. 그러나 문제는 시대, 사회적인 변화와 맞물려 있는 그러한 변화가 단지 언어적 환경의 변화에만 국한되는 것이 아니고 인간 삶의 전 방위적인 변화로 확대되고 있다는 점이다. 그러한 단적인 예를 우리는 인간의 사고와 감정을 표현해 내는 매개로써 평면적인 활자미디어의 위축과 그를 대신한 감각적이고 입체적인 새로운 매체의 등장을 꼽을 수 있다.

바야흐로 고도의 정보화 시대로 일컬어지는 지금, 그러한 표현 매체는 초속적인 변화와 발전을 거듭하고 있다. 첨단 과학기술의 결과물인 인터넷과 컴퓨터, 스마트폰 등이 그러한 대표적인 예들이다. 그에 따른 인간의 삶의 변화는 가히 혁명적이라고 할 만큼 광범위하고 근본적이다. 우리는 일상생활 구석구석에서 그러한 변화를 어렵지 않게 목도하고 있으며, 실제로 체함하고 있다. 언제 어디서든지 한 자리에서 스마트폰 하나로 큰 불편 없이 일상생활의 일처리를 할 수 있다. 신무구독, TV시청, 쇼핑, 화상 통화, 티켓 예매, 온라인 수강, 지도 검색 등 스마트폰에는 우리가 일상 생활에 이용할 수 있는 각종 기능들이 들어 있다.

특히, 필자가 이 책과 관련해서 주목하는 부분은 오디오와 시각적인 기능이 결합된 온라인 성경으로, 우리는 언제 어디서든지 스마트폰을 통해서 성경을 읽고, 보고, 들을 수 있다는 점이다. 기존의 종이책 성경이 시 · 공간의 제약을 받는 시각적인 활자매체 위주의 평면적인 책이라면, 온라인 성경은 시 · 공간의 제약을 받지 않는 복합적인 시각, 청각의 입체적인 성경이 되고 있다. 그만큼 성경에 대한 접근 방법이 다양화 되고 편리해졌다는 사실을 확인할 수 있다.

이러한 온라인 성경의 등장과 함께 기존의 단순한 활자매체 위주의 성경도 이제는 그 나름대로의 변화를 모색해서, 성경의 내용을 칼라 애니메이션과 스토리텔링 등으로 이해가 쉽고 흥미롭게 표현하기도 하는 경향이 있다. 모두 다 시대 · 사회적인 변화에 부응해서 성경에 대한 일반 독자들의 접근을 쉽게 하고, 궁극적으로는 땅 끝까지 복음을 전파하라는 하나님의 말씀을 실현하고자 하는 의지의 표현이랄 수 있다.

그러나 성경 접근에 대한 이러한 편리함과 효율성에도 불구하고, 그러한 매체의 변화가 독자들에게 성경의 내용에 대한 이해와 믿음의 향상과 복음 전파에 얼마나 효과적으로 작용하고 있는 가는 알 수 없다. 누구나 알고 있듯이 성경은 거룩하고 영원한 진리인 하나님 말씀으로 단순히 한번 읽고 난 후 이해하고 페이지를 넘기는 책이 아니고, 한 절, 한 장을 읽고 또 읽어가며 의미를 이해하고 암송하고, 또 묵상하고 기도해야만 하는 책이기 때문이다. 의성중심의 과학적 논리가 아닌, 직관과 영감, 그리고 비유의 구체성과 감각성을 주요한 특징으로 하는 구약성경 기록어인 히브리어의 문학적 성격은 그러한 필요성을 더욱 절실하게 하고 있다.

요약해서 말하자면, 성경 읽기는 단순히 효율성과 편리성만을 따질 일이 아니라는 얘기이다. 읽는데 다소 시간이 걸리고 한 번에 이해가 되지 않더라도 구와 절, 장 등을 꼼꼼히 읽고, 해석하고 그 의미를 체득하는 것이 중요하다. 더욱이 성경이 거룩하고 고귀한 하나님 말씀 즉, 기독교 교리가 문학적인 형식과 방법으로 표현되어 있는 책이라는 것을 생각할 때, 그러한 문학적 표현에 동원된 각종 수사법과 구성방법을 정확하게 이해하는 것이 필수적이다. 자연히 그것은 곧 성경 읽기의 중요한 한 가지 방법인 문학적 읽기를 의미하며, 이 책의 핵심 주제라고도 할 수 있는 "문학으로서의 성경"을 의미하기도 한다.

그렇다고 해서 "문학으로서의 성경"이 단지 성경을 문학작품으로 읽는 것을 지칭하는 것은 아니다. 그것은 성경 속에 구사되고 있는 일반 문학 작품의 표현과 형식적인 특징에 대한 분석과 이해를 통해서 그 속에 담긴 진리의 말씀을 더 감동적으로 읽고 감화되고자 하는 의도에 다름 아니다. 다시 말해서, "문학으로서의 성경" 읽기는 성경을 미라속에서 石膏化된 도덕적, 윤리적인 교훈으로만 읽을 것이 아니고, 따뜻한 피와 부드러운 속살이 있는 하나님의 사랑과 은혜로 받아들이는 가슴 속의 감동으로 읽는 것을 의미한다. 이는 곧 성경을 읽으면서 믿음에 스스로 감염되는 것을 의미하며, 이성과 의식보다는 감성과 개성이 강조되는 오늘날의 고도화된 정보화 시대에 무엇보다도 효과적이고 중요한 성경 접근방법이 되리라고 믿는다.

2. 히브리어의 문학적 성격

바로 앞 장에서 우리는 시대·사회적인 변화의 맥락에서 성경에 대한 문학적 접근에 대한 필요성에 대해서 얘기했지만, 그러한 외적인 요인보다 더 직접적이고 근본적인 원인은 성경 자체의 문학적인 친밀성에 있다. 그러한 친밀성은 다음 장에서부터 좀 더 자세하게 언급되겠지만, 그 대표적인 모습을 특히, 우리는 구약성경의 기록인 히브리어 자체가 가지고 있는 고유의 문학적 특징으로부터 발견할 수 있다.

구약성경은 지극히 일부분만이 아람어(the Aramic)로 기록되어 있고(창세기 31:47 에스라 4:8-6:18 7:12-26 에레미야 10:11 다니엘 2:4-7:28), 대부분 히브리어(the Hebrew)로 기록되어 있다. 히브리어의 언어적인 특징은 본질적으로 간결, 소박하고 자연스러우며 구상적(具象的)이라는 점이다. 이것이 히브리어의 일차적인 특징이라 할 수 있는데, 좀 더 구체적으로 설명하면 라틴어나 헬라어는 복문(複文)을 사용하여 복잡한 사상도 표현할 수 있지만, 히브리어는 다른 문장을 종속(從屬)시키지 않고 대체로 접속사를 사용하여 문장을 등위(等位)시켜 나열하는 간결한 표현법을 쓰고 있다. 예컨대 창세기 25장 33절을 문자적으로 번역해 보면 "그러나 야곱은 당장 내게 맹세하라고 요구했다. 에서는 맹세했다. 그리고 장자의 상속권을 야곱에게 팔아 넘겼다⋯⋯이렇게 에서는 자기의 상속권을 경홀히 여겼다"가 된다. 이처럼 분사나 형용사, 부사 등의 수식어의 사용이 없이 동사와 명사만을 사용하는 문장의 간결성은 히브리적 사고방식에도 크게 영향을 미쳐, 헬라적 사고의 특징이 논리적이라면 히브리적 사고의 특징은 직설적이라고 볼 수 있다. 성경 전체를 통해서 "보라"(behoid, look), "들으라"(listen, hear)와 같은 동사가 다수 사용되는 것에서 우리는 히브리어가 직접적으로 보고 듣는 행위를 얼마나 중시했는가를 알 수 있다.

다시 말해서, 히브리어는 논리적 인식이 아니라 직관적 인식, 영감적 인식, 즉 믿음을 통해서 인식할 수 언어적 특징을 가지고 있다. 직관(intuition)은 합리적이고 논리적인 사유방식에 의하여 인식되는 존재 인식이 아니라, 전혀 개인적인 느낌과 확신으로 이루어지는 진실이다. 영감(inspiration)은 신의 능력을 힘입어 보통 사람들의 사고나 과학적 사고로는 도저히 도달할 수 없는 진리나 진실을 순간적으로 발견하는 인식현상이다. 초월적인 존재인 하나님에 대한 인식과 체험은 이러한 직관과 영감을 통해서만 이뤄질 수 있다. 이러한 사고는 특히 신중심의 세계관에 철저한 히브리인들에게는 당연한 사고방식이다.

단정적이고 명령적인 직관적인 언어는 과학적 논리를 거치지 않고 직접 진리를 드러내기 때문에 사고의 비약이라는 단점을 가지고 있다. 이를 극복하기 위해 동원되는 어법이 바로 비유법이다. 비유는 未知의 세계를 旣知의 언어로 드러내는 방식인데 이 때 기지의 언어는 반드시 구체성을 띄어야 한다. 뿐만 아니라 비유적 언어는 구체적인 사실을 예로 들기 때문에 그 의미가 보다 명확하고 감각적이어서 힘이 있는 언어가 된다. 히브리인의 사유가 종교적이기 때문에 불가피하게 직관적 사유의 언어를 사용하게 되는데 이러한 언어는 마침내 구체적이고 비유적일 때만 가능한 것이다. 구약의 어법이 그렇고 그리스도의 어법이 그렇다. 그런데 일반문학의 어법이나 시의 어법도 그러하다.

히브리인의 정신적 특질 중 하나인 動的이고 정열적이고, 격정적인 성격만큼이나, 히브리어는 장엄하고 숭고하며 운율적인 것이 특징이다. 그리고 활력과 정열이 넘치는 언어이기 때문에 열렬한 감정을 표현하는데 가장 적합한 언어라 할 수 있다. 이와 같이 히브리어 자체의 시적인 특성 때문에 산문으로 기록된 성경의 많은 부분에서도 운율을 느낄 수 있다.

3. 문학으로서의 성경

1) 문학으로서의 성경의 개념

무엇보다도 성경의 문학과의 친근성은 여러 가지 표현형식과 방법 외에 더 근본적으로는 언어(기록)를 매개로 해서 씌어졌다는 사실이다. 이러한 사실은 W. H. Hudson을 비롯한 현대의 많은 문학연구가들이 문학개념 정의의 첫번째 조건으로 꼽은 "문학은 언어를 매개로 한다"는 말에서도 확인할 수 있는데, 이는 그대로 "성경은 언어를 매개로 한다"와 같이 성경표현의 첫번째 조건이 되고 있다. 비록 광의의 문학개념일지라도 여기서부터 우리는 문학과 성경의 언어적, 더 나아가서는 형식적, 표현적인 보다 광범위한 親密性을 발견할 수 있다. 따라서 성경을 제대로 읽고 이해하고 말씀에 진정으로 감화 감동받기 위해서는, 말씀의 외연인 성경의 이러한 문학적 측면에 대한 지식과 이해가 선행되어야만 한다.

그러한 성경연구의 맥락에서 가까이는 1970년대 전후로부터 "문학으로서의 성경"이 국외에서 활발하게 연구되어 오고 있다. 그러나 이러한 새로운 연구방법은 특히, 우리나라에서 전통적인 신학적 교리주의의 연구자들과 신학자들, 그리고 교계의 반발 등으로 커다란 진전을 보이지 못하고 있는 실정이다. 그러나 "문학으로서의 성경"은 이어지는 글에서 밝혀지고 있듯이, 결코 신학적인 내용에 대한 새로운 해석이나 교리에 대한 문제는 더욱 아니며, 단지 그 내용의 외적 표현인 형식과 방법에 관한 문제로써 오히려 교리해석에도 도움이 될 수 있다. 그래서 "문학으로서의 성경" 연구학자인 John B. Gabel을 비롯한 일군의 학자들은 『The Bible As Literature』(Oxford University Press. 2006)에서 다음과 같이 말하고 있다.

> "성경을 문학으로서 읽는다는 것은 종교적인 관점(처음에는 그것이 조금 이상한 것처럼 보일지라도)을 가지고 있던 사람들에게 불편하지 말아야만 하고, 그것이 그들 자신의 이유 때문에 회의적이고 모호한 성경의 관점을 택한 수많은 사람들에게 어떤 요구를 하지 않는다. 성경은 우리의 종교적인 믿음이 무엇이든 우리 모두의 보편적인 유산이다. 따라서 우리는 종교적인 논쟁에 휩싸이지 말고, 최대한 연구할 수 있어야만 한다. 이후, 또 개별적으로, 선택한 사람은 누구나 성경을 종교적인 진리의 보고로서 바라보는 데로 돌아갈 수 있어야만 한다."

여기서 볼 수 있듯이 "문학으로서의 성경"의 관점은 결코 전통적인 신학 교리나 해석에 이의를 제기하거나 혹은 새로운 해석을 지향하는 학문이 아니고, 오히려 수많은 문학적 형식과 표현 뒤에 숨겨져 있는 말씀의 거룩함과 아름다움을 인식해서 성경을 개념적, 추상적으로 해석하고 이해하기 보다는 구체적, 경험적으로 이해하고 온전히 받아들일 수 있도록 하는데 그 목적이 있다.

C. S. Lewis도 성경이 문학적 방법을 사용하므로 그것은 우리에게 다른 어떤 것이 아닌 문학으로서의 접근을 요구하는 것이라고 하면서 『Reflections on the Psalms』(New York: Harcourt, Brace and Word, 1958)에서 다음과 같이 말하고 있다.

> "성경은 결국 문학이기 때문에 문학적 감각 -그것을 통해서 성경을 문학으로서, 또 그 각각의 다른 부분을 각각 다른 종류의 문학으로서 이해할 수 있고, 그것이 아니고서는 성경을 제대로 이해할 수 없는- 이 필요하다"고 말하고 있다.

또 L. Ryken은, "교회에서 성경의 신학적 내용을 전달하는 일은 잘해 왔지만 성경 본문의 문학적인 면을 사람들의 마음속에 생생하게 재현하는 데는 실패했다”(Leland Ryken, 『How to Read The Bible as Literature』(Zodervan Publishing House in USA, 1984)고 말하고 있다. 성경 본문의 문학적인 측면에 대한 강조가, 사실 문법적-역사적 해석방법(문학적 연구 방법과 마찬가지로 독자로 하여금 성경 본문의 원래 의도된 의미를 보다 잘 깨닫도록 돕는)의 바탕 위에서 논의됨에도 불구하고, 현재 우리가 처한 상황도 이러한 문학적 탐구를 소홀히 하기는 마찬가지이다.

이제 우리는 성경을 신학적인 교리에 더욱 일치할 뿐만 아니라, 더욱 예술적이며 감동적으로 읽기 위해서 문학적으로 읽을 필요가 있다. 이제 그러한 성경읽기 즉, “문학으로서의 성경”의 근거가 되는 성경과 문학의 친밀성에 대한 특징들을 자세히 살펴보도록 하자.

2)성경과 문학의 親密性

① 문학 장르

문학을 정의하는 가장 관습적인 방식은, 그것의 내용이 표현된 외적인 장르(형태나 작품의 종류)에 의해서이다. 성경에 존재하는 수많은 문학 장르들을 고려한다면, 바로 성경을 의미하는 영어 단어 Bible(그리스어 biblia, “작은 책들”을 의미하는)이 암시하는 바와 같이 성경의 전체적인 문학형식은 모음집이라는 것이 분명하지만, 성경에서 두 가지 주요한 장르는 이야기와 시이다. 또 수많은 범주들이 이들 각자의 장르 아래 하위장르를 형성한다. 예를 들어서, 이야기 장르에는 영웅이야기, 복음서, 서사시, 비극, 희극(해피엔딩을 가지고 있는 U-형태의 플롯), 그리고 비유가 포함된다. 시의 장르 역시, 다양한 하위 장르들을 포함하고 있는데, 서정시, 비탄시, 찬양시, 사랑시, 자연시, 결혼 축하시 등이 여기에 속한다.

그러나, 여전히 이들 문학형식들은 단지 거대한 빙산의 드러난 한 부분일 따름이다. 이야기와 시 장르 외에 우리는 예언, 묵시, 환상문학, 전원시, 찬사, 웅변, 희극(욥기), 풍자, 그리고 서간을 추가로 발견할 수 있다. 게다가 우리가 더욱 특수한 여행담, 극적 독백, 심판의 노래, 그리고 그리스도 찬양과 같은 수많은 형식들을 첨가하기 시작한다면, 성경의 문학 장르들의 수는 쉽게 백 개를 넘어서는 것으로 알려지고 있다.

성경해석에 대한 장르의 중요성은, 장르들이 그들 자신의 절차적인 방법들과 해석의 규칙을 가지고 있다는 것이다. 독자들의 장르에 대한 의식은 그들이 텍스트를 어떻게 읽고 무엇을 발견하길 기대할 수 있는가에 대한 주의를 환기시키는 이정표 역할을 한다. 예를 들어서, 모든 문학 형식들 중에서 가장 두드러진 것은 이야기와 단편소설이다. 전개되는 스토리에 대해 적절한 의미를 확립하기 위해서 우리는 이야기의 장르적 특징으로, 그것의 플롯이나 행동, 배경, 그리고 인물들로 구성된다는 것을 알 필요가 있다. 바꿔 말하자면, 이들 장르적 특징들은 우리가 스토리에 동화되고 그것에 관해 이야기할 수 있는 기초적인 그물망을 구성한다.

수많은 장르들이 통합된 모음집으로써의 성경은 다른 모음집들과 마찬가지로 그 나름의 통합의 원칙들을 가지고 있다. 다양한 원작자(대략 36명의 저자들), 다양한 장르들, 자료들의 이러한 모음집을 위한 근거(누가복음과 사도행전을 제외하고 모든 책들이 유대인들에 의해 씌어졌다는 사실은 물론, 종교적인 관점과 해방의 역사 이야기를 통합), 광범위한 포괄성, 그리고 조직의 동일함을 증명할 수 있는 전략(역사적인 연대기의 결합과 장르에 의한 그룹화)등이 바로 그런 원칙들이다. 기초적인 전제로써의 성경의 영감 속의 믿음과 더불어, 우리가 성경으로 알고 있는 모음집의 궁극적인 편집자는 성령이라고 말할 수 있다.

② 문학적인 주제의 경험적 표현

문학은 또한 그것의 주제 문제에 의해서 동일함을 증명할 수 있다. 문학은 구체적인 인간경험을 표현하는 것에서 간접적으로 설명적인(정보적인) 글과 구별된다. 추상적인 명제를 논리적인 주장이나 혹은 공공연한 사실들을 설명하는 대신, 문학은 작가들이 종종 "실제 생활의 본질"이라고 부르는 것을 구체화 한다. 이해를 위해, 우리는 하나의 연속체 위의 한쪽 끝에 추상적인 명제적인 담화로, 그리고 또 다른 끝에 인간경험의 구체적인 표현으로 존재하는 것으로써의 성경의 문학작품을 생각할 수 있다. 문학 작품이 더 철저하게 경험적인 스펙트럼 위에 걸쳐 있을수록 더 문학적이라고 할 수 있다.

좀 더 구체적으로 설명하자면, "너는 살인하지 말아야 한다."는 명령은 설명적 담화의 한 예이다. 그러나 카인과 아벨의 이야기는 신체적, 정신적 행동을 실행하는 구체적인 이야기의 배경 속에서의 인물들의 행동을 통해 "너는 살인하지 말아야 한다"와 동일한 추상적인 진리를 구체화 하고 있다. 설명적인 작품은 우리에게 교훈을 준다. 실례로, "하나님의 공급은 우리 앞의 모두에게로 확대 된다" 라는 것은 시편 23편의 주제적인 요약이다. 그러나 시편 23편은 그와 같은 설명적인 작품의 추상성을 피하고, 목자와 그의 양의 일과를 상상케 하는 전원시를 통해서 공급에 관한 진리를 구체화 시킨다.

문학의 주제는 가능한 한 구체적으로 표현된 인간경험이다. 결과적으로 문학 작품에서의 주제는 보편적인 속성을 가지고 있다는 것이다. 역사와 일상의 뉴스들이 우리에게 "일어난" 특수한 것을 얘기하는 반면, 문학은 우리에게 모든 장소와 시대의 모든 사람들에게 진실한, "일어나고 있는" 보편적인 것을 이야기 한다. 텍스트는 둘 다 가능하지만, 텍스트의 문학적인 차원은 인식할 수 있는 인간 경험에 대한 그것의 실현에 존재한다. 우리가 정당하게 계시자로서의 성경을 생각하지만(진리에 대한 하나님의 초자연적인 계시), 성경의 문학적인 부분들은 동시에 그 자신의 경험에 대한 인간의 증언이다.

문학의 목표는 독자가 어떤 경험을 공유하거나 재생하도록 촉진하는 것이다. 문학이 나누는 진리는 단순하게 진실한 생각이 아니라, "인간 경험에 대한 진실함"이다. 해석에 대한 함축적 암시는 성경 독자들, 교사들, 그리고 설명자들은 그들의 상상력 속에서 경험을 재창조하는데 적극적일 필요가 있다는 것이다. 그래서 텍스트에서 인식할 수 있는 인간경험을 확인하고(그것에 의해서 현대 세계에서 삶에 가교를 건설함), 성경의 문맥을 신학의 사상적 경향으로 감소시키려는 충동에 직접 대항해야만 한다.

③ 원형(Archetype)과 모티프(Motif)

원형은 문학과 삶을 통해서 반복되는 플롯 모티프(통과의례와 모험적 여행과 같은), 인물유형(악한, 사기꾼), 혹은 이미지(빛이나 물과 같은)이다. 텍스트에서 원형의 존재는 문학적인 성격을 지적해주는 신호이다. 우리가 문학 작품을 읽을 때, 우리는 계속적으로 유혹모티프, 죽음과 출생, 빛과 어둠, 혹은 영웅과 같은 원형을 의식한다.

원형은 문학을 형성하는 건축 벽돌과 같은 것이다. 원형은 작가들의 의지와는 관계없이 원시시대로부터 누적적으로 형성되어 온 것이기 때문에 작가들은 그들이 노력한다 해도 원형을 피할 수 없다. 원형은 의식적 또는 무의식적으로 우리를 강하게 감동시키는 반복적인 이미지들과 주제들이다. 성경은 서구 세계에서 가장 완전한 원형들의 저장소이다. 비유들은 원형적 상황들로 가득 차 있다. 그리고 이것은 성경을 보편적이고 근원적인 책으로 만든다(인간경험의 바닥으로 내려가서 도달하는 것). 원형의 의식은 우리가 성경의 통일성, 성경과 다른 문학작품 사이의 관계, 그리고 성경과 삶 사이의 관계를 발견하도록 도와준다(우리가 원형에 대한 하나의 예를, 다른 예들에 관계시키기 때문에).

④ 문체론과 수사법

문학은 또한 일상의 설명적인 담화로부터 그것을 분리하는 언어의 차별적인 자원을 사용한다. 가장 분명한 예는 시이다. 시인들은 말의 이미지와 형상으로 구성하는, 일상어와는 다른 오직 그들 자신의 언어로만 이야기 한다. 하나의 텍스트를 문학의 범주 속으로 편입시키는 언어의 특별한 자원 중에서 가장 중요한 것은 다음과 같은 표현 형식 방법들이다. 즉, 이미저리, 은유, 직유, 상징, 인유, 아이러니, 재담, 과장, 돈호법(부재하는 어떤 사람이나 어떤 것을 마치 현존하는 것처럼 직접적으로 하는 이야기), 의인화, 역설, 그리고 말 재롱 등이 그러한 것들이다.

성경에서 그와 같은 언어의 가장 집중화된 저장소는 그들의 기초적인 형태에서 시적인 책들이다-선지서의 책들, 욥기, 시편, 잠언, 전도서(산문시들의 책), 아가, 요한계시록 등. 그러나 언어의 문학적 자료들의 사용은 분명히 성경의 시적인 책들에만 국한되지 않는다. 사실상, 그들은 시적인 책들을 넘어서 성경의 거의 모든 페이지에 나타난다-예수님의 담화와 서신에서 가장 분명하게 나타나지만, 성경의 이야기에서도 상당히 나타나고 있다.

이와 관련된 문학적 현상은 패턴화된 방법으로 내용을 배열하고 관습적인 문학 기교나 공식의 차용 등과 같은 수사법이다. 예를 들어서, 문장 요소들의 병렬은 문체화된 수사법의 한 예이다. 단어, 절, 혹은 내용 단위들의 반복 패턴은 성경의 차별화된 모습이다. 경구적인 간결함과 지속적으로 성경을 일상 담화를 훨씬 초월하는 정교함의 문학적 영역으로 견인시키는 것 또한 그러하다. 신약성경 서간에서 들 수 있는 실례는 수사적인 질문, 질문과 대답구조, 실제적이거나 상징적인 응답, 그리고 단락 안에서의 반복된 단어들이나 어구들 속에 포함된 대화 등 이다.

⑤ 예술성

문학은 일차적으로 인간의 경험을 설명적인 모습으로, 즉 해석이 필요한 양식으로 전달하는 것이다. 그러나 문학은 그 이상의 것으로, 문학은 또한 미와 솜씨와 기교로 특징지어지는 예술적 형태이다. 단지 무엇이 말해졌는 가 뿐만 아니라 또한 어떤 글이 어떻게 말해졌는가가 문학에서 항상 중요하다. 즉, 문학은 표현, 기능, 그리고 말의 기교의 아름다움이 가치 있는 것으로, 그리고 효과적인 소통의 형식으로 평가되는 하나의 예술형식이다. 어떤 성경 작가는 창작에 대한 그의 철학을 설명하기 위해서 그 자신을 다른 것들 중에서, 그의 자료를 "힘써" 배열하고, "아름다운 말을 구하였나니"(전도서 12.9-10) 라는 자기-의식적인 스타일리스트와 말의 연금술사로 그리고 있다. 이러한 성경 작가들의 모습은 현대 시인들이 의도적으로 예술성을 창조하기 위해서 절차탁마하는 모습과 똑같다. 앞의 전도서 기자의 고백은 성경의 다른 작가들에도 마찬가지 일 것이라는 것이 확실하다. 여기서 우리는 문학의 장르가 어떤 것이든 간에, 우리가 성경의 많은 부분에서 발견할 수 있는 문학적 기교와 예술성의 풍부함은 성경을 단지 그 진리 때문만이 아니라 그 아름다움 때문에 우리가 즐기게 되는 걸작으로 만든다는 사실을 알 수 있다. 예술적인 형태는 어떤 말해진 것의 효과를 강화시키는 목적을 잘 달성할 뿐만 아니라, 또한 즐거움과 기쁨과 희락을 우리에게 준다. 예술성은 미와 미적 기교에 대한 우리의 욕구를 충족시켜준다.

예술적 형식의 표준 요소들은 통일성 속의 내용 전개, 주제 혹은 주된 강조점, 패턴, 디자인, 전개, 대조, 반복, 균형, 통합, 그리고 대칭을 포함한다. 예술성은 작품의 결과와 목적에 중요하기 때문에 저자들은 이와 같이 예술성을 끊임없이 수련한다.

⑥ 문학으로서의 성경 읽기와 해석

작품의 어떤 부분도 그것이 속해있는 작품의 종류의 관점에서 동화되고 해석될 필요가 있다. 성경은 신화과 역사가 항상 문학형식으로 구체화되는 문학책이다. 그들 형식들은 장르, 구체적인 형식에 의한 인간경험의 표현, 문체론적이고 수사적인 기교, 그리고 예술성을 포함하고 있다.

이들 문학적 특징들은 텍스트의 이질적인 측면이 아니다. 다시 말해서, 우리가 한 단락의 메시지나 내용에 동화된 후에, 우리가 시간적 여유를 가지고 있거나 문학적 특징들에 관심을 갖고 있다면 고려할 만한 선택의 문제가 아니다. 대신에, 이들 문학적 특징들은 "그를 통해서" 내용 확대에 기여하는 형식들이다. 성경이 하나님의 영감의 산물이라면, 즉 성령의 감동하심을 입은 사람이 하나님께 받아 쓴 것과 같이(베드로후서 1.21), 성령이 작가들을 촉진시켰던 것을 성경이 재현한다면, 성경의 문학적 형식들은 하나님에 의해서 영감 되고, 그 영감을 간직하는 중요성이 인정될 필요가 있다.

3)성경의 문학적 이해방식

"문학으로서의 성경" 읽기는 독자들에게 최소한, 그들이 존재하는 바대로의 성경을 읽고 감상하도록 하는데 초점을 둔다. 일반교양으로써의 문학은 전통적으로 현존하는 텍스트들에 초점을 두고 있으며, 독서, 이해, 그리고 평가 행위에 주의를 집중하고 있다. 그들은 통일성, 일관성, 그리고 전체-부분 간의 관계를 강조하고 텍스트를 시작, 중간, 그리고 끝을 가지고 있는 것으로 본다. 일반 독자들은 "전체적인" 텍스트에 대한 감각을 유지하고, 또 그러한 맥락 위에서 독서하도록 요구된다. 그와 같은 과정은 독자들로 하여금, 개인적인 작업인 독서와 이해를 위해 얼마간의 기초적인 도구들을 사용하도록 도와주기 위해서 존재 한다. 독자들은, 문학이 인간 경험을 구체화 하고 문학작품의 독서로부터 그들 자신이나 타인들, 그리고 세계에 관하여 배울 수 있다는 사실을 알고 있다. 그들은 호기심 특히, 다양성 있게, 그리고 열린 마음의 자세로 독서하도록 격려 받아 왔으며, 자기-비판적으로 질문하는 것이 어떤 의무감에 사로잡힌 대답보다 더 중요할 수 있다는 것을 알고 있다. 독자들에게 성경은, 멀리 그것의 기원으로부터 생명을 가지고 있으며, 그리고 그 의미는 복잡하게 얽혀 있어서 독서 행위를 어렵게 하고 있다. 독서는 분석, 해석, 그리고 "전체로서의" 성경을 다시 종합하는 기초가 된다. 결국 "문학으로서의 성경"은 기존의 절, 장, 책별로 읽는 교리위주의 단편적인 성경 접근방법의 보완으로써, 성경의 전체적인 맥락에서 호기심과 상상력을 가지고 성경의 이야기 속에 직접 참여해서 체험적으로 읽을 것을 요구하고 있다. 우리는 이러한 성경 접근의 타당성과 이유를 아래에서 확인할 수 있다.

① 상호 텍스트성(Intertextuality), 인유(Allusion), 그리고 豫表論(Typology)

성경의 정경들은 모음집의 전통을 통해서 그것의 일관된 목적적인 조직을 증거하고 있으며, 또 책들로써 출간되었다. 성경은 각 권의 책들을 한 데 묶는 데 있어서 어떤 문학적 원칙들이 작용하는 것을 확인할 수 있다. 또한 그들 책들이 각권으로도 읽힐 수 있다는 것을 암시하고 있다. 성경에서 그러한 작용을 하는 하나의 원칙은, 다른 텍스트들을 사용하거나 참조해서 의미를 주고받는 성경의 상호텍스트성(intertextuality)으로 설명될 수 있다. 그러나 이러한 상호텍스트성의 원칙은 豫表論과 혼동되어서는 안 된다. 예표론은 텍스트들 안에서(특히 구약성경), 역사상의 하나님의 맥락에서 더 깊고 완전한 의미를 찾는 것이다.

성경의 작가들은 분명하게 그들이 텍스트를 창작할 때 초기의 성경 텍스트를 사용해서 거기서 발견된 언어나 주제를 개작하고, 또 명백하게 원전을 설명하지 않고 구절, 이미저리 그리고 감정을 차용했다. 예를 들어, 여호수아는 가나안에 들어가기 전에 아브라함을 진으로 부르는 것을 다른 형식으로 이야기 한다. 어떤 면에서 요셉의 스토리는 형제들에 대한 창세기의 이야기를 반영하고, 유배(앗시리아와 바빌로니아)는 에덴으로부터의 추방을 회상시킨다. 신명기와 구약 성경의 선지자들은 출애굽 이야기를 많이 사용하고 있는데, 그러한 인유가 많은 성경 이야기의 특징은, 항상 더 큰 내러티브나 스토리의 맥락에서의 독서 가능성을 염두에 두고 시작, 중간, 끝을 재확립하는 가능성을 열어 두고 있다. 예를 들어서, 성경학자들은 구약 성경에서 두 개의 중요한 이야기를 언급하고 있다. 본래의 이야기(창세기에서 열왕기)와 파생적인 이야기(역대기, 에스라, 그리고 느헤미아)가 바로 그것으로, 이러한 후기의 전통은 이스라엘의 스토리를 다시 이야기 하고 재해석한다.

신약 성경 작가들은 자유스럽게 다른 구약 성경 텍스트들에 관해서 이야기 하거나 의식적으로 반영하고 있다. 그들이 참조했던 구약의 경전은 장과 절을 구분하지 않았기 때문에, 신약성경의 저자들은 불타는 가시떨기 숲속의 모세(누가복음 30. 27)와 같이 장소로써, 아비아달의 시대(마가복음 2. 26)와 같이 시간으로, 혹은 말(로마서 11. 2)로써 인용이나 단락구분을 했다. 신약 성경은 구약성경으로부터 거의 300개의 직접적인 인용을 하고 있으며, 간접 인용과 부분 인용들을 포함하면 그 수는 약 1,000개로 늘어난다. 어떤 면에서, 그리스 70인 역(또한 신약성경의 저자들은 그리스어로 썼다)은 문자적으로 인용되었으나, 그 인용들은 또한 변경되거나 교정되었다. 인용은 얼마간 승인이나 설명이 없이 나타나는 것은 물론이지만, 틀에 박히고 혼합적인 것을 포함한다. 틀에 박힌 인용은 "말이니라(saying)", "쓰여 있느니라(writing)", "경전에 말하길(what says the Scripture)", "그것이 쓰여 있느니라(it is written)", "그것이 성취될 것이니라(that it might be fulfilled)" 등과 같으며, 하나님, 모세, 혹은 이사야가 "말했느니라(has said)"와 같은 소개의 형식을 사용한다. 혼합적 인용은, 단순히 구약성경의 하나 혹은 그 이상의 섹션들로부터 선택된 두 개나 그 이상의 인용들을 결합한다. AD 1세기 유대의 저자들은 히브리 성경의 많은 부분들을 암기하고 있었으며, 따라서 하나의 구, 절, 혹은 단어는 더 넓은 구약성경의 문맥과 사상을 시시할 수 있었다. 신약성경의 저사들은 히브리 역사로 풍부하게 채워진 생각을 가지고 있었으며, 끊임없이 그것을 말하고 있다. 성경 읽기에서 잘 알려진 전략인 예표론은, 신약의 관점에서 구약의 인물들과 사건들을 설명한다. 예를 들어서, 예표론은 아담을 그리스도의 표상으로 보고 있으며, 요나 이야기를 예수님의 부활을 예시하는 것으로, 출애굽을 세례의 예표로 이해하고 있다. 간단히 말해서, 그것은 구약과 신약 성경을, 예수님을 다윗 후손과 다윗 언약의 성취로 표현하는 통일된 이야기로써 이해하고 있다. 복음서의 저자 마태는 예수님을 새로운 모새로서 소개한다. 그는 구약성경 언약(이스라엘)의 선지자로서의 모세와 선지자, 제사장, 그리고 새 언약(만유의)의 왕으로서의 예수가 일치하는 것으로 본다. 특히 초기 교회 지도자들 속에서 발견된 해석의 이러한 형식은, 종교개혁(16세기 종교 운동) 이후에 그 기반을 상실했다. 종교개혁은 평신도가 아닌 성직자의 해석에 반대하는 것으로써, 그들 스스로 사람들이 성경으로 되돌아오도록 소환하는 운동이었다.

② 예언

성경의 많은 부분이 예언으로 이루어지고 있다. 성경 장르는 때때로 학술지식에 의해서 지지되지 않은 경향을 미래적으로 정의했다. 그것은 예언자들에 대한 개념을 통해서 간접적으로 더욱 쉽게 정의될 수도 있을 것이다. 예언자는 그들의 말이 아이러니컬하게 행해 질 때조차도, 하나님을 대신하는 대변인의 역할을 하는 사람으로서, 하나님과 백성들 사이에서 중재자로서 행동했다. 학자들은 일반적으로 이스라엘의 예언자들을, 전형적으로 그들의 당면한 정치적이고 사회적인 세계에 초점을 두고, 앗시리아 군대의 위협이나 바빌로니안의 예루살렘 파괴와 같은 절박한 위험에 관심을 둔 것으로써 인식한다. "예언"은 "묵시" 문학의 하나로, 현실과는 다른 배경들과 인물들과 사건들을 묘사한다. 이 말은 기록자가 기록의 순간에 묘사한 것들이 실제 경험세계가 아닌 상상의 세계에 존재한다는 말이다. 묵시문학(예언)은 독자들에게 강력한 상상을 요구하며, 현세와 친숙함과 문자 자체로부터 우리를 해방시켜 준다. 묵시문학은 일상적인 사고에 익숙한 우리의 안일함을 흔들 목적을 가진, 깊이 뿌리 박힌 우리의 사고 패턴에 대한 공격이다.

구약성경의 다니엘과 신약성경의 요한계시록은 하나님의 "인간 역사로의 갑작스런 침입과 그것을 끝내는 것"으로 표시된 "종말"의 도래를 묵시적으로 이야기한다. 신약성경은 "사전에 이야기하기"의 의미로, 앞으로에 대해 이야기 하고 미래를 예고하는 예언, 율법과 예언자들에 대해 언급한다. 비평가들은 예언적 해석은 과거를 본의 아니게 대부분 마음속에 재현된 의미로 억지로 해석한다는 것을 주장했다. 기독교인들은 성경이 저자들 스스로 지각하거나 의도했고, 그리고 이것을 신의 영감과 신의 지시로 돌리는 것 이상으로, 더 깊고 완전한 의미를 지니고 있다고 주장하는 반대에 봉착하고 있다.

③ 거시구조(Macro-Plots)

성경의 각 부분들을 하나로 묶는 또 다른 원칙은, 스토리들의 여러 층들이 하나의 단일한 존재로 작용하는 이야기 과정인, 성경의 거시구조 속에서 이해될 수 있다.이러한 예는, 창세기와 태초의 起源 이야기들, 창설의 아버지 아브라함, 그리고 야곱과 요셉의 이야기 속에서 발견할 수 있다. 예를 들어 설명하자면, 성경은 문자적으로 "시작"을 의미하는 히브리 단어, "toledot"의 그리스어 번역으로부터 그 이름이 비롯되고 있다. 창세기 2장은 말하고 있다. 하늘과 땅이 창조되었을 때의 내력은 이러하다. "두 가지 계보의 기록(5.1, 10.1)은, 아담의 후손과 노아 아들들의 후손들이 제시되고, 아브라함에게로 이어지는 셈의 후손들이 뒤이어진다(11.10-32)." 창세기 25장은 아브라함의 두 아들인 이스마엘과 이삭의 후손들을 제시한다. 그럼에도 불구하고 또 다른 장(36)은 이삭의 아들인 에서의 후손들을 제시한다. 창세기는 야곱과 요셉의 시대로 끝을 맺는다. 후자는 직접적으로 출애굽과 애굽에서의 야곱의 후손들과 연결된다. 이들 계보들이 서로 얽히고, 또 관련된 것으로 이야기가 제시된다. 모든 세대들은 애굽, 광야 유랑, 가나안의 정복, 그리고 이스라엘 국가의 탄생으로 이어진다.

④ 언어

성경에는 문학적인 글이나 설명적인 글이 많이 나온다. 설명적인 글은 어떤 주제에 관한 사실이나 정보를 가능한 한 보다 객관적이고 명쾌하게 전달하고자 한다. 이와 대조적으로 문학은 우리의 상상을 자극한다. 문학은 독자가 어떤 경험이나 상황을 생생하게 재 경험할 수 있도록 그 경험이나 상황을 충분히, 그리고 자세하고 구체적으로 재창조하려고 한다. 그러나 한 쪽이 다른 한 쪽 보다 본질적으로 좀 더 우월하다거나 효과적인 것은 아니다. 다만 우리의 삶과 진리의 모든 면을 공평하게 다루기 위해 이 두 가지 형식의 글을 모두 필요로 한다. "살인하지 말지니라"라는 명령은 도덕적 진리를 이야기하는데 있어서 확연히 다른 문학적인 형태인 이야기-이야기의 어느 곳에서도 다른 사람을 죽이는 것이 죄라는 것을 직접 말하고 있지 않은 이야기-

안에 담고 있다. 예수님은 "이웃"에 대해 정의해 달라는 요청을 받고 설명적인 강의를 피하시고 대신 "선한 사마리안"(누가복음 10:30-36)의 비유를 말씀하셨다.

우리는 어떤 이야기나 시로부터 어떠한 개념이나 사상을 추론할 수 있을지 모른다. 그러나 그러한 명제들은 문학 작품 그 자체가 전달하고 있는 체험화된 비전의 충분한 대체가 되지 못한다. 이야기 전체, 또는 시 전체가 하나의 의미를 가지고 있다. 왜냐하면 문학이 전달하는 진리는 경험의 세계를 통한 생생한 삶 자체이기 때문이다. 만약 직접적인 어떤 사상의 진술이 어떤 이야기나 시가 전달하는 모든 것을 전달할 수 있다면, 그 이야기나 시는 불필요한 것이 될 것이다. 그러나 성경에서 이야기와 시는 필수 불가결한 존재이다.

아마 가장 강력한 통합 원칙은, 일반적으로 창의적인 상상과 문학에 속하는 이미지적, 은유적, 그리고 상징적 언어 사용으로 구성된다. 계몽운동 이후(17세기에 시작), 과학적으로 증명할 수 있거나 역사적으로 믿을 만한 사실인, 실체를 강조하는 현대적 관점이 지지받고 있다. 그러나, 성경은 세속적인 관점보다 오히려 견고하게 종교적인 관점과 관계가 있다. 성경은 자아와 세계 사이, 주체와 객체 사이, 실체들(유한과 무한) 사이의 경계가 부드러워서 관계의 경험을 허용하는 경험적인 실제를 표현한다.

성경을 은유적으로 이해하는 것이 어떻게 그것을 확실하게 문학의 전통에 닿게 하는 가를, 몇 가지 예를 통해서 알 수 있을 것이다. 첫 번째로, 성경의 거시구조에 내재하는, 애굽과 속박, 그리고 바빌로니아 유배와 귀환 여행에 대한 생각이다. 성경에서의 지리적인 여행은, 은유적으로 더 큰 하나님의 진리를 발견할 수 있는 가능성을 지니고 있다. 두번째로, 예수님을 하나님의 말씀으로, 하나님의 아들로서, 그리고 하나님의 지혜로 가리키는 기독교론적인 은유들이 있다. 즉, "나는 빛이요, 길이요, 진리요, 생명이요, 포도나무요, 부활이며, 문이며, 선한 양이다"라는 것들은 모두 예수님에 대한 은유적인 표현이다. 여기에는, 빛과 어둠의 상징적인 사용, 고대의, 원형의, 그리고 교차-문화적 의미를 지닌 모든 것이 첨가되어 있다. 세 번째로, 신 · 구약 성경 모두에게 중요한 "하나님의 왕국"이라는 어구는, 여러 가지 은유적인 의미를 지닌다. 인간의 정직성과 사회적 정의의 하나가 되는 것으로써, 다가오는 하나님의 왕국에 대한 사회적인 함축적 의미를 가지고 있다(인간의 억압과 왕국의 대조적인 분배와 평등주의의). 간단하게 성경의, "너의 왕국이 온다"와 함께, 하나님에 대한 기도를 생각해 보라(마태복음 6.9~14와 누가복음 11.1~4). 탄생 은유에는 이러한 이상화 된 미래에의 희망이 많이 들어 있다. 그리고, 마지막 또 하나의 예로써, 움직임, 통찰과 깨어 있음의 이미지로 제시된 처음과 종말 사이로부터의 인간의 신화적인 구원(그리고 변형)을 주목하자. 신약에서 죽음과 부활의 은유는 사실, 탈중심화(죽음)과 재중심화(부활)의 과정으로써 이러한 변형을 표현한다.

⑤ 메타 - 이야기(Meta-Narrative)

성경의 모음집에 포함된 66권의 책들이 전통적으로 한 권의 책으로써 읽힌다는 사실은 지금도 여전하다. 전체로써의 성경은, 구약성경을 재해석하는 신약성경과 함께 과거와 미래에 관해서 하나의 스토리를 이야기하는 느슨한 연대기와, 무엇보다도 중요한 메타-이야기를 표현한다. "메타설화"는 하나님께서 자신의 피조세계 전체를 통해 역사하시는 전 우주적인 계획과 관련이 있다. 이 설화의 풀롯의 핵심적인 측면들에는, 첫 창조, 인류의 타락, 죄의 권세와 편재, 구속의 필요, 그리고 그리스도의 성육신과 희생 등이 있다. 때로 메타이야기를 "구속이야기"나 "구속사"라고도 부른다.

스토리로써의 구약 성경은 기원에 대한 원시적이고 신화적인 시대에 뿌리를 둔 극적인 이야기를 제공한다. 이러한 고대의 스토리는 세계를 창조하시는 하나님과, 선한 것을 결정하기 위해서 그 자신의 의지를 행하시는 창조-그 자신의 형상으로 인간을 창조하실 때에 이르러, 그것을 좋았다고 선언하는 하나님을 표현한다. 이어지는 이야기들은 하나님과의 계속되는 투쟁을 표현한다. 자주 언급되는 것 같이, 이스라엘의 역사는 인간의 반역으로 성취되지 못한 약속의 패턴을 주로 따른다. 마침내, 이스라엘은 나라 밖의 페르시아, 그리스, 그리고 로마와 앗시리아에게 멸망되고, 유다는 바빌로니아에게 멸망된다. 생존자는 파괴된 예루살렘을 다시 일으켜 세울 기름 부음을 받은 자, 메시아를 향한 미래를 바라본다. 예루살렘이 건설되고, 예루살렘이 파괴되는 그 패턴은 반복된다.

기독교는 비슷한 스토리를 이야기 하며, 하나님의 백성들이 지상의 예루살렘에 대한 상대방으로 섬기는, 극적인 하늘의 예루살렘에로의 결합될 미래를 바라본다. 요한계시록은 하나님의 존재가 완전하게 인간과 동거하는 새로운 하늘과 땅의 창조를 묘사한다. 그것은 하늘과 땅이 하나로 되는 결혼을 묘사함으로써 이것을 성취한다. 또 요한계시록은 새로운 에덴, 새로운 생명나무, 그리고 새로운 예루살렘의 창조를 묘사한다. 이러한 방법으로, 신약성경은 그 자신의 희망의 관점에서 신의 의지를 표현하는 세계에 대한 전통을 재해석한다.

⑥ 문학에 대한 영향

문학으로서의 성경 읽기는 성경과 일반문학 사이의 심연이나 "무지"에 하나의 교량역할을 한다. 예를 들어서, 오늘날의 독자는 성경에서 서술되고 있는 3,000명이나 그 정도의 남자와 여자 등장인물들에 대해 일반적으로 이해할 수 없다. 이미 잘 알려진 사람들 중 조금 더 중요한 인물들에는 족장들, 왕들(특히 군주국의), 파라오와 느부갓넷살과 같은 비-이스라엘 지도자들, 최초의 인간, 제사장 아론과 사독, 구약 영웅 모세와 신약 영웅 예수-그리고 어머니들, 특히 사라, 리베카, 한나, 엘리자베스, 그리고 마리아가 포함된다. 이들은 모두 성경이야기의 주요인물들이고, 한 이야기의 주인공은 인류의 한 집단, 어쩌면 전체 인류의 대표 혹은 모본이 되도록 의도되고 있다. 문학에서의 이러한 주요인물은 보편적 인물로서, 역사에서의 특수하고 개별적인 인물들과는 다르다. 성경이 이스라엘 역사를 사실적으로 기록하고 있기 때문에 수많은 역사상의 인물들이 등장할 수 밖에 없다. 성경의 주요인물들은 역사적 인물이며, 동시에 문학에서의 주인공이 되고 있다.

영문학은 성경에서 그의 가장 풍부한 원천을 가지는 것으로 서술된다. 성경은 문학의 언어, 스타일, 표현, 그리고 톤에 이르기까지 많은 기여를 한다. 성경을 잘 아는 것은 독자들이 타이틀, 스토리, 인물, 인유, 장르, 이미지, 그리고 일반적으로 그것으로부터 직접 파생된 문학에서의 플롯을 이해하는 것을 도와준다. Archibald Macleish의 연극 J.B는 그의 인물과 스토리를 직접 구약의 욥기로부터 빌려왔으며, 밀턴의 Samson Agonistes는 삼손의 성격을 작품 속에 끌어 들인다. 로버트 프로스트는 Masque of Mercy에서, 요나를 현대적인 뉴욕의 인물로 묘사한다. 모든 서구문학을 통해서 성경은 현대적인 글쓰기에 대해 중요한 원전과 영향으로 남아 있다.

⑦ 경험주의

성경은 상상과 정서에 의해서 형성되고 호소하면서, 신체적인 경험으로부터 일어나는 이미지로 이야기 한다. 맨 처음에 이미지가 존재하고, 그 다음에 은유, 상징, 그리고 원형의 연결된 패턴으로 형성된다. 이들 모두는 보편적인, 공유된 문화의 언어 속에서 의미 형성에 기여한다.

성경이 추상적이고 명제적으로 그것을 설명하기보다는 오히려 사실과 진리를 상상한다는 것은, "우리가 장면 속에 들어가서 행동에 참여하도록 한다" 는 것을 말한다. 다시 말해, 그것은 인간 경험을, 그것에 관해서 이야기 하는 대신에 재현하고, 인간 경험에 대한 진실성을 표현하는 것으로, 이것은 진실이나 거짓인 명제적 진리와 사상과는 구별된다. 이러한 것은 사람들이 어떻게 성경을 읽어야 하는가에 영향을 끼친다. 문학에서 진리에 대한 점검은 설명적 진술이 아니고, 독자들이 삶에 대한 그 자신의 肖像에 관해서 삶은 이와 같은 것이라고 말할 때 생겨난다. 어떤 의미에서 성경은 추상개념과 명제인 신학으로부터 구출되어야만 하며, 또한-그것을 신학적인 요약과 검정-텍스트들로 조직화하는 보수적인 학자와, 그의 기원으로부터 그의 존재하는 상태로까지 추적하는 학자-둘 다로부터 구출되어야만 한다. 성경은 확실히 추상적인 생각과 명제를 받아들이지만, 그것은 이러한 것으로 축소되어서는 안 되는 문학과 같이, 오히려 성경은 다른 접근을 요구한다. 성경의 진리는 이미지와 이미지들의 패턴, 시각과 지각, 감정, 그리고 상상에 적합한 접근을 통해서 드러날 수 있다. 인간은 "이미지-메이커"와 이미지 사용자라는 속성에 의해 존재하는 것으로 묘사된다.

땅에서의 일시적인 삶은 해와 달, 밤과 낮의 끝없는 순환 아래에서 자연적 시간 속의 인간의 탄생과 죽음의 드라마를 펼친다. 이들 순환은 인간의 삶과 죽음에 대한 계속되는 드라마에 대한 틀을 제공하고, 또 다른 상태로의 통로를 제공한다. 이러한 경험적 근거를 기초로, 비유적인 언어는 더 큰 추상개념으로 개념화 되고, 인간이 하나님과 "하나님의 이미지"에 대한 일치를 이야기 할 수 있도록 한다. 모든 언어와 문학의 기초인 은유는 불확실한 세계, 臣民, 그리고 영원성 사이의 상호작용적인 관계를 형성한다. 신약성경에서 표현된 바의 예수는 인간의 육체와 신 사이의 이상적인 일치를 요약한다. 로마서 5장에서, 바울은 죄초의 지상적 존재인 아담을, 아직 오지 않은 하늘의 존재인 그리스도의 모습으로서 이야기 한다. 성경을 통해서, 하나님은 의인화되어서 말과 행동을 통해서 그 자신을 이야기 하고 표현 한다. 즉, 창세기에서 하나님은 걸어 다니시고, 호세아(2~3)에서 그는 사랑하는 남편으로 그려진다. 또, 이사야(49.15)에서 그는 그녀의 자궁의 어린 아이를 친절하게 돌보는 어머니로서 제시되고, 요한복음(10)은 예수님을 하나님의 양으로, 그리고 선한 목자로서 소개한다. 성경의 영적인 언급과 사건들에 대한 상상적인 차원을 강조하는 칼, 융은 그리스도를 통일된 원형적 이미지, 전체 인격, 자기(the Self)로서 발전시킨다. 그는 특히 사랑, 영적인 삶, 구원, 그리고 화해를 상징하는 것으로서의 그리스도에 대한 요한적인 주제를 선호 했다.

4)성경의 언어사용 방법으로써의 수사적 장치들

은유와 직유는 독자들이 상상적으로 보고, 듣고, 맛보고, 감촉하고, 그리고 느끼도록 해서 그들의 독서행위에 생동감을 부여하는데 중요한 작용을 한다. 물론 다른 모든 수사적인 장치들이 우리가 읽는 것에 부가적인 힘이나 더 큰 활력, 강화된 감정을 불러일으킨다. 만일 우리가 언어 그 자체가 상징들로 구성된다는 것을 기억한다면, 우리는 비유적인 언어가 우리가 읽는 것에 의미의 층을 더하고 확장한다는 것을 이해해야만 한다. 이것은 또한, 우리가 항상 문학적인 글에 대한 우리의 해석이, 독자들에게 주관적인 반응을 호소하거나 환기시키려 한다는 의도에 동의하지 않을 것이라는 것을 의미한다. 모든 언어는 불가사의한 힘을 가지고 있다. 그러나 문학은 독자들이 모든 문학작품의 다양화된 형태 속에서 삶을 재 경험 하도록 마음을 움직이도록 하기 위해 언어를 특수하게 사용한다.

① 직유와 은유

성경에서 스타일에 특별한 주목을 하는 중요성은, 은유와 직유의 구별에서 설명될 수 있다. 은유와 직유는 각각, "~이다(is)"를 사용하는 함축적 비교와, "~같이(like, 혹은 as)"를 사용하는 명시적 비교로써 정의된 담화의 모습이다. 성경에서 잘 알려진 직유는 인간의 삶을 풀에 비교하는, "모든 육체는 풀과 같다"(베드로전서 1.24)와, 나무에 대한 비교로써, "저는 시냇가에 심은 나무와 같다"(시편 1.3)라는 구절이다. 쉽게 이해되는 은유적 혹은 함축적 비교로는, "여호와 하나님은 해요 방패이시다"(시편 84.12)를 예로 들 수 있다. 해석을 위해서 한 가지 사물을 "~과 같다"(is like) 혹은, 또 다른 것을 닮았다(직유)고 설명하는 것은, 본질적으로 하나의 사물이 "~이다"(is) 혹은, 다른 것을 의미한다(은유)고 말하는 것과는 다르다. 잘 알려진 은유는 "여호와는 나의 목자이시다"는 두 개의 관련성이 없는 명사들-"여호와" 와 "목자"를 연결한다-이것들은 그들이 동의하는 어떤 점에서 의미가 하나로 통합된다(은유와 직유는 두 개의 사물 사이의 유사성의 전제 하에서 사용된다). 언어와 은유는 특별히 교리에 대한 중요한 함축성을 지니고 있다. "이것[빵]은 내 몸이다"(마태복음 26.26)는 유사성이 전혀 없는 두 가지 다른 사물들인, "빵"과 "몸"을 연결한다. 이 둘은, 한 가지 사물의 의미가 심상으로써 다른 것으로 전이되고 있다. 빵이 인간의 육체적인 생명을 유지시키는 양식이라면 예수님의 몸(믿음)은 인간의 영혼을 살아 있게 하는 정신의 양식이다. 은유에 속하는 영어 단어 metaphor는 전이(transfer)라는 의미를 내포하고 있다. 어원상 은유는 헬라어 단어 "~을 넘어서"를 의미하는 meta와 "나르다"를 의미하는 pherein에 근거를 두고 있기 때문이다.

독자들은 창세기의 맨 처음 두 장에서 하늘과 땅, 하나님과 사람 사이의 관계를 이해하는 히브리인들의, 참으로 그 마음에 대해서 이야기하는 언어의 은유적인 사용과 마주칠 것이다. 첫 번째 이야기는 은유를 사용하고 있는데, 하나님은 창조주(장인)이시고, 인간은 창조나 피조물의 대상이다. 개념정의상 "창조주"는 창조의 대상에 대해 힘과 권위를 가지고 있으며, "피조물"은 전적으로 예술가의 손에 달려 있다. 동일한 이야기로, 하나님의 형상이나 모양으로 만들어진 인간은(1. 26,27) 다른 창조물들(물고기, 새, 육축, 야생짐승들, 기는 것들)과 관련된 창조의 특별한 질서 속에 우뚝 선다. 창조주가 창조가 있도록 말한다는 사실은 언어에서의 명령 원칙과 위에 계신 하나님과 아래의 인간존재 사이의 연결을 암시한다.

두 번째 이야기에서, 하나님은 땅의 먼지로 인간을 형태화 한다. 여전히 하나님은 창조주(옹기장이)이고 인간들은 형태화 되고, 하나님의 숨결에 의해서 생명이 부여된 점토들이라는 은유이다. 그리고 그곳에서 호흡은 혼이고 생명이다. 이 이야기에서, 적절한 명사가 아니라 피조물의 지상의 기원에 대한 언급인 아담은, 인간들은 명령원칙으로써의 언어를 공유한다는 것을 증명하면서, 다른 창조물들에 대해 이름을 붙인다(2.19). 사실상, "언어는 창조이다"라는 은유는 창세기를 관통해서 흐르고 있으며, 인간존재들의 창조적인 행동과 하나님의 창조적인 행위 사이에 긴장을 창조한다. 창세기 3장에서 이브가 선악과의 지식의 나무로부터 따먹지 말라는 하나님의 특별한 명령을 삽입하기 위해서 언어를 사용하는 것에 독자들은 놀라지 않는다. 그녀는 하나님은 그들이 그것을 만지지 말아야 한다는 것을 말씀하셨다는 것을 덧붙이기 때문이다.

어떻게 디테일에 주의를 집중하는가 하는 방법이 독자들의 성경 읽기와 이해를 제고시키는가를 암시하기 위해서, 필자는 독자들에게 이미 친숙한 비유적인 언어, 직유와 은유를 설명했다. 독자들은 창세기에서 요한계시록까지, 성경이 상상력에 호소하는 비유적인 언어를 확장적으로 사용한다는 것을 발견할 것이다. 비교를 사용해서 상상력은 평범한 것에 놀라움, 영향력, 그리고 아름다움을 첨가시킨다. 물론, 독자들은 항상 하나의 의미와 고정불변한 한 단어의 문자적인 의미로 시작해야 하지만, 비유적인 언어는 이러한 축어적 의미로부터 벗어나서 다양성과 가변성을 도입한다. “하나님은 빛이다”라는 것을 비유적으로 말하는 것은 문자적인 사실을 설명하지 않는다. 오히려, 무한 범주 속의 어떤 면에서 하나님은, 존재하는 유한 세계 속의 물리적인 빛에 비교된다. 비교의 법칙은 두 개의 사물이 대체로 달라야만 하지만, 하나 혹은 그 이상의 특정한 점에서는 비슷해야만 한다는 것을 의미한다.

② 의인법, 환유와 제유

성경은 사물이 사람으로 표현되거나 이야기되는 의인법에 대한 많은 실례를 가지고 있다. 욥기는 귀와 눈에 대한 의인법의 예를 보여주고 있다. 혼자서 탄식하고 있는 욥은, 더욱이 머리로부터 발까지 드러난 상처로 부어오르게 된 그의 몸을 제외하고, 모든 것을 잃은 그의 현재의 상태를 슬퍼하고 과거의 좋았던 날들을 회상하고 있다. 그가 인생의 전성기에 있었을 때에는 사회의 지도층에 있던 사람들은 그를 존경했다. “나를 들었던 귀가 나를 찬양했다, 보았던 눈은 나를 천거했다”(9장 11절). 이것은 환유 그 이상이거나, 단지 듣기 위해서 귀를 사용하거나, 보기 위해서 눈을 사용하는 사람을 표현하기 위해서 귀와 눈을 사용하는 것 이상이다. 여기서 귀는 인간처럼 듣고, 눈은 본다. 창세기 2장에서 생명을 표현하기 위한 호흡 즉, 생명을 위해서 참가하는 호흡의 사용은 환유이다. 시편 5장 9절에서, 시가 “저희 목구멍은 열린 무덤이다”를 말할 때, 이는 환유를 사용하고 있는 것이다. 여기서 목구멍은 그것에 의해서 영향 받는 것, 즉 담화를 상징하고 있다. 그들이 노래를 발하고, 나무들이 그들의 손바닥을 칠 것이라는 것을 작가가 말할 때, 이사야 55장 12절은, 산들과 작은 산들을 의인화 하고 있다. 제유에서 전체나 종합은 한 부분을 命名함으로써 표현된다. 시편 35편10절은, 모든 뼈가 사람에 대해 이야기하는 제유를 소개 하고 있다. “내 모든 뼈가 이르기를 여호와 같은 자 누구리오?”가 바로 그것이다. 창세기 6장12절에서, “모든 몸은 땅 위에 그것의 길을 타락시켰다”고 말할 때, 그것은 사람들과 연합된 몸이라는 제유를 사용하고 있다.

다음 섹션에서 필자는 하나님이 인간의 특성을 부여받고 있다는 이야기의 모습을 전달하고자 한다. 반대로 인간이 그들 자신에게 하나님의 속성을 부여할 때, 역작용이 일어나고 있음을 볼 수 있다. 창세기 3장 22절에서, 최초의 인간이 지식의 나무로부터 선악과를 따먹은 후에, 하나님은 직유를 사용해서 말씀 하신다. “보라, 이 사람이 우리 중의 하나같이 되었다. 그리고 지금, 그가 손을 들어 생명나무 실과도 따먹고 영생할까 하노라.” 이것을 방지하기 위해서 하나님은 에덴동산으로부터 그들을 추방한다. 성경은 그 스스로를 잠재적으로 조물주(하나님)에 대한 경쟁자로서 세울 수 있는 인간의 이러한 잠재적인 창조성으로, 창조주의 역할을 하고자 하는 인간의 갈망에 대한 모티프를 반복적으로 전개시킨다(땅에 제한되지만).

③ 神人同形同性說(Anthropomorphism)과 동물형상 (Zoomorphism)

성경은 전체를 통해서 인간의 수많은 속성을 하나님으로부터 기인한다고 생각하는 신인동형동성설의 비유적인 장치를 사용한다. 예를 들어서, 다음을 생각해 보자. 하나님은 영혼을 받았다(예레미아애가 3.20), 몸과 머리(고린도전서 11.3), 얼굴(시편 16.11), 눈(스가랴 2.8), 귀(시편 31.2), 콧구멍(욥기 4,9, 출애굽기 15.8), 입, 입술, 그리고 혀(민수기 7.8, 욥기 11.5, 이사야 30.27), 목소리(이사야 30.30), 팔(에스겔 15,16, 욥기 40.9), 손(욥기 10.8), 손가락(출애굽기 8.19), 심장(예레미아애가 19.5,6, 사무엘상 13.14), 위장(이사야 60.13). 이 외에도 하나님에게는 인간의 모든 속성이 더 허락 된다-기쁨(시편 104.31), 회개(창세기 6.6), 질투(출애굽기 20.5), 열심(이사야 9,7), 불쾌(스가랴 1.15), 연민(요엘 2.18), 기억(출애굽기 2.24, 사무엘상 1.19, 시편 78.39, 103.14), 생각(시편 92.5.6, 139.17, 예레미아 29.11), 호흡(창세기 2.7), 웃음(시편 2.4), 연설(창세기 1.1, 요한복음 1.1) 등. 또 하나님은 인간과 같이 행동 하신다. 앉음(말라기 3.3), 바라봄(시편 11.4), 듣기(창세기 16.11, 요한일서 5.14), 냄새 맡음(창세기 8.21, 빌립보서 4.18), 촉각과 취각(호세아 4.4, 요한복음 4.32,34), 산책(신명기 23.14,15), 타기(이사야 19.1), 그리고 등등. 창세기는 하나님이 인간을 그의 형상으로 창조했다는 것을 설명하고 있다(창세기 1.26). 마치, 그리스도를 모방하는 것이 기독교인들의 중심적인 역할과 같이, 하나님을 모방하는 것은 유대 믿음에서 중요하게 나타난다.

"하나님의 형상으로 창조된 인간"에 대한 성경의 묘사를 뒤집어 생각해보면 모든 세대를 통해서 사상가들이, 하나님→이미지→사람, 사람→이미지→하나님과 같이 "모든 신들은 인간개성의 투사이다"라는 주장을 알 수 있다. 성경은 항상 언어의 사용자로서, 그리고 창조주가 되는 것을 갈망하는 창조자로서의 인간의 모티프로 돌아온다. 바벨 이야기에서의 탑은 구약에서 이것을 설명하고 있으며, 오순절은 사도행전 2장에서 그것에로 돌아온다.

이야기에 긴밀하게 관련된 특징인, 동물형상은 하나님 혹은 다른 존재들을 하등동물이나 하등동물들의 부분들에 대한 명시적이거나 암시적인 비교로, 어떤 동물의 모습을 다른 종들에 기인하는 것으로 본다. 시편 작자는 예를 들어서, "주의 날개 그늘에서, 내가 즐거이 노래 하리이다"(시편 63.7). 다르게 적용해, "내가 새벽 날개를 치며, 바다 끝에 가서 거할찌라도"(139.9)는, 햇살을 새의 날개에 비교하고, 하나님은 항상 현존하신다는 것을 요점으로 하고 있다.

비유적인 언어를 이해하는 것은, 무엇보다도 독자들이 성경을 오독하지 않도록 도와줄 수 있다. 다음의 비유 장치들은 상세한 성경 읽기의 중요성을 더 한층 설명해 주고 있다.

④ 머리즘(Merism)과 모순어법(Oxymoron)

"**머리즘**"은 전체를 표현하도록, 대조되는 부분들을 함께 결합하기 위해서 "그리고(and)" 라는 단어를 사용하는 제유의 특별한 용법이다. 독자들은 좀 더 자세하게 읽어보면 성경 전체를 통해서 이야기의 이러한 모습을 발견할 수 있을 것이다. 창세기 1.1은 하나님은 극적 반대인-하늘과 땅을 만드셨다는 것을 이야기 한다. 이러한 표현의 전체적 의미는, 하나님은 만들어진 모든 것 즉, 전체 세계를 만드셨다는 것을 의미한다. 이야기의 이러한 모습을 문자적으로 읽지 않는 것은 성경 읽기에서 아주 중요하다. 창세기가 선과 악(문자적으로 '나쁜'의 의미)에 대한 지식을 언급할 때, "악"의 함축적인 의미는 단지 부도덕만을 내포하는 것으로 이해되어서는 안 된다. 오히려, 머리즘의 용법을 인식하려면, 독자는 선과 악이 "모든 것"이나 "궁극적인 것"을 의미하도록 해석해야만 한다. 더욱이, 히브리어에서 "지식"은 지적이거나 윤리적인 앎이 아닌, 문자적으로 "친교"나 "성별(sexuality)"을 의미한다. 이야기의 상징을 인식하고 잘 번역된 성경을 사용하는 것은, 독자들이 性(생식, 출산)과 신성과 부도덕에 대한 갈망 사이의 관계를 이해하는 것을 도와주고, 또 이것은 아마도 최초의 인간들이 에덴으로부터 추방당했던 실제 이유를 이해하는 것을 도와줄 수도 있을 것이다.

구약 성경의 시는 머리즘을 확장적으로 사용한다. 이들은 빛(낮)과 어둠(밤), 그리고 창세기 1장의 "더 큰"과 "더 작은" 빛을 포함한다. 생명과 죽음, 시작과 끝, 그리고 아마도, 변함없는 천국과 지옥이 그러하다. 사람과 짐승(시편 36.6)은 모든 살아 있는 피조물들을 이야기한다. "동이 서에서 먼 것 같이"(시편 103,12)는 경계의 부재를 표현하며, 하나님에 대한 생각인 "나의 앉고 일어섬"을 아신다는 것(시편 139.2)은 하나님이 나에 관해서 모든 것을 아신다는 것을 의미한다. 신명기(6.7)는, 우리가 계속해서 마음에 새겨야만 한다는 생각을 표현하기 위해서, "네가 누워 있을 때든지 일어날 때에든지"라는 표현에서 머리즘을 사용하고 있음을 볼 수 있다. 욥기 11장6절은, 천국의 높이와 저승의 깊이에서 수직적이고 수평적인 전체를 표현하기 위해서 그것을 차용한다. 또 다른 머리즘은, "무지한 말로 이치를 어둡게 하는 자가 누구냐?"(욥기 38.2)하는 하나님으로부터의 질문 속에 그 자체를 암시하고 있으며, 또 다른 예는 "광명의 처소는 어느 길로이며, 흑암의 처소는 어디냐?"(38.19)라는 질문 속에서 발생한다. 예레미아(7.20)는, 양육되고, 또 양육되지 않는 것의 전체를 표현하기 위해서 들나무와 땅의 소산을 사용한다. 에스겔(17.24)은, 자연의 모든 것을 언급하기 위해서 푸른 나무와 마른 나무를 사용하고 있다.

신약 성경 또한 종종 교리에 대한 내포와 함께, 담화의 이러한 특별한 모습을 사용한다. 마태복음(5.17~19)을 생각해 보자.

> 내가 율법이나 선지자나 폐하러 온 줄로 생각지 말라 폐하러 온 것이 아니요 완전하게 하려 함이요/ 진실로 너희에게 이르노니 천지가 없어지기 전에는 율법의 일전 일획이라도 반드시 없어지지 아니하고 다 이루리라/ 그러므로 누구든지 이 계명 중에 지극히 작은 것 하나라도 버리고 또 그같이 사람을 가르치는 자는 천국에서 지극히 작다 일컬음을 받을 것이요 누구든지 이를 행하며 가르치는 자는 천국에서 크다 일컬음을 받으리라

여기서, 머리즘은 "폐하러 온 것이 아니다", 그러나 "완전케 하려함",

"천국과 땅"에서 그리고, 흥미롭게도 "율법"과 "이루리라" 그리고 마침내 "작다"와 "크다"에서 나타난다. 전체적으로, 이들은 모두가 "이루어지고" 있거나 "매듭지어졌다"는 것을 암시한다. 에베소서(3.18)는 "넓이와 깊이" 그리고 "높이와 깊이"에서 서로 반대되는 의미의 짝을 형성하고 있다. 이러한 비유적인 표현의 또 다른 용법은 에베소서 2장13절~17절에서 교리적으로 나타나는데, 그곳에서 작가는 "가까움 먼", "새로운 한 사람을 창조", 그리고 인간은 두 사람(유대인과 기독교인)보다 오히려 한 사람이라는 것을 표현하기 위해서, "원수된 것을 폐하여"를 선택한다. 요한계시록은 그리스도를 두 그룹들 사이의 조정자로서 묘사한다.조직화된 성경이 잃어버린 에덴의 창세기로 시작해서, 획득된 "새 예루살렘"이 있는 요한계시록으로 끝나는 머리즘으로써 작용하는 것은 매우 당연하다. 이들 두 가지는 인간 역사의 전체를 이야기하며, 하나님의 주권의 "알파와 오메가"를 표현한다(요한계시록 21.6). 요한계시록 11장17절은, "옛적에도 계셨고, 시방도 계시고, 앞으로 오실" 3중의 사람에 대한 머리즘으로 확대된다. 마침내, 그것이 어떤 한계를 넘을지도 모르지만, "구약"과 "신약"이 하나님의 말씀의 모든 것을 표현하고, 전체로서의 "성경"을 표현하는 머리즘을 형성한다는 것이 이야기될 수도 있을 것이다.

모순어법(Oxymoron)은, "예리한"과 "우둔한"을 의미하는 두 개의 그리스어를 결합한 것으로부터 비롯된다. 그것은 겉보기에는 자기-모순 효과인, 조화되지 않은 효과를 산출하는 어법에 대해서 이야기하고, 대조적인 단어들이나 생각을 함께 놓는 데에서 인식될 수 있다. 이러한 장치는 정상적으로는 어리석은 어떤 것이 심사숙고하면 대단히 현명할 수 있다는 것을 보여주기 위해서 사용될 수 있다. 세대를 통해서 하나님의 지혜가 인간에 의해서 어리석은 것으로서 간주되어 왔으나, 인간의 이해를 넘어 서서 현명한 것으로 판명되고 있다.

성경은 거짓 지혜와 현명한 어리석음에 관하여 얘기할 만한 것이 많다. 예레미아는 인간에게 두 가지 길 사이의 선택을 제시하고 있다. 즉, "그리고 너는 이 사람들에게 이야기할 것이다. 주 여호와가 이렇게 말한다. 보라, 나는 너에게 생명의 길과 죽음의 길을 제시하고 있다." 등이 그러하다. 잠언 14장12절은, "사람에게 옳은 것처럼 보이는 길이 있으나, 결국 그것은 사망에 이른다는 것을 경고한다." 마태복음 16장25절은, "누구든지 제 목숨을 구원코자 하면 잃을 것이요, 누구든지 나를 위하여 제 목숨을 잃으면 찾으리라"하고 말한다. 이러한 모습이 극도의 어리석음으로 나타나고 있다. 너의 생명을 구하기 위해서, 너는 그것을 기꺼이 버려야만 한다! 성경이 한 번에 두 가지 물질적, 정신적 차원에서 작용하는 것은, 여기서 지혜를 드러내는 것을 도와주고 있다. 사람은 정신적인 생명을 얻기 위해서 기꺼이 육체적인 생명을 내던져야 한다. 바울의 의심 없는 서신은(고린도전서 1.25), 특별한 효과를 위해서 "하나님의 미련한 것이 사람보다 지혜 있고, 하나님의 약한 것이 사람보다 강하니라"와 같이 대조적인 생각을 한데 묶고 있다. 또 다른 의심 없는 서신, 고린도후서는 더욱 직접적으로 모순대립을 설명 한다. "내가 약할 때, 그때 나는 강하다." 옥시모론 이외의 바울에 대한 묘사에서 주목되는 차이는 다양한 평가를 초래할 수도 있다. 즉, 디모데전서 1장15,16절 목가에서, 작가는 바울을 "죄인 중의 괴수"로서 묘사하고 있으며, 에베소서 3장8절에서 작가는 바울은 "모든 성도 중에서 가장 작은 자이다" 라고 말하고 있다. 그러나 고린도후서에서 바울은, 그 자신을 사도들의 괴수 뒤에 있지 않은 것으로써 묘사하고 있다.

성경 읽기에서, 독자들은 이야기들(인물들이 말하는 것)과 서사적인 보고들(다른 등장 인물들이 말한 것으로 보고하는 것)에 주의 집중하길 원할 것이다. 그와 같은 인용들은 사람들의 생각과 행동을 표현하도록 하는 목적에서 이뤄진다. 신약 성경이 빈번하게 구약 성경으로부터 인용하는 것을 발견하는 일은 결코 놀라운 일이 아니다. 성경은 과거에로의 "되돌아봄"과 미래에 대한 "기대"를 위해서 암시와 예시를 사용한다. 이렇게, 신약성경은 구약성경에 대해서 언급한다(그러나 구역성경은 또한 전체를 통해서 많은 점들에서 그 스스로를 언급한다). 그런가 하면, 기독교인들은 구약성경을 신약성경을 기대하는 것으로써 해석했다.

⑤ 인용(Quotation), 인유(Allusion), 그리고 예시(Foreshadowing)

일부 학자들은 신약성경은 그리스도를 구약성경의 성취로 묘사하고 재해석하고 있다고 주장하고 있다. 사람들이 이러한 설명에 어떻게 반응하든, 신약성경은 분명히 빈번하게 구약성경을 인용하고 있다. 예를 들어서, 장과 절 단위의 마태복음 3장3절, 이사야 40장3절, 요한복음 12장34절, 시편 89장36절, 사도행전 2장19절~20, 요엘 2장30절~31 등에서, 우리는 인용되거나 언급된 자료들에 대한 교차-언급을 쉽게 확인할 수 있다. 인용은 때때로 직접적으로 한 마디 한 마디를 그대로 전하는 것을 반복 한다. 때론, 문장구성(다른 부분들로 구성된)은 한 단락으로 결합되며, 그 밖에 단지 자료들에 대한 간략한 참조를 언급하거나 자료를 참조하고 있다. 인용들의 숫자에 첨가된 인유를 고려하면, 신약성경에서의 구약성경의 참조의 수는 한층 더 증가한다. 예를 들어서, 요한계시록은 단독으로 구약성경으로부터 350개 이상의 인유에 대해 언급하는 것으로 서술되고 있다.

이러한 참조는, 성경이 통일성과 일관성을 가지고 있다는 생각에 기여하는 사건, 이미지, 그리고 신념의 서로 연동되는 경향을 만들어 내고 있다. 요한복음 12장38절이 이사야 53장1절을 어떻게 인용하는가를 생각해 보자. 이사야의 "고통 받는 종" 과 특히, 십자가 위에서 고통 받는 예수의 삶의 연합에 대해서 주목하지 않을 수 없는 예를 만들어 내고 있다. 혹은, 다시, 복음서(요한복음 19.37)가 어떻게 스가랴를 직접적으로 인용하는지를 기억해 보자. "자기들이 찔러 죽인 그를 바라볼 것이다(스가랴 12.10)." 마태복음(2.13~15)은 역사적인 이스라엘을 "새 이스라엘"의 머리로서의 예수에게 연합시키기 위해서 호세아(11.1)를 인용한다. 때때로, 이러한 연합은 사건들을 통해서 나타난다. 요한복음(6)에서 5,000명의 먹임은 광야에서의 만나로 먹임을 언급한다.

인유의 힘은 더 큰 의미를 이해하기 위해서 주제나 모티프를 반영하고 마음을 자극하도록, 잘 알려진 시가, 문장, 어구, 인명 등을 적절히 인용하여 자기의 의도를 살리는 방법이다. 인유는 그러한 역사적, 문화적 자산을 끌어들임으로써 과거의 의미와 새로운 의미를 중첩시켜 독특한 의미론적 문맥을 형성한다. 문학에 필수적이고, 성경에서 눈에 띄게 많이 나타나는 인유는 하나의 텍스트를 또 다른 텍스트로 활성화시킨다. 예를 들어서, 갈대상자 속의 모세가(출애굽기 2.3) 어떻게 방주 속의 노아(창세기 7)를 떠올리게 하는가를 생각해 보자. 혹은, 다시 소돔에서 롯에 대한 두 개의 환대 이야기들과 사사기 19장에서의 첩을 생각해 보라. 두 사건의 경우에, 낯선 자들은 환대를 받아들이지만, 백성들은 오히려 그들을 강간하려고 한다. 그러자 주인은 대신 다른 여자들을 제공한다. 인유는 또 다른 텍스트에 대한 한 텍스트의 시간적 우선순위를 전제로 하기 때문에, 자연적으로 텍스트들의 날자와 관련해서 질문이 생길 수 있다. 앞의 사사기에서의 이야기는 창세기 이후에 오는 것처럼 보인다. 사사기의 이야기는 창세기에서의 언어를 아주 자세히 설명하고, 실제로 도덕적 판단을 더욱 분명히 한다. 사사기에는 인간이 소돔 사람들의 도덕적으로 타락한 상태로 돌아갈 수 있다는 암시와 전개가 있는 것처럼 보인다.

신약성경에서 히브리서는 바울 때문이라 할지라도, 아마도 AD 60 후와 AD 95 이전에 구성되었고, 분명하게 기독교인의 약속을 반영한다. 히브리서는 복잡하게 연결되고 기교적으로 창조된 일련의 질문들과 인용들을 통해서 의미가 어떻게 확대될 수 있는가를 설명한다. 그것은 세 가지의 교리적인 요점을 서술한다. 예수 그리스도를 선지자들, 천사들, 그리고 모세보다 우월한 자로서, 레위기의 사제단보다 중요한 자로서의 그리스도의 제사장임과, 레위기의 성직자들에 의해서 제사된 것들보다 가치 있는 것으로서의 그리스도의 희생이 그것이다. 히브리서 첫 번째 장은 그 책의 스타일에 대한 예를 제공한다. 저자는 기술적으로 "오래 전" 과 "이들 마지막 날," 우리의 조상들과 우리, 선지자들과 아들, 그리고 그때 말하는 하나님과 지금 말하는 동일한 하나님 사이의 일련의 대조들을 나열하고 있다.

예시는, 스토리에서 이후에 나타날 전개에 관해서 미묘한 힌트들을 제공함으로써 플롯을 진전시킨다. 암시는 하나의 텍스트의 의미를 또 다른 그것으로 확대시킨다. 이러한 암시가 거꾸로 행해진다면, 이것은 재해석과 같아 진다. 예수론적인 반영으로 쓰여진 히브리서는 "하늘에 계시는 가장 존엄하신 분의 보좌 오른 편에 앉아 계시는 사람인, 높으신 대제사장[예수]"(8.1)을 예시함으로써, 단지 하늘에 있는 참 성소의 그림자인 성소에서 예배를 제공하는 (8.5), 더 앞선 시기의 땅의 제사장들을 재해석한다. 작가는 옛날의 땅의 제사장들의 의식을 "하늘에 있는 것들의 모형"으로써(9.23) 언급한다. 그리고 구약성경 율법은 "장차 있을 좋은 것들의 그림자에 불과할 뿐이고, 실체가 아닌"(10.1) 것으로써 언급한다. 작가는 시편 40편 6절~8을 인용해서 그에게 "보십시오, 하나님! 내가 주님의 뜻을 이루려고 이 세상에 왔습니다(나에 대해서 성경에 기록되어 있는 대로)"(10.7) 라고 말하게 함으로써, "이스라엘 전통의 완성"으로써 그리스도에 대한 생각을 진전시킨다. 구약성경에서, 반복된 사건들은 때때로 예시로써 해석되었다. 아브라함과 요셉 둘 다 기근의 결과로 애굽으로 간다(창세기 12.10). 두 사람의 사건에서, 파라오는 질병이나 전염병에 걸리게 되고, 그 결과 파라오는 히브리 사람들을 멀리 떠나도록 다그친다. 두 가지의 경우에, 아브라함과 요셉은 그들 자신의 땅과 하나님에 대한 예배로 돌아가도록, 많은 물질적인 부와 함께 애급을 떠난다.

독자들은 오독과 오역이 될 가능성에 대한 안목을 가지고 성경을 읽을 필요가 있을 것이다. 독자들은 하나님이(선지자들, 제사장들, 그리고 왕들은 물론), 그가 말하는 것을 진실로 의미하는지를 독자 스스로에게 질문하는 것을 발견할 수도 있다. 예를 들어서, 독자들이 하나님이 실제로 첫 번째 부부가 선악과의 지식의 나무의 열매를 먹지 말아야만 한다는 것을 의미했는지를 묻는 다면 무슨 일이 일어날까? 욥이 그가 그의 친구들에게 지혜는 그들과 함께 죽을 것이라는 것을 그가 말할 때, 그것을 실제로 의미했었는가? 예수가, 그가 의인을 부르러 온 것이 아니라 죄인들이 회개하도록 왔었다고 그가 말했을 때, 실제로 그것을 의미했었는가?

⑥ 아이러니(Irony), 수사적인 질문(Rhetorical Question), 부연한 진술(Amplification), 그리고 완곡어법(Euphemism), 아이러니

아이러니는 그들의 문자적인 의미와는 반대되는 것을 암시하기 위한 단어를 사용하며, 극적 아이러니는 등장인물들이 모르는 것을 다른 사람들이 알고 있을 때 존재한다. 아브라함에 의한 이삭의 산제사는 "하나님은 아브라함을 시험했다"(창세기 22.1)는 중요한 말로 시작한다. 하나님이 아브라함에게 이삭의 희생 제사를 말씀하실 때, 독자들은 아브라함과는 달리 하나님이 그를, 그가 하나님의 뜻을 따르는지를 시험하고 있다는 것을 알고 있다. 더욱이, 아브라함은 이삭이 모르는 것 즉,

이삭이 의도된 산제사라는 것을 알고 있다. 이삭의 산제사의 아이러니는, 하나님은 결코 아브라함이 이삭을 희생시켜야만 한다는 것을 의도하지 않는 다는 것을 인식하지 못한 아브라함의 실패를 내포하고 있다.

아브라함은 그가 신의 명령이라고 생각한 것을 신속하게 행해서 용서받았는지도 모른다. "네 아들, 네가 사랑하는 독자 이삭을 데리고 모리아 땅으로 가서, 거기서 그를 번제로 드려라…"(22.2). 아브라함에게, 하나님의 말씀은 웃을 일이 아니었다. 그것은 실행되어야만 하는 하나님의 뜻이었으며, 그는 감히 하나님을 시험할 수 없었다. 아브라함은 "네" 하고, 나는 당신이 그를 죽음으로부터 일으켜 세울 것인가를 보기 위해서, 그가 온 민족이 될 것이라는 당신의 약속을 이루는 지를 보기 위해서 이삭을 희생시킬 것이라고 말할 수 없었다. 결국, 사라가 그녀의 늙은 나이에 아들을 얻게 될 것이라는 것을 들었을 때, 그녀는 속으로 웃었다. 아브라함은 "사라가 왜 웃었는가? … 여호와에 대해 너무 경이로운 어떤 것이 있는가?" 하고 그에게 묻는 하나님의 질문을 기억한다. 그는 사라가 두려워하면서 웃음소리를 부인하고, 하나님이 "아니라 네가 웃었느니라" 라고 대답하셨던 것을 기억한다. 히브리서 11장17절은 말하고 있다. "시험받을 때, 아브라함은 믿음으로 이삭을 드렸다." 히브리서 10장 8절, 9절은 하나님의 성취로서의 그리스도는 희생제사에서 즐거움을 원하거나 취하시지도 않으셨으나, 오히려 하나님의 뜻에 대한 순종을 원하신다. 하나님의 뜻에 순종하는 아브라함은 시험받았으나 산제사를 완수하도록 요구되지는 않았다. 아브라함이 이삭에게, "하나님이 자기를 위해서 친히 양을 준비하실 것이다"(창세기 22.8)라는 것을 이삭에게 말할 때 아이러니는 한층 더, 또 다른 수준에 존재한다. 이삭은 그가 번제가 될 것이라는 것을 알 길이 없지만, 그는 그의 아버지의 대답을 시험하지 않는다.

성경에서 가장 잘 알려진 아이러니의 예들 중 하나는, 소위 욥의 친구들이 욥보다도 더 많은 지식을 가지고 있지 않다는 것과, 그들이 재판할 권한을 가지지 않았다는 것이다. 욥은 그의 친구들이 돌아가며 한 마디씩 하는 것을 인내하고 있다. 즉, 욥에게 그가 죄를 지었음이 틀림없다는 것을 이야기한 엘리파즈, 욥에게 회개하도록 말한 빌닷, 그리고 욥에게 하나님은 관대하시고 엄밀히 말해서 "자네 받는 벌은 지은 죄보다 훨씬 가볍다"는 것을 이야기한 소발(11.6) 등이 바로 그러하다. 하지만 욥은 효과적으로 대답한다, "너희만 모든 것을 아는 사람이로구나, 그래서 너희가 죽으면 지혜도 죽을 것이다"(12.2). 그는 계속해서 말한다. "나도 너희와 같이 총명이 있어 너희만 못지아니하니 그 같은 일을 누가 알지 못하겠느냐"(12.3). 로마서 2장1절은 재판에 대한 이러한 주제를 다루고 있다. "그러므로 남을 판단하는 사람과, 네가 누구든지 다른 사람을 판단할 때 죄가 없다고 변명할 수 없다. 왜냐하면 남을 판단하여 정죄하는 그대도 그 사람과 똑같은 것을 행하고 있기 때문이다."

수사적인 질문. 성경은 종종 하나님에 의한 질문과 인간 피조물에 의한 또 다른 질문이 한 쌍을 이루는 수사적인 질문들을 효과적으로 사용한다. 욥기(38.4)에서 하나님은 폭풍우 가운데로부터, 신의 풍자를 암시하는 질문으로 그에게 대답하신다, "내가 땅의 기초를 놓을 때에 네가 어디에 있었느냐?" 사실, 성경은 지속적으로 덧없는 토대인 창조주의 피조물에게, 한분과 영생에 관련된 오직 하나만을 상기시킨다. 영원불멸에 직면해서 이사야는, "하늘은 나의 보좌요 땅은 나의 발등상이니"(66.1)라고 말씀하시는 하나님을 인용한다. 마태복음은 예루살렘을 첨가해서 이것을 인용하고 있는데, "나는 너희에게 이르노니, 도무지 맹세하지 말지니 하늘로도 말라 이는 하나님의 보좌임이요 땅으로도 말라, 이는 하나님의 발등상임이요 예루살렘으로도 말라 이는 큰 임금의 성임이요"(5. 34-35) 등에서 그것을 확인할 수 있다. 사도행전은 사람들에게 하나님은 인간의 성전에 거주하지 않는다는 것을 상기시킴으로써 구약성경과 신약성경을 하나로 결합한다.

이사야 40장에서, 우리는 수사적인 질문들이 훨씬 많아지고 있음을 볼 수 있다. 누가 헤아렸나? 누가 길을 가르쳐 주었나? 그가 누구로 더불어 의논하셨나? 누가 그를 교훈하였으며, 그에게 공평의 도를 가르쳤으며 지식을 가르쳤으며 통달의 도를 보여 주었느뇨? 너희가 알지 못하느냐? 너희가 듣지 못하였느냐? 태초부터 너희에게 전하지 아니하였느냐? 땅의 기초가 창조될 때부터 너희가 깨닫지 못하였느냐?(40.12~21). 또 일련이 질문들을 뒤따라 일련의 대답들이 이어지고 있다.

> 그는 땅위 궁창에 앉아 있으시다,
> 그리고 땅 위 거민들은 메뚜기 같으니라,
> 그가 하늘을 차일같이 펴셨으며,
> 그가 거할 천막같이 베푸셨고(40.22).

대답에 이어서 여전히, 또 다른 질문들을 뒤 따르고 있다. "너희가 나를 누구에게 비기며, 혹은 나로 그와 동등이 되게 하겠느냐?"(40.25). 대답은 하나님을 다른 무엇에 비교하는 불합리성을 암시하기도 한다. "땅 끝까지 창조하신 자는 피곤치 아니하시며 곤비치 아니하시며/명철이 한이 없으시며/무능한 자에게는 힘을 더 하신다"(40.28). 질문들은 여전히 다시 반복되고, 대답 역시 다시 반복 된다. "너희가 듣지 못하였느냐? /땅의 기초가 창조될 때부터 너희가 깨닫지 못하였느냐? /태초로부터 너희에게 전하지 아니하였느냐?" 40장은 결론을 맺는다. "오직 여호와를 앙망하는 자는 새 힘을 얻으리니, 그들은 독수리의 날개 치며 올라감 같을 것이요, 달음박질하여도 곤비치 아니하겠고, 걸어가도 피곤치 아니하리로다"(40.31).

이사야의 단락을 계속해서 더 살펴보면, 왜 수사적인 질문이 두 가지 방식 즉, 하나님의 방식과 인간의 방식, 창조주의 방식과 피조물의 방식으로 차이를 강조하도록 하는가를 잘 설명하고 있다.

> 내 생각과 너희 생각은 다르며,
> 내 길은 너희 길과 달라서, 여호와의 말씀에.
> 하늘이 땅보다 높음같이,
> 내 길은 너희 길보다 높으며
> 내 생각은 너희 생각보다 높으니라(55. 8-9).

욥은 질문한다, "지혜는 어디서 얻나?" 그리고 인간은 그에 대한 길을 알지 못하고, 인간에게 그것은 숨겨져 있으며, 오직 하나님만이 그에 대한 길을 깨달으신다고 결론을 내린다(욥기 28. 12,21,23). 이미 암시된 것처럼, 많은 문학작품이 인간경험의 의미에 대한 끝없는 탐구의 주제를 취급한다. 문학은 항상 은유의 언어에 대한 탐색을 행하고, 성경은 결국 오직 신의 선물로서 인간에게 다가오고, 그것은 바로 하나님 자신의 품성에 속한다는 것을 암시하는 경향이 있다.

부연한 진술((Amplification). 부연은 문법상 요구되는 것보다 더 많은 단어들을 사용하는 것을 말하는 수사적인 장치이다. 성경은 마음을 끌고, 이미 얘기된 것을 강조하고 고양시키거나 확대하기 위해서 수많은 중복적 표현을 하고 있다.

반복은 또 긍정적이거나 부정적인 설명을 포함할 수 있다. 요셉의 삶 속의 스토리(창세기 40)는, 최초의 설명을 강조하기 위해서 그리고 그것에 매우 특별한 주의를 환기시키기 위해서 반복이 어떻게 사용될 수 있는가와, 인간이 얼마나 빨리 호의를 잊는 경향이 있는가에 관해서 지적하고 있다. 떡 굽는 관원장은, 술 맡은 관원장의 꿈에 대한 호의적인 해석을 들은 후에, "나 역시 꿈을 꾸었다. 흰떡 세 광주리가 내 머리에 있고…"(40.16)라는 꿈의 내용을 요셉에게 묻는다. 그러자 요셉은 이에 대답한다. "이것이 그것 꿈의 해석이다. 세광주리는 사흘이라 지금부터 사흘 안에 바로가 당신의 머리를 끊고!-그리고 당신을 나무에 매달 것이니 새들이 당신의 고기를 뜯어 먹으리이다"(40.18-19). 세 번째 되는 날, 바로는 술 맡은 관원장을 복권시켰으나, 떡 굽는 관원장은 매달았다(40.20-3).

만일 독자들이 "저주하다" 나 "지옥"이란 단어들을 언젠가 사용한 적이 있다면, 독자들은 대중적인 어법에서 선뜻 받아들여질 수 없다고 생각되는 단어를, 假定的으로 훌륭한 단어로 대치할 것이라는 것을 이해할 것이다. "죽다"보다 오히려 "사라지다" 라는 말은 육체적인 죽음에 관해서 이야기하기 위해서, 그리고, 아마도 신학적인 입장을 포함시키기 위해서 선호되는 최상의 단어일 것이다. 어떤 사람은 단순히 그의 생명으로부터 "떠나서", 그 밖의 어떤 곳으로 영원히 들어간다. 성경 번역에서는 어떤 언어와 문화의 완곡어법을 필요로 한다는 것에 주의를 기울여야만 한다.

완곡어법(Euphemism). 성경이 일반적으로 분명한 언어와 분명한 주제를 사용하지만, 성경은 또한 인간에게 대한 미묘한 감정을 부드럽게 하기 위해서 완곡어법을 사용하기도 한다. 예를 들어서 룻은 보아즈가 "나와 결혼해 주도록" 보아즈의 하녀인 그녀를 그의 옷자락으로 덮어줄 것을 요구한다(3.7-11). 그 단락은, 히브리어에서 발은 생식기에 대한 완곡어법이 될 수 있기 때문에 성교에 대한 작은 연상을 불러일으킨다. 사람들은 어떤 단어나 구가 다른 것으로 대치됐을 때, 듣는 이를 보다 덜 공격적이고 당황스럽게 만들고, 혹은 덜 혼란스럽게 하도록 완곡어법을 사용한다. 예를 들어서, 죽음은 친구로 불려 질 수도 있거나 죽은 자는 亡人축에 끼는 것으로 묘사될 수 있다. 성경은 또한 직접적으로 죽음을 이야기하기도 하는데, 아브라함의 죽음을 그가 마지막 숨을 쉬는 것을 자세하게 묘사하는 데서 그러한 것을 발견할 수 있다. 즉, "그가 수가 높고 나이가 많아 기운이 진하여 죽어 자기 열조에게로 돌아가매"(창세기 25.8)라고 묘사한다. 또 야곱은 그의 죽음을 "내가 내 열조에게로 돌아가리니"(49.29)라고 완곡하게 진술한다. 하나님은 인간과 달리 죽음을 재난, 적, 마지막 적, 실수의 왕으로 부른다. 그리고 이것은 빌닷이 이미 강렬하게 고통 받고 있는 욥을 떠오르게 하는 죽음의 의미이다. "그의 살 갓은 썩어 문드러지고/마침내 죽음의 사자가 그의 팔다리를 집어삼킬 걸세/의지하며 살던 자기 집에서도 쫓겨나/공포의 대왕 앞으로 끌려가는 신세가 될 것이네"(욥기 18. 13,14).

죽음은 에덴동산에서 일어났던 것에 대한 꾸밈없는 진실을 증거한다. "여호와 하나님이 그 사람에게 명하여 가라사대, '동산 각종 나무의 실과는 네가 임의로 먹되, 선악을 알게 하는 나무의 실과는 먹지 말라, 네가 먹는 날에는 정녕 죽으리라 하시니라'"(창세기 2.16-17). 이것은 성경의 마지막 책인 요한계시록이 멸망시키는 "사망과 지옥도 영영 불타는 불 못에 던져졌다"(요한계시록 20.14)는 죽음이다. 이러한 멸망은 영광스러운 하나님과 함께 새로운 세대를 시작한다. "보라, 내가 만물을 새롭게 하노라… 이루었도다! 나는 알파요 오메가요, 처음과 나중이라"(21.5,6). 이러한 끝과 이야기의 결말은 다시 반복된다. "나는 알파요 오메가요, 처음과 나중이요, 시작과 끝이라"(22.13). 기독교인을 향하여, 성경은 최종적으로 결론을 내리고 있다. 죽음은 더 이상 완곡어법을 필요로 하지 않는다. 실수의 죽음의 권세는 이제 끝났기 때문이다!

⑦ 반복(Repetition), 재귀(Recursion), 봉투기법(Inclusio) 그리고 교차대구법(Chiasm)

반복은 성경의 가장 중요한 문학적 장치의 하나로, 단어와 구, 행동, 이미지, 모티프, 주제나 생각에 관한 것이든 이야기와 시에서 잘 알려진 히브리문학 형식이다. 가장 광범위한 수준에서 유배의 주제-집, 가족, 고향의 상실- 는 구약성경의 여러 부분들 즉, 에덴동산으로부터의 추방(창세기 3), 카인의 추방(창세기 4), 언어의 혼란과 백성들의 흩어짐(창세기 11), 가족의 기근(창세기에서 열왕기하까지) 등을 함께 이어놓는다. 유배에 대한 좀 더 큰 스토리는 모세와 여호수아의 삶속에서, 그리고 이스라엘 민족의 운명 속에서 발견할 수 있다.

반복은 신약성경의 요한계시록에서 기본적인 구성장치로 기여한다. 일곱 가지 환상의 연속은 선과 악의 힘 사이의 증식적으로 성장하는 갈등을 제시한다. 이러한 일곱 가지 것들의 반복은 처음부분에 시작해서 요한계시록 전체를 통해서 계속된다. 일곱 개 별들, 일곱 개 금촉대들(1.1), 일곱 교회(1~3), 일곱 개의 밀봉(5~8), 일곱 천사들(8.2), 일곱 개의 표(14), 일곱 재앙(15), 그리고 물론, 일곱 날들 속의 창조의 번영이 있다. 66권의 텍스트들의 집적이 마지막에 나타나기 때문에, 그것은 창조로부터 계시에 이르기까지 펼쳐져 있는 이야기를 완성한다.

재귀(recursion)는 핵심요소들이 하나의 이야기로부터 또 다른 이야기에 이르기까지 반복되도록 서사적 사건들의 신중한 구체화를 말한다. 창세기로부터의 두 가지 예들은 이러한 기교의 중요성을 설명하고 있다. 창세기 이야기가 창조와 홍수 이후의 땅의 회복을 보여주는 방식에서 평행이 존재한다(7.24-9.17). 두 사건은 "깊음(face of the deep)"과 "큰 깊음(the great deep)"(1.2, 7.11)를 이야기 한다. 깊음이 깨지고 첫 번째로 땅(1.9과 8.11), 그리고 그 다음에는 식물(1.11-12)이 나타났다. 다음으로, 계절들이 주목된다(1.14, 8.13). 좋은 시절에 살아있는 피조물들이 장면에 등장한다(1.24, 8.17). 하나님은 다음 순서로 그들의 번식을 격려하신다(1.22, 8.17). 뒤이어서 사람의 모습이 나타나고(1.26, 8.18), 또한 그들에게 복을 베푸시며, 번성하고, 물고기와, 새들과 그리고 살아있는 모든 생물을 다스리고 그것들을 양식으로 삼으라고 말씀하셨다(1.29, 9.3). 평행은 질서와 패턴을 강조하기 위한 텍스트의 신중한 형태화를 암시한다.

재귀의 또 다른 예는, 타락의 이야기들(창세기 2-3)과 노아의 만취사건 이야기에 나타난다. 평행은 동산(2.8)과 과수원(9.20), 나무의 열매를 따먹음(3.6)과 포도주 마시기(9.21), 벌거벗음(3.7, 9.23), 취해진 행동의 결과로써의 "앎"(3.7, 9.24)과 저주(3.14, 9.25), 그리고 세 아들들의 존재(4.1~2, 24; 9.25~7)에서 나타나고 있다.

동일한 기교가 창세기의 다른 부분에서 나타나는 반복들을 설명하고 있다. 예를 들어서, 홍수 이야기는 맨 처음 창조 이야기의 패턴과 순서에 관한 많은 것을 반복한다. 그리고 목적과 계획을 암시하기 위해서 서사적 사건들의 신중한 실현을 환기시킨다. 노아는 아담과 이브의 그것과 비슷한 패턴을 따른다. 그의 이야기는 마치, 아담의 아들들이 카인, 아벨, 그리고 셋이었던 것과 같이 세 아들들인 셈, 햄, 그라고 야벳을 포함하고 있다. 노아의 경우에는, 셈의 후손들이 가나안과 가나안족의 후손들보다 더 편애된다. 아브라함의 이집트에로의 여행은(12) 애굽에서의 이스라엘의 체재에서 반복된다(46, 47, 11 그리고 12). 두 사건들은 모두 기근으로부터 비롯된다. 또 다른 예에서, 아브라함은 요셉이 그의 형제들에게 이야기한 것과 아주 똑같은 방식으로 그의 의도를 사라에게 밝힌다. 파라오는 사라를 그의 집으로 끌고 간다, 마치 요셉이 바로의 집으로 끌려간 것과 같이. 아브라함은 양과 염소를 얻고, 요셉은 바로의 가축들에 대한 책임을 맡는다. 이스라엘 민족들은 애굽에서 재산을 획득하고, 번성하며 수가 늘어난다. 바로는 애굽으로부터 아브라함을 내보내며, 바로는 모세와 아론을 불러서 애굽으로부터 이스라엘 민족을 데리고 나가도록 한다. 아브라함은 부자가 되며, 이스라엘 민족은 많은 가축, 은, 그리고, 금을 얻는다. 아브라함은 제단으로 돌아와서 하나님께 예배하고, 이스라엘 민족은 유월절(pass over)을 경축한다.

봉투기법(Inclusio) 혹은 **수미쌍관법**은 반복 형태를 나타내는 전문

용어로서, 똑같은 언급이나 방식으로 이야기를 시작하고 결론을 맺는 방법을 말한다. 요셉이야기에서 요셉의 형들이 요셉에게 절한다는 주제가 37.6~8과 50.18에 나오고 있다. 그것들은 그 안의 부분들을 함께 묶는 용법이 될 수 있기 때문에, 봉투기법에서의 반복은 단어나 구, 문장, 혹은 더 나아가 두 개의 개념으로 이뤄질 수 있다. 번역은 맨 처음의 언어에서 무슨 단어들이 사용되었던가에 대한 설명을 하기 위해서 이러한 방법에 주목할 수도 있다. 우리는 시편 73편에서 이러한 장치의 사용 실례를 발견할 수 있다. 그것은 "하나님은 선이시다"로 시작해서, "하나님께 가까이 함이 복이라"라고 말함으로써 끝난다. 시편의 다른 예에서는, 동일한 문장을 포함하거나(8.1,9과 145.1-2, 21), 단어들이나 구들(69.1, 35), 그리고 개념들(1.1과 2.12)을 포함하기도 한다. 시편 6편은 또한 "불순종의 권면" 속에 걷지 않는 복된 자와 "멸망할 불순종하는 자"들을 대조하기 위해서 이 장치를 사용한다. 신명기의 모세의 노래는 "하나님의 한 백성"에 대조적인 "땅위의 모든 백성들"을 묘사하기 위해서 봉투기법을 사용한 것처럼 보인다. 성경에서 이러한 장치를 사용하는 가장 잘 알려진 책들 중의 하나는 전도서(1.2, 12.8)이다. "'헛되고 헛되다', 전도자는 말한다." '모든 것이 헛되도다'. "봉투기법"은 창세기 1-2.4a와 2.4-3.24가 두 개의 다른 원전에 속한다는 주장을 전개시키는 데서도 확인할 수 있다. 첫 번째 스토리는 단어상 "하늘 … 땅(1.1)에 의해서 틀이 만들어 지고, 그들이 창조되었을 때에 천지의 창조된 이야기가 이러 하니라"(2.4a)로 끝난다. 신약성경의 예는 야고보서의 질문에서 발견할 수 있다. "무슨 유익이 있느뇨" 그리고, "그것이 무슨 유익이 있으리오?"(2.14-16). 마침내, 마가복음서는 예수님의 이력에 대한 정확한 시작과 끝을 형태화하기 위해서 세례(1.10)와 휘장의 찢어짐(15.38)의 상징적인 봉투기법을 사용한다.

반복의 또 다른 형식은 **교차대구법**으로, 그것은 수사학 상의 용어로서 문장배열이 같은 순서로 이루어진 두 문장에서 운율상의 효과를 얻기 위해 뒷문장의 어순을 앞문장의 어순과는 반대로 배열하는 것을 말한다. 그 예로 잠언 3:10을 들 수 있는데 이 구절을 원문자대로 번역하면 다음과 같이 된다. "Then filled will be your barns with grain, and with new wine your vats will be bursting"(너희들의 창고가 곡식으로 가득 찰 것이요, 새로운 술로 너희들의 술통이 넘칠 것이다). 성경기자들은 평행되는 문장들의 어순을 다양하게 변화시키고 아름다움을 나타내기 위해 광범위하게 교차대구법을 사용하였다. 교차대구법은 긴 문장과 짧은 문장의 차원에서 다 같이 성경 문학의 외형적 구조 속에 기본적인 요소가 되고 있음이 입증되고 있다. 다음의 룻기의 예를 보면 이 방법을 더 확실하게 이해할 수 있을 것이다.

나오미의 두 아들 말론과 기룐은 "모압 여자"가운데서 아내를 맞이한다(4절). 요즈음 말로 국제결혼을 한 셈이다. "하나의 이름은 오르바요 하나의 이름은 룻"이다. 2절에서 아들의 이름 진술 순서가 "말론과 기룐"이라고 해서 여기 며느리들의 이름 "오르바와 룻"도 같은 서열의 순서라고 볼 수도 있다. 말론과 그의 아내 오르바, 기룐과 그의 아내 룻, 이렇게 생각하기가 쉽다. 실제로 이렇게 설명하는 주석들도 있다. 그러나 4장 10절에 "말론의 아내 모압 여인 룻"이라는 언급을 보면, 오히려, 짝은 "말론과 룻," "기룐과 오르바"이다. 그럼에도 불구하고 아들들 이름은 큰 아들-작은 아들 순서(말론과 기룐)이고, 다음에 이어지는 며느리들은 작은 며느리-큰 며느리 순서(오르바와 룻)이다. 이러한 것을 교차대구(交叉對句, chiasmus)라고 하여 평행 대구(平行對句, parallelism)와 구별한다. 이것은 룻기의 특징이기도 하다. 예를 더 들면, 1장에서는 말론-기룐 순서로 언급되다가 4장에서는 기룐-말론의 순서로 나오기도 한다 (9절). 룻기 1장 1-6절에도 이러한 교차대구 기법이 보인다.

A. 흉년 (1절)
B. 모압으로 떠남 (1-2절)
C. 엘리멜렉의 사망 (3절)
D. 두 아들의 결혼 (4절)
C'.두 아들의 사망 (5절)
B'.모압을 떠남 (6절)
A'. 풍년 (6절)

여기에서 우리는 A-B-C, 그리고 C'-B'-A' 의 교차 대구법을 본다. 흉년과 이향(移鄕)과 사망(A-B-C)은 결혼(D)을 축으로 하여, 다시 사망과 귀향(歸鄕)과 풍년(C'-B'-A')으로 전개된다. "결혼"이 룻기 1장의 처음 일곱 절 문단에서 그만큼 중요한 위치를 차지하고 있다는 것도 여기에서 발견할 수 있다.

⑧ 표지(Signs)와 환상(Vision)

특별한 수사적 장치인 표지(sign)는 그것의 표면적 의미를 넘어서 중요한 의미를 지니는 실제의 사건을 말한다. 예를 들어서, 유다의 키스는 배신을 의미한다. 요한계시록 12장에서, 여자와 남자 아이는 그들 자신을 넘어서는 의미를 가진다.

> 하늘에 큰 이적이 보이니 해를 입은 한 여자가 있는데, 그 발아래는 달이 있고, 그 머리에는 열 두별의 면류관을 썼더라. 이 여자가 아이를 배어 해산하게 되매 아파서 애써 울부짖더라(1,2)… 여자가 아들을 낳으니 이는 장차 철장으로 만국을 다스릴 남자라. 그 아이를 하나님 앞과 그 보좌 앞으로 올려가더라(5,6).

신약성경에서, 백성들은 항상 예수님께 그가 있다고 말하는 그가 그 이라는 것을 보여주는 표적을 행하길 요구한다.

성경에서 환상은 인간의 視界와 실제 존재를 넘어서 보는 것을 의미하며, 비유와 알레고리와 같이 상징적인 의미를 지닌다. 예를 들어서, 요한계시록에서 보좌는 통치를 상징하고, 성전은 종교, 양은 그리스도의 희생, 그리고 야생짐승은 반대세력을 상징한다. 특별히, 신약성경은 의미를 지니는 환상에 의존한다.

성경은 단지 문자적인 의미를 넘어서 상상력에 호소한다. 그것은 은유가 논리와 명제를 초월해서 진리를 표현하고, 해석은 물리적인 실제에 한정될 필요가 없다는 것을 의미한다. 비유적으로 간단히 말하는 것을 무시하는 것은 성경 해석에 아무런 의미가 없다.

⑨ 돈호법(Apostrophe)과 과장법(Hyperbole)

돈호법은 실제로는 존재하지 않는 사람이나 사물을 마치 존재하고 들을 수 있는 능력이 있는 것처럼 직접적으로 부르는 것이다. 돈호법은 시에서 강한 감정을 표현할 수 있는 가장 좋은 방법 중의 하나이다. 실제로, 돈호법은 흥분의 감정을 일으키는 경향이 있다. 대개 시인은 마치 생각의 흐름을 방해하고 예절을 무시하면서 무심결에 내뱉는 것처럼 아무런 경고 없이 갑자기 돈호법을 사용한다. 성경의 시에서는 돈호법화 할 수 있는 것들의 범위가 너무나 커서 그것들을 깔끔하게 구분할 수가 없다. 시편에서 이런 예들을 보면, "그런즉 군왕들아 너희는 지혜를 얻으며 세상의 관원들아 교훈을 받을 지어다"(2.10), "행악하는 너희는 다 나를 떠너라"(6.8), "문들아 너희 머리를 들을지어다"(24.7), "내 영혼아 여호와를 송축하라"(103.1) 등이며, 시편 148편은 시작부터 끝까지 돈호법의 나열로 되어 있는 것이 특징적이다.

과장법은 글자 그대로 효과를 위해 의식적으로 과장하는 방법이다. 과장법은 시적인 자유를 명백히 사용하는 또 다른 비유적인 표현이다. 과장법은 강한 감정을 표현하는 방법으로 많이 사용된다. 과장법은 사실인체 하지 않는다. 실제로, 과장법은 문자적인 진실을 추구하지 않는다 사실을 보여준다. "내 눈물이 주야로 내 음식이 되었도다(시 42.3)", "내가 저희를 바람 앞에 띠끌같이 부서뜨리고(시 18.42)"등에서 우리는 과장법을 볼 수 있다. 과장법은 문자적으로 실제적인 진실을 표현하지 않고 대신에 감정적인 진실을 표현한다. 과장법은 신념의 목소리이다. 과장법은 한 사건 혹은 내부적인 경험의 정신을 포착한다. 결국, 사람들이 평범한 얘기에 과장법을 사용할 때는 언제인가? 사람들은 어떤 것에 대해 강하게 느낄 때 또는 설득하기를 시도할 때 과장법을 사용한다.

⑩ 포일(Foil)

이야기의 화자는 대조가 되는 사람이나 사물을 많이 사용한다. 이것은 문학적으로 어떤 이야기에서 가장 중요한 것을 "돋보이게" 하거나 강화시키는 것을 말한다. 이것은 다른 어떤 것을 강조하는 평행 대비(parall)일 수도 있지만, 보통은 대조(contrast)이다. 포일(대조가 되는 것)의 종류 중 가장 흔한 것은 주인공을 강조적으로 돋보이게 하는 인물인데, 때로는 주된 구성에 대해 포일로서의 기능을 하는 사건이나 줄거리의 실마리가 포일의 역할을 할 수도 있다.

인물 포일은 거의 모든 성경 이야기에 나타난다. 덕스런 아벨은 사악한 가인을 대비시켜 드러낸다. 룻의 시어머니에 대한 충성심은 자기 고향과 그 신에게 돌아가 버린 오르바와 대조되어서 더욱 빛난다. 이러한 인물 포일은, 아브라함과 롯, 야곱과 에서, 라헬과 레아, 다윗과 사울, 마리아와 마르다, 그리고 바리세인과 세리 등의 예에서도 확인할 수 있다.

사건도 포일의 역할을 할 수 있다. 창세기 18장에서 아브라함과 사라는 전원적 배경 가운데서 이상적인 모습으로 접대를 하며 천사들을 맞이한다. 그들은 자기들이 오래 기다리던 아들이 그 다음 해 봄에 태어나리라는 약속을 받는다. 바로 그 다음 장에서 천사들은 롯이 정착한 그 도시의 동성연애 등 패악한 악에 대해 하나님의 심판을 선포하기 위해 롯을 방문하다. 그러나 그들은 안락하게 식사를 하기도 전에 동성연애를 강요당할 뻔 하다가 벗어난다. 또한 사울과 다윗의 이야기에서 사울의 비극적인 몰락은 젊은 다윗의 부상에 대조되어서 우울하게 나타난다.

⑪ 풍유(Allegory)

풍유란 의도하는 바 본래의 의미는 숨기고 다른 말 또는 이야기를 내세워 본래의 의미를 암시하는 비유법이다. 그러므로, 첫째, 풍유는 표면적으로 전개되는 구체적인 사실 또는 정황과 이면에 숨겨진 추상적 의미의 층이 통상적으로 존재한다. 둘째, 원관념(추상적 의미)이 숨고 보조관념(구체적 사실 사건)만 나타나 있으므로 상징과 유사한 형태(풍유는 때때로 '확대되어진 은유'로 정의된다)를 보여주나 풍자 · 비판 · 교훈성을 적극 띠고 있는 점이 다르다. 알레고리는 역사적, 시대적 삶의 의미를 효과적으로 표현하는 데 사용되며, 작품 밖의 비문화적인 의미의 구성을 명백히 요구한다. 알레고리는 한 개의 보조관념이 한 개의 원관념을 환기한다는 그 본질이 시사하듯이 단순성의 문학이다. 마태복음 22장 1-14절의 혼인잔치의 비유에서 우리는 알레고리의 이러한 모습을 확인할 수 있다. 표면적인 의미(보조관념)/실제적 의미(원관념); 왕/하나님, 아들/예수님, 결혼잔치/심판의 연회, 신하들/사도들, 초대된 손님들/이스라엘, 잔칫집/교회, 결혼잔치에 초대된 모든 사람/이방인 개종자들, 결혼 예복/의로움, 선택받지 못한 손님/ 가치없는 교회 신도들. 그러나, 문제는 이런 알레고리적 반응의 경직성에서 발생한다. 하나의 의미로만 해석하는 것이 알레고리적 반응일 때, 이런 태도는 작품의 올바른 감상을 저해하는 요인이 되는 것이다. 세상의 모든 사물이 확정된 정신적 의미를 감추고 있다고 믿었던 과거에는 알레고리를 즐겨 사용했지만, 복잡해진 현대사회에서는 막연하고 불확실하고 암시적인 것에 가치를 느껴 상징을 즐겨 사용한다. 아가를 단순하게 그리스도와 교회간의 알레고리적 관계로 해석하기 보다는, 아담과 이브로터 시작된 남녀 간의 순수한 性적 사랑으로 새롭게 해석하는 모습에서 우리는 성경 해석에 대한 이러한 맥락을 확인할 수 있다.

광의의 알레고리는 우화, 상징, 심상, 기호, 비유, 경구, 은유, 번역 등의 개념을 갖는다. 하지만, 일반적으로 언어에 의해 하나를 말하여 다른 것을 의미할 때 알레고리가 나타난다. 유의와 본의의 관계에 따라 비유, 기호, 알레고리, 상징 등이 구별된다. 상징과 알레고리를 구분해 보면, 유의가 본의를 번역해 내면 알레고리이고, 유의가 본의와 통합되어 의미를 현현시키면 상징이다. 알레고리는 비유와 기호처럼 유의와 본의가 분리되어 구별될 수 있으나, 상징은 그것에 통합되어 분리되지 않는다.

알레고리의 범주에서 작품을 해석할 때 다음과 같은 특질이 나타난다. ① 수사적 측면에서 알레고리는 주로 의인화와 문답법의 기법을 나타내고 있다. ② 인식론의 측면에서 볼 때 이원론과 相反性을 특질로 갖는다(언어는 지시하고 있는 현재의 상황과 지시된 것의 과거의 상황이라는 이원론적 구조를 갖고 있는데, 알레고리 역시 말하는 현재의 상황과 의미된 것의 과거 상황을 갖춤으로써 이원론을 형성한다는 것이다. 그리고 이 이원론이 상반적 요소로 구축되는 경우 알레고리는 역설로 나아간다). ③의미론적 측면에서 볼 때 현세성과 교훈성을 특질로 갖는다. 한편, 상징은 현세성보다는 신비성을 특질로 갖는다. 따라서 알레고리의 현세성은 분리적인 명백성을 갖게 되고, 상징의 신비성은 다의적이고 통합론적인 모호성을 갖게 된다.

4. 문학으로서의 성경에 대한 오류

우리가 적극적으로 성경에 대한 문학적 접근을 수용할 수 있기 전에, 우리는 물론, 성경을 문학으로 보는 것에 관한 염려로부터 해방될 필요가 있다. 물론 충분히 그럴 수 있는 일이지만, 몇몇 학자들과 심지어 일반인들까지도 문학적 성경 연구라는 발상에 대해 거부감을 가진다. 왜냐하면, 문학적 성경연구는 성경을 단지 고전의 수준으로 격하시키고, 더 나아가 성경을 상상의 글, 또는 허구와 동일한 것으로 비춰지게 하기 때문이다. 다시 말해서, 문학적 성경연구라는 표현은 성경을 실제 이하의 어떤 것으로 폄하하는 뉘앙스를 풍긴다. 대표적으로 T. S. Eliot는, "이러한 글들[성경]을 단지 그 문학적 장점 때문에 읽는 사람들은 본질적으로 기생충들이다. 그리고 우리는 기생충들은 수가 많아지면 해충이 된다는 것을 알고 있다. 나는 "문학으로서의 성경"에 대해 매력을 느끼는 문인들에 대해 한 시간 내내 호통칠 수 있다(T. S. Eliot, Essays, 『Ancient and Modern』, Londern, 1936, p.95.)라고 말하고 있다. 성경을 문학으로 보는 것에 대한 이러한 저항은, 무엇보다도 문학이란 무엇인가에 관한 기독교계의 오해에 근거한다. 그러나 아래의 설명에서 확인할 수 있듯이 그 주장들이 사실이 아니라는 것을 확인할 수 있을 것이다.

첫째로, 성경을 문학으로 보는 것은 자유주의적인 신학적 경향을 드러낸다. 성경을 문학으로 보는 것이 자동적으로 성경에 대한 자유주의의 신학적 태도를 채택하는 것을 의미한다는 것은 사실이 아니다. 보수주의자로부터 자유주의자에 이르기까지 성경의 문학적 분석을 행한 주석가들의 연구는, 성경에 대한 다른 접근들이 분명히 있을 수 있다는 관점의 동일한 한계를 보여준다. 자유주의적 관점을 요구하는 문학적 접근에서 본질적으로 전제되어야만 하는 것은 아무것도 없지만, 또한 그것은 정확하게 성경의 모든 연구가 시작되어야 하는 곳이기도 하다. 즉, 성경 작가들이 성경에 관해 말하는 모든 것이 진실로 받아들여짐으로 해서(하나님에 의한 그것의 영감, 그것의 가능성, 그것의 완전한 진실함 등), 성경의 문학적 분석을 시작하는 것이 전적으로 가능하다.

우리는 스스로 성경을 신학적으로 접근하지만 그를 통해 얻은 진리를 또한 상실할 수도 있다는 것을 기억할 필요가 있다. 단지 신학적으로만 접근하는 것이 진리에 대한 무조건적인 보증은 아니다. 진실한 신학이 있었던 만큼 거짓 신학이 있어 왔다. 그러나 성경에 대한 문학적 접근은 신학적 내용의 표현적인 면에 더 관련성이 있다는 것을 고려할 때, 앞의 첫 번째 오류는 자연히 해소될 수 있다.

둘째, 문학으로서의 성경에 대한 생각은 성경 자체에 대한 이질적인 현대적 관점이다. 문학으로서의 성경에 대한 관점은 비교적 최근에 등장한 것이 아니라, 성경 자체와 함께 시작되었다. 성경의 작가들은 성경이 쓰여 졌던 때부터 정확한 기교를 통해, 그들이 창작하는-잠언, 경구, 연대기, 비탄시, 맹세, 묵시, 비유, 서간, 그리고 또 다른 수많은 문학적 장르들의 전체 범위에 대해 이야기했다. 더욱이, 성경에서 우리가 발견한 어떤 형식들은 저자들의 주변 문화 속에 존재했던 문학적 형식들과 일치한다. 예를 들어서, 십계명들은 고대 근동의 왕들이 그들의 신하들에게 강요했던 종주권 계약의 형식에 친근성을 가지고 있으며, 신약성경의 서간은 그 특수한 성격에도 불구하구, 동시대의 그리스와 로마인의 편지들과 수많은 유사성을 보여준다. 하지만, 우리는 이러한 역사적 사실들과 분리해서 성경이 얼마나 문학적인 책인가를 알아보기 위해서 성경 그 자체만을 바라볼 수 있다. 실제적으로, 성경의 모든 페이지는 문학적인 기교로 완비되어 있다고 해도 과언이 아니다. 그리고 우리는 독자의 한 사람으로서 성경의 개성적인 텍스트들에 접근하기 위해서, 우리는 성경을 문학으로 읽을 필요가 있다. 이러한 태도는 우리가 성경을 신학적으로, 그리고 (이야기 부분들에서) 역사적으로 읽을 필요가 있는 것과 똑같은 맥락이다.

세 번째, 성경을 문학으로 이야기하는 것은 성경이 허구적이라는 것을 주장한다. Welleck과 Warren은 그들의 저서 『문학의 이론』에서 다음과 같이 기술하고 있다. "문학을 문학예술, 즉 상상의 글로 제한해서 사용할 때, '문학'이라는 용어를 가장 잘 표현한 것이라 할 것이다. 우리는 '허구성', '창작성', 그리고 '상상력을 문학의 두드러진 특징으로 인식하고 있다(R. Welleck and A. Warren, 『Theory of Literature』, 3d ed. New York: Harcourt Brace Jovanovich, 1977, pp.22 26.). 이러한 관점으로 성경을 보는 견해 속에 함축된 의미는 몇몇 사람이 생각하듯이, 성경 전체가 허구일 뿐 역사가 아니라고 하거나, 또는 성경이 다른 세계에 대해 말할 뿐이므로 실제 시공간의 세계에 관한 것이 아니라는 신념을 반드시 의미하는 것은 아니다. 허구성은 문학에 보편적이지만, 그것은 문학의 본질적인 요소는 아니다. 텍스트를 문학적으로 만드는 특성은 자료의 역사적 진실성이나 허구성에 의해서 영향 받지 않는다. 텍스트가 문학적이다 라는 것은 디테일들이 실제적으로 일어났든, 구성되었든지 관계없이 작가의 선택성과 자료의 주조와 표현스타일에 기초한다.

성경에서 관습과 규범의 존재에서 볼 수 있듯이, 성경에서의 허구성이 필연적인 것은 아니다. 다큐드라마의 현대 텔레비전 장르가 이야기의 사실성으로부터 벗어나지 않는 관습들(사람들의 인터뷰, 사건들의 필름클립, 성취로부터의 자료)로 채워지는 것과 같다.

네 번째, 문학으로서의 성경접근은 단지 문학으로서 그것에 접근하는 것을 의미한다. 소수의 사람들은 문학으로서의 성경에 대해 이야기하는 것이 필연적으로 "오직" 성경의 문학적 특징에 주의하는 것을 의미하고, 그것의 더 중요한 측면을 무시하는 것을 의미하는 것이라는 두려움으로부터, 문학으로서의 성경의 개념을 수용하는 것에 주저한다.

그러나 이러한 접근으로, 또한 어떤 사람이 단지 그러한 측면들에 고정된 채 남아 있을 수도 있기 때문에, 동일한 주장이 역사의 연구나 성경의 언어를 배척하는데 사용되곤 했을 수도 있다.

성경을 문학으로 분석하는 일은, 기독교인들이 성경에서 비롯되는 것으로 생각하는 특별한 권위나 하나님이 그것을 통해서 우리에게 이야기하시고자 하는 기대를 포기하도록 강요하는 것이 아니다.그것은 또한, 독자가 성경의 다른 측면들-그것의 역사와 언어, 그리고 그것의 신학과 사회학, 심리학에 동등한 주의를 기울일 필요가 없을 것이라는 것을 필연적으로 의미하는 것이 아니다. 성경은 다양한 접근을 요구하며, 문학적인 접근은 그들 중의 하나이다. 단지 성경에 대해 신학적으로만 접근하는 것은 불완전하다. 문학적인 접근은 그것을 대체하기 위해서가 아니라, 다른 접근들의 부족한 부분을 보충하는 것을 모색한다. 그러나 성경의 문학적 형식들이 그것을 통해서 내용이 표현되는 수단들이고, 이것은 문학적 분석이 다른 분석방법을 위해서 유일하게 적정한 출발점으로써의 특별한 우선순위를 가지고 있다고 할 수 있다.

마지막으로, 성경이 문학이라고 말하는 것은 성경의 신적 영감을 부인한다. 만일 우리가 성령에 의한 성경의 영감을 믿는다면, 우리가 성경에서 발견하는 것은 무엇이든지 우리는, 하나님이 우리가 알고 소유하길 원하셨던 것이라는 것을 믿는다. 우리는, 우리가 거기서 발견하는 내용 때문에 성경의 영감을 믿지 않는다. 그러나 그것은 실제로는 정반대이다. 우리는 영감을 전제로 해서 시작한다. 그 결과 성경에 있는 것은 무엇이든지 성령 하나님이 인간 저자들이 받아쓰도록 영감 했다는 것이다.

만일 하나님이 성경 작가들이 그들이 영감 했던 것을 받아쓰도록 움직였다면, 아주 그럴듯한 가능한 추측은 하나님이 성경의 형식들도 영감 하셨을 것이라는 것이다. 그러나 내용은 형식 “속”에서 구체화된다는 이유로 우리는, 그가 "그것의 내용은 물론 성경의 형식들"을 영감 했다고 말해서는 안 된다. 우리가 성경에서 발견하는 글의 세 가지 양식들은-신학적, 역사적, 문학적-모두 영감의 점에 관해서는 동일하다. 하나님은 세 가지 모든 글을 영감하셨다. 그리고 세 가지 모든 글의 작가들은 동일하게 진리를 표현하기 위해서 성령에 의한 영감에 의지한다. 베드로후서 1.21은 우리에게 성경의 작가들은 그들이 "성령에 감동받아 썼다" 는 것을 말하고 있다. 따라서 성경이 우리에게 문학의 주제 문제-인간 경험의 구체적 실현-를 설명할 때, 그러한 주제 문제는 신의 영감의 중개를 통해서 표현된다. 성경의 장르들과 형식들도 역시 그러하다. 하나님이 몇몇 작가들에게 스토리들을 이야기하도록 영감하고, 다른 사람들에게 시를 쓰고, 다른 사람들에게는 풍자나 서간이나 환상을 쓰도록 영감 하셨다면, 그렇다면 그들 형식들은 그들의 영감된 특질을 간직하는 데에 주의를 기울일 가치가 있다.

제2부

『성경 속의 문학』의 실제

Ⅰ. 단편소설

1. 룻(Ruth)

스토리텔링 기교와 문장의 표현 면에서 4장, 185절로 구성된 룻기는 아마도 성경 서사예술의 가장 위대한 걸작이라고 할 수 있을 것이다. 룻기는 치밀하게 구성되어 있으나, 시·공간을 초월한 그 작품의 매력은 무엇보다도 가장 소박한 독자에게도 쉽고 흥미롭게 읽힐 수 있다는 점이다. 성경의 대표적인 시작품인 「솔로몬의 노래」와 함께 룻기는 성경의 고전적인 러브 스토리이다. 하지만 단순한 낭만적인 연애 이야기는 아니다. 여기서 이스라엘을 향한 하나님의 사랑은 나오미에 대한 룻과 보아스의 사랑의 배려로, 그리고 나오미와 룻에 대한 보아스의 사랑의 배려로 표현된다. 성경에서 여성적인 관점에서 서술된 스토리들은 거의 없지만, 룻기의 스토리는 여성의 관점에서 이야기되고 있는 작품이다. 그러한 모습은 룻기에 등장하는 주인공이 여자일 뿐만 아니라, 스토리 세계가 주요한 점에서 여성적인 세계이다. 또 작가는 여성의 가치와 감정에 특별히 주의를 기울이고 있다. 물론 기업 무를 자(kinsman-redeember, 친족을 구속할 자)로서의 역할에서, 남자 주인공인 보아스는 그리스도의 축소 모형인 남자의 놀라운 모습으로 새겨진다. 스토리는 전반적으로 고결한 성인 여성과 강한 성인 남성을 찬양한다.

룻기의 전체적인 장르는 스토리나 내러티브이지만, 더 다양한 하위 형태들이 룻기에 집중되어 나타나고 있다. 룻기의 이야기는 러브스토리(1장; 로맨스의 배경, 2장; 만남과 구혼, 3장; 약혼, 4장; 결혼)이며, 또한 목가적인 이야기이다. 문학용어 사전에서 목가적인 이야기는, 농촌과 가정생활의 소박하고 즐거운 면을 묘사하는 간략한 이야기로 정의된다. 그러한 정의가 암시하는 것과 같이, 룻의 이야기는 전원문학과 유사성을 가지고 있는데, 이 경우에 이상화된 농촌세계는, 룻기의 이상화된 로맨스가 뿌리를 박고 번식할 수 있는 이상화된 배경을 제공한다. 이러한 물리적인 배경은 어떤 이야기의 분위기나 흐름(tone)을 조성할 수 있으며, 그 문자적 의미 외에 종종 그 이야기에 있어서의 주제와 연관된 의미나 혹은 상징적인 의미를 내포한다. 룻과 보아스의 이상적인 사랑 이야기는 자라나는 곡식과 추수의 전원적인(목가적인) 이미지에 의해서 한층 위력을 발휘한다. 그 이야기는 또한 모범적인 여주인공의 삶을 중심으로 확립된 영웅 이야기이며, 역시 이상화된 남자 주인공을 그리고 있다.

우리가 러브스토리를 이야기할 때, 그것은 보통 결혼으로 이어지는 남녀의 구혼 이야기를 의미한다. 행복한 러브스토리의 구성 요소들은 실제의 삶이나 문학작품에서 주로 다음과 같은 요소들을 포함하고 있다. 서로 간에 어울리는 결혼 적령기의 이상화된 커플, 배후의 관찰자들(친구들을 포함해서 가족, 동료, 그리고 공동체의 구성원들), 연인들 각자가 신뢰하는 사람, 경쟁자를 비롯한 사랑과 결혼의 장애물, 중매쟁이, 어떤 원형적인 사건들 즉, 첫 번째의 만남과 사랑의 상대에 대해서 다른 사람에게 캐묻기, 신뢰할만한 사람에게(종종 어머니)에게 첫 번째 데이트에 관한 보고, 미팅과 둘만의 밀회, 헤어지는 장면, 서로에 대한 호감, 약혼, 그리고 결혼의 클라이맥스로 이후의 "영원히 행복한" 삶의 모습 등. 룻기는 이야기의 간결성에도 불구하고, 이들 모든 요소들을 포함하고 있다.

룻기 플롯은 확언된 목표가 룻을 위한 새로운 고향을 발견(1.9, 3.1)하고자 하는 탐구이며, "희극"의 관례인 U-형태을 따른다. 이 형식은 처음에 잠재적인 비극 속으로 하강하다가, 성취에 대한 장애들이 점차 극복되면서 행복한 결말로 상승하는 사건들로 구성된다. 다시 말하자면,

희극적 플롯은 주인공이 불행이나 손실(궁핍)로부터 행복과 성취로의 변화를 맛보는, 혹은 불행의 위협을 극복하고 결국에는 모든 것이 회복되는 구성이다. 룻기에서 여자들의 관심사는 이야기에서 통일성에 기여하는 요소들이다. 특히 주인공인 룻은 이야기 전체에 통일성을 부여하는 역할을 한다. 이야기의 배경인 농촌 세계 또한 그러한 역할을 하는데, 이 이야기는 어떤 층위에서 추수 축하 행사이다(이 책이 전통적으로 유대의 예배력에서 축제 주일동안 읽혀졌다는 것을 설명하고 있음). 결과적으로, 이야기는 비움 대 충만함의 모티프에 대한 복잡하게 뒤섞인 언급으로써 구성된다.

룻기에서 이야기의 주인공은 물론 룻이다. 룻의 시어머니에 대한 충성심은 자기 고향과 그 신에게 돌아가 버린 오르파와 대조되어 더욱 빛난다(foil). 그녀 다음으로 두드러진 등장인물들은 룻의 인생에서 중요한 역할을 하는 두 사람의 가족 구성원들로, 그녀의 시어머니인 나오미와, 그녀의 마지막 남편인 보아스이다. 그러나 이야기 전체의 중심인물은 나오미이다. 이것은 룻기의 서언(1.1-5)과 결어(4.13-17)에서 명백하게 드러나는데, 이 내러티브는 나오미가 이방 땅의 "텅 빈 상태"에서 유다 베들레헴의 "가득 찬 상태"로 귀향하는 것을 다룬다. 그리고 나오미가 불임상태(남자 상속인이 없는 과부 상태)에서 온전한 유업을 회복하는 것을 보여 준다. 이것은 보아스가 기업 무를 자의 책임을 받아들이고 룻과 결혼하여 나오미에게 남자 상속자를 안겨주는 것을 통해 실현된다. 그 다음으로 중요한 주변 인물들은 룻의 동서인 오르파와 그녀의 죽은 남편, 그리고 보아스가 룻과 결혼에 이르는 길에서 기지로 따돌린, 이름을 알 수 없는 경쟁자 등, 세 사람이다. 별로 중요성하지 않은 주변 인물들은 사건을 목격하고, 끝에는 결혼한 부부를 축하 해준 다수의 마을 사람들이다.

성경 이야기 줄거리 중 하나는, 하나님이 어떻게 그의 백성들이 살기

원하는가에 대한 이야기이다. 즉, 룻과 보아스가 어떻게 행동했던가에 대한 이야기는 그러한 이야기 줄거리에 크게 기여한다. 더욱이, 본문이 보아스로부터 비롯되는 것으로 보는 그 제목-"기업 무를 자"를 의미하는 히브리 단어 "goel"은, 보아스가 궁극적인 기업 무를 자인 예수 그리스도에 뚜렷하게 속하는 속성을 구체화 한다는 것을 보여준다. 마침내, 룻기의 끝부분에서 간략하게 언급되는 가계도는, 계보의 초창기 구성원으로서 룻과 보아스의 손자인 다윗과 더불어, 예수가 태어난 혈통을 추적함으로 해서 룻기를 메시아의 역사 속의 한 장으로 확인시킨다.

이해와 감상 Tip

고통의 도가니. 이후의 행동에 대한 포일(foil)[1장]. 우리가 잠깐 1장의 스토리만을 읽어 본다면, 그것이 정말로 러브 스토리의 한 부분인지를 확신할 수 없다. 여성적인 관점에서 본다면, 1장은 가정적, 개인적 상실의 커다란 심연 속으로 추락하는 주인공의 삶의 소용돌이로 구성된다. 그러나 이장은 궁극적으로, 곧 이어 드러나게 될 주인공의 행복한 사랑의 이야기에 대한 포일로서 작용한다. 1장에서는 주요 등장인물들이 독자들에게 소개되며(보아스를 제외하고), 또 그들은 대조나 포일의 패턴을 형성한다. 즉, 성실하고 신의 뜻에 순종하는 룻은 그녀의 동서인 오르바와 대조된다. 그리고 늙고 지금은 불임의 나이가 된 나오미의 패배주의와 괴로움과 대비적으로, 새로운 삶의 국면을 기꺼이 받아들이는 용감하고 젊은 룻이 등장한다. 마침내, 독자들은 비움과 채움 사이의 대조에 대한 체계적인 완성을 위해 텍스트를 자세하게 검토할 수 있다(표면상 플롯이 "텅 빈 상태"를 반영할지라도, 우리는 "가득 찬 상태"를 향한 상대적인 움직임에 대한 미묘한 암시들을 포착할 수 있다). 첫 장의 가장 기억할만한 단락은 룻의 나오미에 대한 충절과, 개종하여 진정으로 하나님을 섬기는 자가 되기로 결심하는 부분이다. 그러한 의미는 비슷한 문장들 속에 표현되고

있으며, 룻의 나오미의 하나님에 대한 맹세의 진술이 포함되어
있다(16-17).

1 영웅들이 세상을 다스리던 시대에 나라에 기근이 든 일이 있었
다. 그 때 유다 베들레헴에 살던 한 사람이 모압 시골에 가서 몸
붙여 살려고 아내와 두 아들을 거느리고 길을 떠났다. 2그 사람의
이름은 엘리멜렉이며 아내는 나오미, 두 아들은 마흘론과 길룐이
었는데, 그들은 유다 베들레헴 태생으로서 에브랏 집안사람들이
었다. 모압 시골에 가서 얼마 동안 지내다가, 3나오미의 남편 엘리
멜렉은 아내 나오미와 두 아들을 남기고 세상을 떠났다. 4그 뒤 두
아들은 모압 여자를 아내로 맞았는데 하나는 오르바요, 다른 하나
는 룻이었다. 거기에서 십 년쯤 살다가, 5마흘론과 길룐 두 사람도
세상을 떠났다. 이리하여 나오미는 남편을 여읜데다 두 아들마저
잃고 말았다. 6그 무렵 주께서 당신의 백성을 돌보시어 풍년이 들
었다는 소식이 모압 시골에 들려왔다. 나오미는 그 소식을 듣고
두 며느리와 함께 모압 시골을 떠나 고향으로 돌아가기로 하였다.
7나오미는 두 며느리를 거느리고 살던 고장을 떠나 유다 지방을
향하여 길을 떠나가다가, 8두 며느리에게 이제 친정으로 돌아들
가라고 하며 이렇게 말했다. "너희가 죽은 내 아들들과 나에게 그
토록 고맙게 해주었으니, 여호와께서도 그처럼 너희를 보살펴 주
시기를 바란다. 9너희 둘 다 새 남편을 맞아 보금자리를 꾸밀 수
있게 해주시겠지." 그리고는 두 며느리를 끌어안자 두 며느리는
울음을 터뜨리며, 10말했다. "안 됩니다. 저희는 어머님을 모시고
어머님 겨레의 품으로 돌아가겠습니다." 11"너희는 돌아가야 한다,
얘들아. 어쩌자고 나를 따라가겠다고 하느냐?" 하며 나오미는 며
느리들을 타일렀다. "내 태중에 너희 남편이 될 자식이라도 있는
줄 아느냐? 12악아, 어서 돌아들 가거라. 나는 이렇게 늙어 이젠 재
혼할 수도 없는 몸이다. 나에게 무슨 희망이 더 있겠느냐? 오늘

밤에라도 내가 남편을 맞아 자식을 낳는다 하자. 13그것들이 자랄
때까지 기다릴 수야 없지 않겠느냐? 그걸 바라고 재혼도 하지 않
고 어떻게 지낼 작정이냐? 악아, 그건 안 될 말이다. 제발 나를 더
괴롭히지 말아다오. 나는 이처럼 여호와께 얻어맞은 신세란다." 14
그들은 다시 소리 내어 울었다. 그리고 오르바는 시어머니를 껴안
고 작별 인사를 하고 나서 자기 겨레에게로 돌아갔다. 그러나 룻
은 시어머니 곁을 떠나려 하지 않았다.

15나오미가 다시 타일렀다. "보아라, 네 동서는 제 겨레와 제 신
에게 돌아가지 않았느냐? 그러니 너도 네 동서를 따라 돌아가거
라." 16"저에게 어머님을 버려두고 혼자 돌아가라고 너무 성화하시
지 마십시오." 하며 룻이 말했다. "어머님 가시는 곳으로 저도 가
겠으며, 어머님 머무시는 곳에 저도 머물겠습니다. 어머님의 겨레
가 제 겨레요 어머님의 하나님이 제 하나님이십니다. 17어머님이
눈 감으시는 곳에서 저도 눈을 감고 어머님 곁에 같이 묻히렵니
다. 어떠한 일이 있어도 안 됩니다. 죽음밖에는 아무도 저를 어머
님에게서 떼어내지 못합니다." 18이토록 끝내 따라 나서겠다고 버
티자 나오미는 더 할 말이 없었다.

19그리하여 둘은 길을 떠나 마침내 베들레헴에 다다랐다. 두 사
람이 베들레헴에 들어서는 것을 보고 아낙네들은 "이 사람은 나오
미가 아니야?" 하며 떠들썩했다. 20그러나 나오미는 그들에게 이
렇게 말했다. "이제 나를 나오미라고 부르지들 말아요. 전능하신
주께서 나에게 쓰라림을 가득 안겨주셨다오. 그러니 나를 마라라
고나 불러주어요. 21떠날 때는 아쉬운 것 하나 없었건만, 여호와께
서는 나를 빈손으로 돌아오게 하셨다오. 그런데 어찌 나를 나오미
라 부르시오? 주께서는 나의 허물을 들추어 내셨다오. 전능하신
주께서는 이렇듯이 나에게 불행을 안겨주셨다오."

22이렇게 나오미는 모압 시골을 떠나 모압 사람인 며느리 룻을
데리고 돌아온 것이다. 그들이 베들레헴에 도착한 것은 보리를 거
두어들일 무렵이었다.

이해와 감상 Tip

구애의 시작[2장]. 2장의 중심적인 사건인 보아스와 룻 사이의 첫 번째 만남은 텍스트의 중간 부분에 위치하고 있다. 이는 화가가 그림의 중앙 부분에 가장 중요한 사물을 놓는 것과 똑같다. 커플 사이에 나타나는 로맨스의 진전은 곡식 추수기의 진행 과정과 은유관계를 형성한다. 추수의 시작은 최초로 1장의 마지막 행(1.22)에 기록되어 있고, 그 마지막은 2장의 마지막 행(23)에 나타나 있어서 추수 과정과 사랑의 진행과정이 맞물려 있음을 볼 수 있다. 단락에 대한 효과적인 분석적 접근은 다음과 같은 구성요소들을 통해서 이뤄질 수 있다. 그들을 이상화 시키는 것들의 강조와 더불어 보아스와 룻에 대한 인물 묘사의 나열, 첫 번째 남편의 죽음과 보리밭에서 처음으로 만난 보아스에 대해서 룻이 나오미에게 들려준 이야기 속에서 확인할 수 있는 로맨스의 진전단계들, 상상 속에서 화자가 환기시키는 이상화된 전원 목가적인 (시골의) 세계로의 진입, 장의 끝부분에서 시어머니인 나오미의 말 속에 내포된 극적 아이러니와 유머의 즐거움. 이 부분에서 룻과 나오미는 서로 상반되는 의도(룻은 단순하게 그날의 사건들에 대한 사실들을 이야기 하는 반면, 나오미는 관심을 표명했던 그 사람이 친척이 라는 말을 듣고 단번에 결혼가능성을 예상한다)를 보인다.

2 나오미는 남편 쪽으로 친척이 한 사람 있었다. 그는 엘리멜렉
의 일가로서 유력한 재산가였는데 이름은 보아스라 했다. 2하루
는 모압 여자 룻이 나오미에게 청했다. "저를 밭에 나가게 해주세
요. 행여 무던한 사람이라도 만나면, 그의 뒤를 따르며 이삭이라
도 주워 오고 싶어요." 나오미가 룻에게 허락을 내렸다. 3룻이 밭
에 나가 추수하는 일꾼들의 뒤를 따르며 이삭을 줍는데, 공교롭게
도 그 밭은 엘리멜렉의 일가인 보아스의 것이었다. 4때마침 보아

스가 베들레헴에서 와서 "주께서 자네들과 함께 하여주시기를 바
라네." 하며 추수하는 일꾼들에게 인사를 하고 있었다. "주께 복
을 받으십시오."하고 일꾼들이 대답했다. 5보아스는 추수하는 일
꾼들을 감독하는 한 머슴에게 물었다. "저 젊은 여자는 뉘 댁인
가?" 6일꾼들을 감독하던 머슴이 대답했다. "저 젊은 여자는 나오
미와 함께 모압 시골에서 돌아온 모압 여자입니다. 7일꾼들이 거
두면서 흘린 이삭을 뒤따르며 줍게 해달라고 사정하더군요. 아침
에 와서 지금까지 앉지도 않고 이삭을 줍고 있습니다."
8보아스가 룻에게 말했다. "악아, 내 말이 들리지? 다른 사람 밭
에는 이삭을 주우러 갈 것 없다. 여기서 다른 데로 가지 말고 우리
집 아낙네들과 어울려 다녀라. 9추수하고 있는 밭에서 한 눈 팔지
말고 이 아낙네들의 뒤를 따르며 이삭을 주워라. 머슴들이 너를
성가시게 못하도록 분명히 일러두마. 목이 마르거든 머슴들이 항
아리에 길어다 둔 물이 있으니, 가서 마셔라." 10그러자 룻은 땅에
엎드려 절하며 말했다. "어찌하여 저를 이렇게까지 귀엽게 보아
주시고 마음을 써주십니까? 저는 한낱 이국 여자에 지나지 않습
니다." 11보아스가 말했다. "나는 다 들었다. 네가 남편이 세상을
뜬 뒤에도 시어머니를 극진히 모시었고 고향을 버리고 부모를 떠
나 낯선 이 백성에게로 왔다는 말을 들었다. 12네가 그렇게도 갸륵
하게 행하였는데, 어찌 야훼께서 갚아주시지 않겠느냐? 네가 이
스라엘의 하나님의 날개 아래로 안식처를 찾아왔으니, 너에게 넉
넉하게 갚아주실 것이다." 13룻은 "부디 저를 귀엽게 보아주십시
오. 저는 댁의 여느 여종만도 못한 몸인데도 이렇게 다정스런 말
씀으로 용기를 주시는군요." 하며 고마워했다.
14식사 때가 되어 보아스가 룻에게 권했다. "이리 와 빵을 떼어
이 시큼한 술에 찍어 먹어라." 그리하여 룻은 추수하는 일꾼들 옆
에 앉았다. 보아스는 룻에게 밀청대를 배불리 먹고도 남을 만큼
집어주었다. 15룻이 다시 이삭을 주우려고 일어서는데, 보아스가
머슴들에게 명령을 내렸다. "저 여자가 보릿단 사이로 돌아다니

며 이삭을 줍더라도 나무라지 마라. [16]숫제 보릿단에서 이삭을 빼
내어 흘려주어라. 그리고 그것을 줍더라도 야단치지 마라."
[17]룻이 저녁때까지 주운 이삭을 털어보니 보리가 한 에바나 되
었다. [18]룻은 그것을 메고 마을로 돌아가 시어머니에게 보이고 나
서, 배불리 먹고 남겨온 음식도 꺼내드렸다. [19]시어머니가 물었다.
"오늘 어디에서 이삭을 주웠느냐? 어디서 일을 했느냐? 너에게 이
렇게도 마음을 써주신 그분이 복을 받지 못하면 누가 받겠느냐?"
룻이 "오늘 제가 이삭을 주운 밭주인은 보아스라고 하더군요." 하
며 자기가 누구네 밭에서 이삭을 주웠는지를 시어머니에게 밝히
자, [20]나오미가 며느리에게 말했다. "그분은 산 사람에게나 죽은
사람에게나 한결같이 고맙게 대하시는구나. 그분이 주께 복받지
못하면, 누가 복을 받겠느냐? 그분은 우리와는 가까운 일가이다.
우리를 떠맡아 줄 사람 가운데 한 분이다." [21]룻이 시어머니에게,
보아스가 추수가 끝날 때까지 자기네 집 아낙네들과 함께 어울려
다니도록 하였다고 말하니, [22]나오미는 "악아, 네가 그 댁 아낙네
들과 함께 일하러 나가게 되었다니, 참 잘되었다. 다른 밭에 갔다
가 남자들에게 욕을 당할 염려가 없게 되었구나." 하고 며느리에
게 말했다. [23]이리하여 룻은 보리와 밀 추수가 끝날 때까지 보아스
집안의 아낙네들과 어울려 다니며 이삭을 주워 시어머니를 모시
며 살았다.

이해와 감상 Tip

약혼으로 이어지게 되는 비정상적인 방법[3장]. 이장단락에서 공격적이고 영리한 여자(나오미)가 룻의 약혼을 보장하기 위해서 대담한 행동계획을 생각해 낸다. 룻은 책임감 있게 성공적으로 시어머니의 계획을 훌륭하게 실천한다. 왜냐하면 한밤중에 타작마당에서 몸단속이 느슨해진 보아스가 연인과 우연하게 만나서 의

미있는 인연을 맺고, 그의 마음을 생각처럼 움직일 수 있었기 때문이다. 여기서 전체로서의 이야기의 중요한 모티프는 해결에 도달하게 된다. 즉, 한 쌍의 커플은 그들의 관계가 완전한 실현에 다다르게 되며, 비움과 충만함 사이의 긴장이 결정적으로 충만함의 방향으로 해결된다(보아스가 룻의 집으로 보낸 상당한 분량의 곡식으로 특별히 상징화 된 것 같이). 보아스에게 맡겨진 기업 무를 자의 자격에 관하여, 좀 더 정확한 사실들이 다음과 같이 자세히 설명될 수 있다 : ①법적으로 보아스는, 남자는 형제의 아이가 없는 과부와 결혼해야만 한다는 것(신명기 25.5)을 규정한 레비레이트 결혼의 기준에 적합하지 않다, ②그러나, 보아스는 그가 룻의 이전 남편의 친척(형제는 아니지만)이기 때문에 레비레이트 법정신을 실현한다, ③레비레이트 법정신을 이행함에 있어서, 보아스는 룻의 시어머니에 대한 그녀의 헌신과 병행해서, 그가 법적으로 책임져야만 했던 것보다 더 많은 것을 행하기 때문에, 그의 도덕적 고결성과 관대함과 감사한 태도는 우리의 지지를 받는다.

3 시어머니 나오미가 룻에게 말했다. "악아, 이젠 너도 행복을 누
리며 살 보금자리가 있어야겠구나. 내가 그것을 마련해 주마. 그렇
지 않느냐? 2 너는 보아스 댁 아낙네들과 어울려 지냈지만 그분은
너도 알다시피 우리와는 친척이다. 바로 오늘 밤 그분은 타작마당
에서 보리를 까부를 것이다. 3 그러니 너는 목욕을 하고 향수를 바
른 다음 장옷을 입고 그 댁 타작마당에 내려가 보아라. 그분이 저
녁 식사를 마치기까지는 눈치 채이지 않도록 하여라. 4 그분이 잠
자리에 들거든 그 잠자리를 잘 알아두었다가 살그머니 가서 그 발
치께를 들치고, 거기 누워라. 그 다음에 네가 할 일은 그분이 일러
줄 것이다." 5 "어머님 말씀대로 어김없이 하겠습니다." 룻은 이렇
게 대답하고,

6 타작마당으로 내려가 시어머니가 시킨 대로 하였다. 7 보아스

는 먹고 마시고 나서 흐뭇한 마음으로 보리 가리 옆에 가서 누웠
다. 룻은 살며시 가서 그의 발치께를 들치고 거기 누웠다. 8 보아스
는 한밤중에 한기를 느껴 몸을 웅크리다가 발치께에 웬 여자가 누
워 있는 것을 알고 9 "너는 웬 여자냐?" 하고 물었다. "비녀는 룻입
니다." 하고 룻이 대답했다. "어르신네께서는 이 몸을 맡아주실
분이십니다. 그 옷자락으로 저의 몸을 덮어주십시오." 10 "악아, 여
호와께 복을 받아라." 하고 보아스는 말했다. "너는 돈이야 있든
없든 젊은 사람을 따라감직한데 그러지 아니하고 이렇게까지 효
성을 다하니, 이것은 지난날의 효성보다도 더 갸륵하구나. 11 악아,
걱정하지 마라. 네가 무엇을 원하든지 내가 다 들어주마. 네가 굳
센 여자라는 것은 이 성 안에 사는 내 겨레치고 모르는 사람이 없
다. 12 너를 맡아줄 의무가 나에게 있는 것이 사실이지만 너한테는
나보다 더 가까운 친척이 또 있다. 13 이 밤은 여기서 지내거라. 내
일 아침에 그가 너를 맡겠다고 나서면, 좋다, 그가 너를 맡을 것이
다. 만일 그가 싫다고 하면, 내가 반드시 너를 맡아주겠다. 날이
샐 때까지 여기에서 쉬어라."
14 이리하여 룻은 날이 새기까지 그의 발치께에 누워 있다가, 여
자가 타작마당에 왔었다는 것이 알려져서는 안 된다는 보아스의
말을 따라 서로 얼굴을 알아볼 수 있게 되기 전에 일어났다. 15 보
아스는 룻이 쓰고 있는 장옷을 벌리라고 한 다음 룻이 장옷을 벌
리자 보리 여섯 되를 퍼 담아 지워주었다. 룻이 마을로 돌아와, 16
시어머니에게로 오자 시어머니는 어찌 되었느냐고 물었다. 룻은
그가 자기에게 해준 일을 다 고했다. 17 "시어머님께 빈손으로 돌아
가서야 되겠느냐고 하시면서 보리를 여섯 되나 주시더군요." 18 이
말을 듣고 나오미는 "그분이 오늘 안으로 이 일을 결말짓지 않고
는 못 견딜 것이다." 하면서 일이 어떻게 되는가 기다려 보라고 하
였다.

이해와 감상Tip

축하[4장]. 앞서의 약혼 장면에서, 우리가 결혼상대로 적당한 커플이 결혼을 목전에 두고 있다는 것을 믿기 시작한 것과 동시에, 보아스보다 룻과의 결혼에 우선권을 가지고 있었던 경쟁자의 출현으로 이야기는 긴장감을 더 한다(3.12-13). 여기 4장에서, 보아스는 룻이 위험을 감수했듯이 그 자신도 위험을 감수한다. 고대 이스라엘 성읍의 관습에 따르면 그 문제는 성문에서 마을 장로들이 참석한 자리에서 보아스와 그의 친족이 해결해야 한다. 바로 그 다음날 아침 그가 마을 입구에서 경쟁자와 우연히 마주쳤을 때, 보아즈는 그의 경쟁자에게 공격적으로 접근한다(1-6). 보아스는 경계를 풀고 그의 경쟁자를 붙들고서, 그에 대해 극적인 효과를 노리고 자신의 행동을 연출한다. 즉, 보아스는 그에게 "친구"로 혹은 "건달" 같은 사람으로 대하고 조롱조로 이야기한다(1), 이스라엘 사회에서 아무도 글자 그대로 신부를 살 수는 없었지만(5-6), 보아스는 룻에 대한 결혼을 무거운 재정적 책임을 수반하는 것으로써 표현한다. 그런가 하면 보아스는 의도적으로 룻을 모압인이라고 부르고(5), 그가 일찍이 그렇게 했었던 것 같이(3.11), 여기서도 그녀를 "가치 있는 여자"로 얘기하지 않는다. 이러한 보아스의 태도는 마지막 장애인 그의 경쟁자를 따돌리기 위한 계략이었다. 경쟁자가 제거됨으로서, 이제 이야기 속에 남게 된 것은 것은 전적으로 보아즈의 축하와 승리의 삶이다. 보아스는 양심적으로 룻과의 결혼을 위해 법적이고 공적인 규정에 충실한다(7-12). 이제 화자는 나오미로 돌아와서 그녀의 충만한 삶의 모습을 그린다(13-17). 그리고 혈통에 대한 언급은(18-22) 룻과 보아스의 자손을 다윗의 영광스런 애국적인 모습과, 그리고 다윗을 초월해서 메시아의 계통으로 연결시킨다. 여기서 우리는 성경에서 이야기의 주된 강조점을 드러내기 위해 작가가 지면의 분량을 사용하는 데는 또 다른 방법이 있는데, 그것은 이야기의 상대적으로 작은 부분에 중대하거나 결정적인 성격을 부여함으로써 그것을 눈에 띄게 한다는 것을 간과해서는 안 된다.

룻의 이야기에도 눈에 뜨이게 드러나는 작은 부분을 가지고 있다는 점에서 비슷하다. 이야기의 끝부분에서 우리는 룻과 보아스에게서 태어난 아기가 "오벳"("그는 다윗의 아비인 이새의 아비였더라": 룻 4.17)이라는 외견상 당연한 말을 듣게 된다. 분량의 측면에서만 본다면, 이것은 단지 지나가는 관심사에 불과하겠지만, 다윗의 이름을 언급했다는 것만으로"룻의 이야기는 구속 역사의 줄기에 해당하는 중요한 부분으로서의 위치를 차지한다. 왜냐하면 이 이야기는 위대한 다윗의 뿌리를 추적하는 목적을 가지고 있기 때문이다. 사실 이 이야기는 메시아적 역사라고 할 수 있다.

4 보아스가 성문께로 올라가 앉아 있는데, 마침 자기가 말하던
그 친척이 지나갔다. "여보게, 이리로 와서 앉게나." 하며 보아스
가 그를 부르자, 그가 발길을 돌려 와서 앉았다. 2 보아스는 마을
장로들 가운데서 열 사람을 불러, "이리 와서 앉으십시오." 하고
자리를 권하였다. 그들이 자리를 잡자, 3 보아스가 그 친척에게 말
했다. "우리의 동기 엘리멜렉의 소유지가 있지 않소? 그런데 나오
미가 모압 시골에서 돌아와서 그 땅 권리를 팔려고 내놓았소. 4 이
소식을 당신에게 알려드려야 한다고 생각해서 하는 말이지만, 여
기 앉아 있는 분들과 내 겨레의 장로들이 보는 앞에서 그것을 사
시오. 그 땅을 도로 사서 가질 생각이 있으면 도로 사서 가지시구
려. 그럴 생각이 없으면 그렇다고 말해 주시오. 내가 알아야겠소.
그것을 도로 사서 가질 사람은 당신밖에 없소. 당신 다음은 나인
가 하오." "내가 도로 사서 가지겠소." 하고 그가 대답하자, 5 보아
스가 다짐하였다. "나오미에게서 밭을 넘겨받는 날 당신은 고인
의 아내 모압 여자 룻도 떠맡아야 하오. 그리하여 고인의 이름을
이어 그의 유산을 차지할 사람을 낳아주어야 하오." 6 그러자 그 친
척은 "그랬다가는 내 재산만 손해를 보게 되겠군. 그럴 수는 없소."
하면서 그 땅을 도로 사서 갖지 않겠다고 하였다. "내가 사서 가질
것이지만, 당신이나 사서 가지시구려. 나는 그럴 마음이 없소."

7옛날 이스라엘에서는 유산을 도로 사서 가지는 의무를 남에게
넘겨줄 경우에는 신 한 짝을 벗어서 상대편에게 주는 습관이 있었
다. 그것을 증거물로 삼고 매듭을 지었던 것이다. 8그 친척도 "당
신이 차지하시오." 하면서 신 한 짝을 벗어 보아스에게 주었다. 9
그러자 보아스는 장로들과 온 겨레에게 말했다. "나는 엘리멜렉
과 길룐과 마흘론에게 딸렸던 모든 땅을 나오미의 손에서 샀습니
다. 당신들은 오늘 이 일의 증인입니다. 10또 나는 마흘론의 아내
모압 여자 룻까지도 유산과 함께 아내로 얻었습니다. 그래서 나는
고인의 이름을 이어 그 유산을 차지할 사람을 낳아주어서 고인의
이름이 그의 형제들과 함께 남아 이 고장 성문 안에서 끊어지지
않도록 할 것입니다. 당신들은 오늘 이 일의 증인입니다." 11성문
께 있던 온 백성이 "우리가 증인이오." 하고 대답하자 장로들이 말
했다. "주께서 그대 집에 들어오는 이 여인으로 하여금 이스라엘
가문을 일으킨 두 여인 라헬과 레아처럼 되게 해주시기를 기원한
다. 그대가 에브라다에서 권세를 떨치고 베들레헴에서 이름을 휘
날리기를 빌며, 12또한 주께서 이 젊은 여인의 몸에서 후손을 일으
키시어 그대의 집안이, 다말이 유다에게 낳아준 베레스의 집안같
이 되기를 기원한다."

13이렇게 보아스는 룻을 맞아 아내로 삼고 한자리에 들었다. 주
께서 점지해 주셔서 룻이 아들을 낳자, 14아낙네들이 나오미에게
축하하여 말했다. "오늘 이처럼 당신 가문이 대를 이어 내려가게
해주셨으니 여호와께 찬양을 드립니다. 이제 이 아기의 이름이 이
스라엘에서 기림을 받게 되기를 우리는 바랍니다. 15당신을 그토
록 사랑하는 며느리가 낳아준 아들, 아들 일곱보다 더한 며느리가
낳아준 아들이니, 이제 그가 당신에게 살맛을 되돌려주고 노후를
공양해 줄 것입니다." 16나오미는 그 아기를 받아 품에 안고 자기
자식으로 길렀다. 17이웃 아낙네들은 "나오미가 아들을 보았구나!"
하며 그 아기에게 오벳이라는 이름을 지어주었다. 그가 바로 다윗
의 할아버지요, 이새의 아버지였다.

[18]베레스의 계보는 다음과 같다. 베레스는 헤스론을 낳았고 [19]헤
스론은 람을, 람은 암미나답을, [20]암미나답은 나흐손을, 나흐손은
살몬을, [21]살몬은 보아스를, 보아스는 오벳을, [22]오벳은 이새를, 이
새는 다윗을 낳았다.

2. 요나(Jonah)

성경의 가장 잘 알려진 이야기들 중의 하나인 요나 이야기는 총 4장, 48절로, 하나님의 구원에 대한 보편적인(한 집단에 반대되는 것으로써) 범위의 주제를 다루는 전도의 교본이다. 예언적 말씀들의 모음이라기보다는 이스라엘이 미워하는 일부 이방인들을 향한 하나님의 사랑을 서술하는 이야기이다. 여기서 하나님은 이방인들과 아무 관계도 맺지 않으려 하는 히브리 선자자인 요나를 통해 자신의 사랑을 표현하신다. 요나서의 두 가지 중요한 주제는 다음과 같은 전도의 주제를 가지고 있다. 첫 번째로, 하나님을 어떤 사람 자신의 국가나 집단의 소유로 만들기를 모색하는 편협한 행동과 자기 민족 중심주의의 죄를 폭로하고, 그리고 두 번째로, 하나님의 구원의 사랑이 나라와 문화적인 경계를 넘어서 확대되는 놀라운 사실이 실례를 통해서 설명되고 있다. 주인공인 요나는 하나님의 부르심을 받은 선지자이며, 게다가 그의 이름을 책의 제목으로 하고 있는 요나서는 선지자의 자격에 대한 짤막한 풍자적인 교본이다.

요나서의 주요 장르는 인간의 악이나 어리석음을 조소나 비난을 통해서 폭로하는 풍자(satire)이다. 비난의 대상은 풍자에서 필수적인 요소이다. 이러한 정의는 풍자가 본질적으로 문학적인 것은 아니라는 것을 의미한다. 왜냐하면 악과 우둔함의 표출은 문학뿐만 아니라 비문학적인 장르에서도 나타날 수 있기 때문이다. 풍자는, 어떤 것을 공격한다는 그 지배적인 목적이 소설, 이야기, 인물 묘사, 은유 등과 같은 문학의 수단과 결합될 때 비로소 문학이 되는 것이다. 어떤 문학적 풍자에서나 독자의 주의를 요하는 네 가지 주요한 요소가 있다. 첫 번째가 공격의 대상이다. 공격의 대상은 하나일 수도 있다. 요나서에서 공격의 대상은 하나님의 자비를 유대인의 독점적인 소유로 만들려고 하는 유대인의 민족이기주의이다. 풍자에 있어서 주목해야할 두 번째 것은 풍자의 수단이다. 요나서에서 이야기(커다란 폭풍;1장, 큰 물고기 배 속의 요나;2장, 니느웨이 백성들의 커다란 회개;3장, 그가 시든 햇빛을 가리는 식물 아래에 있을 때 하나님을 향한 요나의 저항;4장)는 가장 일반적인 풍자 수단의 하나이다. 세 번째로, 풍자는 항상 말로 명시되거나 혹은 함축적인 풍자적인 기준-비난의 대상을 비판하는 기준-을 가진다. 풍자의 기준은 항상 풍자 작품을 지배하는 부정적인 모델에 대한 대안으로서 독자에게 제시되는 긍정적인 모델이다. 요나 이야기에서, 회개하는 도시 니느웨이까지 미친 하나님의 전 인류에 대한 자비는 요나의 잘못된 민족주의에 대한 긍정적인 포일(foil; 다른 대상을 더욱 확실히 드러내기 위해 사용되는 대조가 되는 인물이나 사물)이다. 마지막으로 풍자는 항상 지배적인 어조(tone)를 가지고 있다. 요나서의 풍자는, 부드럽게 세련된 미소를 띠고 있고 교활한 호라티우스식 풍자이다. 이것은 웃음으로 어리석음이나 악행을 없앨 수 있다는 것을 전제로 하고 부드러운 웃음에 의해 어리석음이나 악행을 바로 잡으려는 목적을 가지고 있다. 조용한 설득에 의한 풍자적인 접근의 이러한 방식의 예는 불순종한 예언자인 요나의 이야기에서 볼 수 있다.

요나 이야기에서 줄거리의 외적 형태는 다음과 같이 네 개의 장 단위로 깔끔하게 분류된다. 요나의 사명과 당초의 목적지인 니느웨의 반대 방향으로의 여행(1장), 하나님의 구출에 대한 요나의 감사의 기도(2장), 니느웨에서의 요나의 설교와 그것의 놀라운 성공(3장), 이방인인 니느웨에 대한 하나님의 자비에 대한 요나의 분노(4장). 요나는 스토리의 주인공으로서, 모든 구성적 갈등은 그로부터 비롯된다. 요나는 하나님, 원시적인 자연, 그의 선지자적인 사명, 적(즉, 불신자들)인 니느웨이 성읍과 갈등이 있다는 것을 보여주는 것과 똑같이, 궁극적으로는 그 자신(영적으로 말하면, 그는 그 자신의 가장 나쁜 적이다)과 갈등을 겪고 있음을 보여 준다.

요나서에서 두 명의 중요한 등장인물들은 요나와 하나님이다. 그리고 요나 이야기의 중요한 교훈은 계속해서 불순종하는 선지자와 자비롭고 구원하시는 하나님에 대한 여러 가지 자료들에 의해서 판단될 수 있다. 요나서에는 두 사람의 핵심 등장인물인 하나님과 요나를 넘어서는 두 개의 집단이 있다. 두려운 하나님 경외하기를 끝낸(1.16) 이교도 선원들과, 그리고 회개하는 커다란, 구별되지 않은 니느웨이 성읍 사람들이 바로 그들이다. 요나 이야기에 나타나는 두 가지 배경은 공포스런 이미지로, 원시적인 자연, 폭풍의 바다, 혹은 뜨겁고 건조한 니느웨이 외곽의 시골과 전쟁에서 그의 잔혹함으로 잘 알려진 세계적인 왕국의 수도인 공포스런 니느웨이 성읍이 바로 그것이다.

요나 이야기에 나타나는 스타일의 특징들은 다음과 같이 요약될 수 있다. 첫 번째, 거대한 모티프-예상치 못한 커다란 모티프(실례로, 요나에게 부여된 사명과 그를 삼킨 물고기, 그리고 요나의 여덟-단어 설교가 성취한 회개의 위대함으로 확대되는). 두 번째, 이야기 속에 만연한 아이러니-예를 들어서, 요나의 선지자적인 소명과 그의 불명예스런 행동 사이의 모순적인 차이와 하나님 앞에서 도망치려는 아이러닉한 불가능성. 마지막으로, 요나의 행동은 창피할 뿐만 아니라 어리석은 것으로서의 유머로 받아들여진다.

이러한 스타일상의 특징들과 함께 요나서 이야기에서 작가가 의도한 문학적 목적을 유추해보면, 풍자의 문학형식을 사용해서 편협한 신념과 자기 민족중심의 죄를 폭로하고, 그러한 죄들이 선지자 요나의 태도와 행동 속에서 구체화된다. 또 풍부한 행동과 성격묘사가 기록상 가장 압축된 이야기로 포장되어 있으며, 모든 민족들과 무리들로 그의 구원을 확대하는 하나님에 대한 찬양을 환기시킨다.

결국 이러한 작가의 문학적 의도는 다음과 같은 신학적인 주제를 구체화시키기 위한 하나의 방편이다. (1)구속: 특별히 이 요나서는, 모든 종족들과 나라들의 백성들에게 사용가능 것으로 보이는, 하나님의 구속적 사랑의 범위를 다룬다. (2)도덕성: 요나서는 편협한 신념과 자기 민족 중심이 죄악이라는 것과 하나님의 심판이 그들에게 있다는 것을 보여준다. (3)회개: 모든 사람이 죄의 회개를 하는 것이 하나님의 원하심이다. (4)믿음의 특징: 요나서는 믿음이 정확한 신학의 지적인 이해만으로는 충분하지 않고, 사람의 행동과 태도가 사람의 신학과 조화되어야만 한다.

성경의 주요 이야기의 한 장으로써의 요나서는 성경의 이야기에 이중의 공헌을 하고 있다. 그것은 하나님의 구속의 특징을 보여줌으로 해서 성경의 구속 역사의 이야기에 적합하다-민족적, 문화적 경계를 뛰어넘고, 회개를 요구하며, 그리고 하나님의 열정적인 성품에 기초를 둔다. 두 번째, 성경은 하나님은 그의 백성들이 세상 속에서 어떻게 살기를 원하시는가를 드러낸다. 그리고 우리는 그것을, 요나의 행동이 우리에게 불신앙의 세계와 관련해서 어떻게 하면 그런 세상을 살지 않을 가를 보여주는 바와 같이, 부정적인 예를 수단으로 해서 이 책에서 배울 수 있다. 덧붙이자면, 요나의 물속으로의 3일간의 하강은 그리스도의 죽음과 부활을 예시한다.

이해와 감상 Tip

요나의 임무와 여행[1장]. 요나서의 첫 장은 이야기에 등장하는 인물들과, 두 개의 중요한 배경(바다와 성읍), 그리고 플롯(니느웨이에서 설교를 하기 위한 요나의 임무) 등을 소개한다. 첫 장의 이야기는 또한 요나의 모든 행동이 실패로 드러날 때, 불명예스런 선지자의 풍자적인 모티프를 소개한다. 사실, 요나는 하나님의 명령을 어기고 원래의 목적지와는 다른 반대방향으로 여행(시편 139.7-12이 주장하는 바와 같이, 어떤 사람도 하나님 앞에서 도망칠 수 없다는)하게 된다. 9절의 하나님에 관한 요나의 설명은 성경에서 반복적으로 나타나는 신학적인 공식으로, 그것은 요나가 정통파의 신학에 대한 이해를 가지고 있다는 것을 보여준다. 그러나 그의 실제의 행동은 직접적으로, 그가 "바다와 마른 땅을 만드셨던" 하나님을 경외한다는 그의 신학적인 주장과는 달리 모순적이다. 선원들을 구출하시는 하나님, 그리고 그들이 "경외" 하는 하나님께로의 다가옴은 이미, 하나님의 자비가 어떤 종족이나 민족적인 경계를 초월해서 확대된다는 것을 보여 준다. 또한 요나의 우스꽝스러운 행동을 강조하기 위해서, 이교도 선원들이 요나가 행한 것 보다 더 훌륭하게 행동하는 모습에서와 같이, 작가는 포일(foil)의 기술을 사용한다.

1 주의 말씀이 아밋태의 아들 요나에게 임하여 말씀하시기를 2
"너는 일어나 저 큰 성읍 니느웨로 가서 그 성읍에 외치라. 이는
그들의 죄악이 내 앞에 닿았음이라." 하셨으나 3 요나는 주의 면전
에서 타시스로 도망하기 위하여 일어나서 욥파로 내려가 타시스
로 가는 배를 만났더라. 그리하여 그가 주의 면전에서 피하여 그
들과 함께 타시스로 가려고 뱃삯을 지불하고 배에 탔더라.
4 그러나 주께서 큰 바람을 바다로 보내셨더니 바다에 큰 폭풍
이 일어나서 배가 거의 부서지게 된지라. 5 그때 뱃사람들은 두려
워서 각자 자기 신에게 부르짖고 배에 있는 물건들을 바다에 던져
그들의 배를 가볍게 하더라. 그러나 요나는 배 밑층으로 내려가서
누워 곧 잠이 들었더라. 6 그러므로 선장이 그에게 가서 그에게 말
하기를 "오 잠자는 자여, 어찌된 일인가? 일어나 네 하나님께 구하
라. 혹시 하나님께서 우리를 생각하시어 우리로 멸망하지 않게 하
실까 하노라." 하더라.
7 또 그들이 각자 자기 동료에게 말하기를 "오라, 우리가 제비를

뽑아 누구의 탓으로 이런 재앙이 우리에게 닥쳤는지 알아보자."
하고 그들이 제비를 뽑으니 그 제비가 요나에게 떨어졌더라. 8 그
러자 그들이 그에게 말하기를 "우리가 네게 청하노니 누구의 탓으
로 이런 재앙이 우리에게 닥쳤는지 우리에게 말하라. 네 직업이
무엇이냐? 너는 어디에서 왔느냐? 네 나라는 어디며, 너는 어느
백성에게 속한 자냐?" 하니 9 그가 그들에게 말하기를 "나는 히브
리인이요, 나는 주, 곧 하늘의 하나님을 두려워하노니 그는 바다
와 육지를 만드신 분이라." 하였더라. 10 그러자 그 사람들이 심히
놀라며 그에게 말하기를 "네가 어찌하여 이렇게 행하였느냐?" 하
였으니 이는 요나가 그들에게 말함으로 그 사람들은 그가 주의 면
전에서 도망하는 것임을 알았음이라.

11 그때 그들이 그에게 말하기를 "우리가 너에게 어떻게 하여야
바다가 우리에게 잠잠하겠느냐?" 하였으니 이는 바다가 계속 움
직여 사나워졌음이라. 12 그가 그들에게 대답하기를 "나를 들어 바
다에 던지라. 그리하면 바다가 너희에게 잠잠해지리라. 이는 나
로 인하여 이 큰 폭풍이 너희에게 임한 것을 내가 알기 때문이라."
하였더라. 13 그럼에도 그 사람들은 배를 육지에 대려고 애써 노를
저었으나 그렇게 할 수가 없었으니 이는 바다가 계속 움직여 그들
에게 사나워졌음이라. 14 그러므로 그들이 주께 부르짖어 말하기를
"오 주여, 우리가 주께 간구하고, 우리가 주께 간구하오니 이 사람
의 생명으로 인하여 우리를 멸하지 마시며, 무죄한 피를 우리에게
돌리지 마소서. 이는 오 주여, 주께서는 주께서 기뻐하시는 대로
행하셨음이니이다." 하고 15 그들이 요나를 들어 바다 속으로 던지
니 바다가 그 사나움에서 그쳤더라. 16 그러자 그 사람들이 주를 심
히 두려워하며 주께 희생제를 드리고 서원을 하였더라.

17 그때 주께서는 요나를 삼킬 큰 물고기를 예비하셨으니 요나가
그 물고기 배에서 삼 일 낮과 삼 일 밤을 있었더라.

이해와 감상 Tip

구출된 요나의 감사의 기도[2장]. 앞의 1장이 산문적 서술이라면, 2장은 서정시이다. 그 결과, 우리는 위기에 처한 주인공 요나의 감정과 깊은 생각을 함께 경험할 수 있다. 단지 요나가 본문에서 진부한 신학적인 이야기를 두 번에 걸쳐 말한 것 같이, 그는 여기서 솔터에 있는 집에서와 같이 찬양시를 노래한다. 그것은 대구법의 운문형식으로 표현되고, 구원에 대한 하나님의 행동을 자세히 말한다(예, 시편 30편에서와 같이). 이 감사의 시는 세 부분으로 구성되어 있는데(2-4,5-7,8-9), 첫 두 부분이 평행을 이룬다. 두 부분에 비탄, 구출, 증언이 서로 얽혀 있고 두 부분 모두 유사한 어조, 성전을 사모하는 어조로 마무리한다. 이러한 서정적 기도가 가장 긍정적인 요나의 모습을 우리에게 보여줄지라도, 2장은 적어도 두 가지 방법에서 이야기의 풍자적인 계획에 들어맞는다. 즉, (1) 요나가 그가 구조된 후에 이방인들을 향한 그의 적대적인 태도를 바꾸지 않기 때문에, 그러한 기도는 요나의 회개에 대한 일시적이고 자기-탐구적인 성격을 암시한다. 그리고 (2)요나가 하나님으로부터 받은 과분한 은총은 그것이 다른 사람들에게로 확대될 때, 그 은총에 대한 요나의 거절을 한결 더 괘씸한 것으로 만든다.

2 그때 요나가 그 물고기 뱃속으로부터 주 그의 하나님께 기도하여

2 말하기를 "내가 나의 고통으로 인하여 주께 부르짖었더니
주께서 나를 들으셨나이다.
내가 지옥의 뱃속으로부터 부르짖었더니
주께서 내 음성을 들으셨나이다.
3 주께서 바다 가운데
깊음 속으로 나를 던지셨으므로

큰 물들이 나를 에워쌌고
주의 모든 물결과 파도가
내 위에 넘쳤나이다.
4그때 내가 말하기를
'내가 주의 목전에서 내어쫓겼으나
내가 다시 주의 거룩한 전을
바라보리이다.' 하였나이다.
5물들이 나를 에워싸 혼까지 에워쌌고
깊음이 나를 둘렀으며
해초가 내 머리를 둘러쌌나이다.
6내가 산들의 밑바닥까지 내려갔더니
땅이 그 빗장들로 영원토록 나를 막았나이다.
그러나 오 주 나의 하나님이여,
주께서 내 생명을 부패함에서 건져내셨나이다.
7내 혼이 내 안에서 기진했을 때
내가 주를 기억하였더니
내 기도가 주께 이르렀으며
주의 거룩한 전에 이르렀나이다.
8거짓된 우상들을 섬기는 자들은
그들 자신의 자비를 버리나
9나는 감사의 목소리로 구원의
주께 희생제를 드리겠으며
내가 서원한 것을 갚겠나이다.
주께로부터 오나이다." 하였더라.

10주께서 그 물고기에게 말씀하시니 그 물고기가 요나를 육지에다
토해 내었더라.

이해와 감상 Tip

기록상 가장 효과적인 짧은 설교[3장]. 하나님은 요나에게 두 번째 기회를 주시고 요나는 순종함으로 이에 반응한다(1-3). 그리고 하나님과 그의 임무로부터 달아나려고 하는 요나의 시도가 헛된 일임을 확인시킨다. 실제로, 우리는 이 場을 예언자의 임무와 함께 시작한다. 니느웨의 성읍의 거대한 규모(아마도 도시-국가)와 같은 요나의 여덟 단어 설교(4)의 예기치 않은 대단한 성공, 그리고 전체적으로 별로 기대치 않은 니느웨이 백성들의 회개에 대한 그와 같은 성격의 거대한 모티프가 3장 전체를 지배한다. 니느웨 성의 회개가 왕에게 초점을 맞추고 있음을 주목하라. 왕은 철저하게 회개하는 모습으로 하나님께서 진노를 누구러뜨리실 것을 소망하고, 하나님은 실제로 진노를 유보하신다(10). 더욱이, 하나님의 확장적인 자비의 모티프가 반복해서 나타난다.

3 주의 말씀이 요나에게 두 번째 임하여 말씀하시기를 2 "일어나
저 큰 성읍 니느웨로 가서 내가 네게 명하여 전파하라고 한 것을
그 성읍에 전파하라." 하시니 3 요나가 일어나서 주의 말씀에 따라
니느웨로 가니라. 그때 니느웨는 삼 일 길이나 되는 심히 큰 성읍
이었더라. 4 요나가 그 성읍에 들어가 하룻길을 시작하고 그가 부
르짖어 말하기를 "사십 일이 지나면 니느웨가 무너지리라." 하였
더라. 5 그리하여 니느웨 백성이 하나님을 믿고 금식을 선포하며
굵은 베옷을 입었으니 그들 중의 가장 큰 자로부터 가장 작은 자
에 이르기까지라.

6 소문이 니느웨 왕에게 이르자 왕이 그의 보좌에서 일어나 그
의 왕복을 벗고 굵은 베옷을 입고 재에 앉았더라. 7 왕이 그의 귀족
들과 더불어 니느웨 전역에 칙령을 선포하고 조서를 내리게 하여
말하기를 "사람이나 짐승이나 소떼나 양떼나 입에 아무것도 대지
못하게 하라. 먹지도 말고 물도 마시지 못하게 하고 8 사람이나 짐

승이나 굵은 베를 쓰고 힘써 하나님께 부르짖게 할지니 정녕, 그들 각인으로 자기의 악한 길과 자기 손에 있는 난폭함에서 돌이키게 할지니라. [9]혹 하나님께서 돌이키시고 불쌍히 여기시어 그의 진노를 그치시고 우리를 멸하지 않으실지 누가 말할 수 있겠느냐?" 하였더라.

[10]하나님께서 그들의 행함을 보시니 그들이 그들의 악한 길에서 돌이키는지라. 그러므로 하나님께서는 그들에게 내리시겠다고 말씀하셨던 재앙에서 돌이키시고 그 일을 행하지 않으셨더라.

이해와 감상 Tip

선지자로서의 요나의 마지막 불명예[4장]. 역전과 놀라움(그의 예언자적인 임무에 대한 요나의 예기치 않은 배신, 물고기의 배속에서 그의 태도의 역전, 그리고 니느웨 백성들의 놀라운 회개와 같은)을 특징으로 해서 묘사되는 이야기에서, 결말의 장은 여전히 또 다른 놀라움을 우리에게 안겨 준다. 왜냐하면 요나는 오히려 3장에서와 같은 그의 성공적인 설교와 하나님의 자비에 분노하고 있기 때문이다! 4장에서 우리는 요나서 전체의 핵심에 이르게 된다. 요나는 하나님이 진노를 유보하시는 것을 바라지 않기에 하나님이 자신의 성품에 충실하신 것에 분노한다! 그리고 "너의 성냄이 어찌 합당하냐?" 라는 하나님의 질문과 자신이 합당하다는 요나의 확신(4.9)이 나머지 부분을 주도한다. 화자는 1.17의 언어를 사용하여 하나님께서 "준비하신다" 는 것을 세 번 지적한다. 첫 째는 그늘을 만드는 박 넝쿨, 둘째는 벌레, 마지막으로는 뜨거운 동풍을 준비하신다. 이어서 또 다른 교훈을 주신다. 그 식물에 대한 요나의 이기적인 "사랑"은 니느웨 백성들-그리고 짐승들-에 대한 하나님의 사랑을 정당화 하는 그 이상의 역할을 한다. 그리고 이것은 독자들인 우리에게 우리의 원수들과 관련해서 우리 스스로 하나님의 질문에 답하도록 초청한다.

4 그러나 그 일이 요나를 심히 불쾌하게 하였으니, 요나가 매우
노하였더라. 2 그가 주께 기도하여 말씀드리기를 "내가 주께 간구
하오니, 오 주여, 이것이 내가 아직 고국에 있었을 때 내가 말한
것이 아니었나이까? 그러므로 내가 앞서 타시스로 도망하였으니
이는 주께서는 은혜로우신 하나님이시며 자비로우시고 노하기를
더디하시며 매우 인자하시고 재앙에서 스스로 돌이키심을 내가
알았음이니이다. 3 그러므로 이제 오 주여, 내가 주께 간구하오니
내 생명을 내게서 취하소서. 사는 것보다 죽는 것이 내게 더 나음
이니이다." 하더라. 4 그때 주께서 말씀하시기를 "네가 성내는 것
이 잘하는 것이냐?" 하시더라.

5 그리하여 요나가 그 성읍 밖으로 나가서 성읍 동편에 앉아 거
기서 움막을 짓고 그 아래 그늘에 앉았으니 이는 그 성읍이 어떻
게 될 것인지 보려 함이었더라. 6 그때 주 하나님께서 박 넝쿨을 예
비하사 요나 위로 올라가게 하셨으니 이는 그의 머리 위에 그늘이
지게 하여 그의 슬픔에서 그를 구해 내시려 함이었더라. 그러므로
요나가 그 박 넝쿨로 인하여 심히 기뻐하였더라. 7 그러나 그 다음
날 아침에는 하나님께서 벌레 한 마리를 예비하시어 그 박 넝쿨을
상하게 하시니 그것이 시들었더라. 8 해가 솟아오르자 하나님께서
몹시 뜨거운 동풍을 예비하시고 해가 요나의 머리를 쬐니 요나가
기진하여 스스로 죽기를 바라며 말하기를 "사는 것보다 죽는 것이
내게 더 낫겠나이다." 하였더라. 9 하나님께서 요나에게 말씀하시
기를 "네가 그 박 넝쿨로 인하여 화를 내는 것이 잘하는 것이냐?"
하시니 그가 말하기를 "내가 죽는다 할지라도 성내는 것이 잘한
일이옵니다." 하더라. 10 그러자 주께서 말씀하시기를 "네가 수고도
아니하였고 기르지도 아니하였으면서도 하룻밤에 나와서 하룻밤
에 없어진 그 박 넝쿨을 긍휼히 여겼거늘, 11 자기들의 오른쪽과 왼
쪽도 분별할 줄 모르는 십이만 이상 되는 사람들과 많은 가축들이
있는 저 큰 성읍 니느웨를 내가 아껴야 하지 않겠느냐?" 하시니
라.

3. 다니엘(Daniel)

구약 성경의 네 개의 중요한 대선지서들 중의 하나라고 하더라도, 다니엘서는 그것의 압도적인 서사성과 묵시적인 제재 때문에 다른 세 개와는 다른 모습이다. 전체 12장 357절로 구성된 다니엘서의 길이는 실제로 성경예언서들 중에서 중요도가 떨어지는 몇 권의 예언서들과 더 비슷하다. 다니엘서는 전체 분량 중 반은 궁정 이야기를 다룬 이야기(1-6장)로, 대부분 다니엘과 세 친구들에 관한 것이다. 그들은 바벨론 제국 안에서 고위직으로 승진하는 동안에도 여호와 하나님에 대한 절대적인 충성을 지킨다. 다니엘서의 2부라고 할 수 있는 나머지 반은 제국들의 흥망성쇄에 관한, 일련의 묵시적인 환상들을 담고 있는데(7-12장), 그 환상들은 각각 전제군주의 등장을 예고한다.

1부의 이야기 부분은 바벨론과 페르시아 유배기에 살았던 유대 공동체에 관한 스토리들이다. 세 명의 왕(느부갓넷살, 벨사르, 그리고 다리우스)이 다니엘을 그들의 신뢰하는 조언자로 간주했던 다니엘의 이력에서 볼 수 있는 바와 같이, 다니엘서는 본질적으로 이들 유배자들 중의 한 사람인 다니엘을 중심으로 전개된다. 하나님과 함께 이야기의 주인공인 다니엘에 대한 여러 페르시아 왕들의 반응은, 그가 비범한 능력과 인격적 온전함을 가진 인물이었다는 사실을 우리로 하여금 확실히 상상하게 해 준다. 이러한 사실은 그의 개인적인 정적들이 스스로 "이 다니엘은 그 하나님의 율법에 대하여 그 틈을 얻지 못하면 그를 고소할 수 없으리라"(단 6.5)고 인정한 사실을 통해서도 확인된다. 미래에 대한 환상은 두 개의 역사-로마제국을 통한 다니엘의 시대로부터 펼쳐지는 정치적인 역사와, 종말의 시대까지의 선과 악의 힘 사이에서의 투쟁을 이야기하는 보편적인 역사와 관련된다. 다니엘서의 구별되는 두 부분에서 다루는 문제들은 보편적인, 그리고 특히 다음과 같은 질문들이다. 첫 번째, 성경적인 종교에 적대적인 이방 문화 속에 살면서 하나님을 따르는 자들은 어떻게 그에 대한 그들의 충성을 간직할 수 있는가? 미래는 무엇을 가지고 있고, 역사는 어떻게 끝날 것인가?

성경의 어떤 책들도 다니엘서와 같이 아주 뚜렷하게 구별되는 두 개의 다른 장르 즉, 궁정 이야기와 묵시적 환상이 결합된 문학 유형은 없다. 다니엘서는 처음 여섯 개의 장들은 여섯 개의 분명한 고난으로 구성된 영웅이야기들이고, 나머지 여섯 개의 장들은, 정치적이고 영적인 역사에 대한 거대한 흐름을 묘사하기 위해서 환상 문학적 기술을 부분적으로 차용하는 일련의 묵시문학이다. 종말의 시대를 다루는 환상들은 묵시적인 환상들이다. 시간 틀에서 영웅 이야기에서는 주로 다니엘의 현 상황에서 일어나는 일이고, 이에 반해 묵시문학에서는 미래에 대한 예언이다. 영웅 이야기의 줄거리는 대략 다니엘과 시험당하는 그의 세 친구(1장), 느부갓넷살의 꿈(2), 뜨거운 용광로(3), 느부갓넷살의 정신이상과 회복(4), 벽 위에 쓰여진 글씨(5), 사자굴 속의 다니엘(6), 등이다. 또 묵시문학 이야기의 줄거리는 네 짐승들의 환상(7), 숫양과 염소의 환상(8), 다니엘의 기도와 미래의 환상(9), 미래에의 환상과 마지막 날(10-12) 등으로 구성된다.

묵시(환상, fantasy)문학은 경험되어진 실재를 모방하는 것이 아니라 다른 대리적인 실재를 창조하거나 상상해 낸다. 묵시 문학은 그 자체의 이름이 함축하는바 기록될 당시에는 아직 일어나지 않았던 사건들과 일상적 현실을 초월하는 천국과 같은 실체들에 대한, 문자적이기보다는 상징적인 상상되어진 그림이다. 묵시문학은 현세와 친숙함과 문자자체로부터 우리를 해방시켜 준다. 묵시문학은 일상적인 사고의 흐름에 익숙한 우리의 안일함을 흔들 목적을 가진, 깊이 뿌리박힌 우리의 사고 패턴에 대한 공격이다. 묵시문학에서 가장 자주 사용되는 '재료'는 환상과 꿈의 형태로 제시되었으며, 그 언어는 암호적이며 상징적이다.

따라서 묵시문학은 사실적 묘사가 아니라 상징주의 기법을 사용한다. 다니엘서에서 상징적인 사실에 대한 기법은 처음 여섯 개 장들을 포함해서, 책속의 모든 꿈과 환상 속에서 분명하게 나타난다. 상징적인 사실 속에서, 우리가 다니엘을 읽을 때 우리가 진입하는 세계는 문자적인 인물과 장소를 대신해서 아주 커다란 상징들을 구성한다.

다니엘서와 같이 혼합적인 책에서, 우리는 자연적으로 처음부터 끝까지 우리에게 나타날 통일성의 요소들을 찾게 된다. 다니엘의 처음 여섯 장은 다니엘과 그의 모든 친구들을 포함하고 있다는 점에서만 공통점을 갖고 있을 뿐, 여섯 개의 별개의 시련이다. 이러한 이야기에서 있어서 사건들은 계속 이어지지만 한 사건이 다음 사건을 유도하는 인과적 관계는 형성하지 않는다. 이러한 구성을 삽화적인(episodic) 구성이라고 부른다. 전반부의 이러한 에피소드들과 후반부 7-12장의 묵시문학적 구성 요소들로 인해 다니엘서는 언뜻 보아 매우 산만해 보이지만, 후반부에 등장하는 환상들의 1인칭 화자로 등장하는 모습과 전반부에서의 영웅적인 모습으로 등장하는 다니엘 선지자로 해서 다니엘서는 커다란 통일성을 확립하며, 하나님의 주권 또한 플롯과 테마에서 통합적인 요소이다. 이야기의 "세계" 는 변함없으며, 그것의 중요한 특징들은 행동이 정치적이고 궁정 특유의 갈등의 무대(궁정과 왕들의 세계)를 배경으로 한다. 또 초자연적이고 기적적인 사건들과 인물들, 꿈과 환상의 존재, 충격적이고 유명한 이미지들(매우 뜨거운 용광로, 벽에 글씨를 쓰는 육체를 떠난 손, 사자의 굴, 여러 가지 광석들로 이뤄진 거대한 신상)이 묵시적인 이야기의 중요한 상징적 구성요소들이다.

이러한 문학적 특징들을 통해서 다니엘의 문학적 목표를 가정해 본다면 우선, 독자들로 하여금 감히 다니엘이 되는 영웅주의 이미지로 고취시키고, 서사적 행동과 인물들로 독자들을 흥분시키고 사로잡는다. 그리고 영웅의 실례 속에서 행동의 규범들을 구체화 하며, 독자들이 미래 역사의 환상들을 경험할 때 독자들의 상상력을 활성화시킨다. 마지막으로, 초자연적인 현실에 관한 우리의 신비감을 일깨우고, 하나님의 주권적 권능과 계획을 인정한다.

다니엘서의 강력한 신학적 메시지는, (1)하나님은 반복적으로 우주와 천국의 통치자라는 것을 증명하는 하나님의 주권, (2)다니엘과 그의 세 친구들의 행동은 신의 뜻에 순종하는 이상을 실현하고, (3)결론의 장들은 종말에 대한 환상이라고 할 수 있다.

결론적으로, 다니엘서의 전 · 후반부는 상호 보완적인 방법들로 전체 성경의 한 장으로서의 다니엘의 중요한 이야기에 기여한다. 처음 여섯 개의 장들은 독자들에게 하나님이 그가 인정하는 모든 것과 대립하는 세계에서 우리가 어떻게 살기를 원하시는가를 보여주고, 나머지 여섯 개의 장들은 민족들을 통치하시는 하나님의 주권의 이야기이다. 다니엘서는 주로 이스라엘 역사의 한 기간에 초점을 맞춘 책이지만 동시에 장차 예수 그리스도를 통해 시작할 하나님의 영원하며 위대한 통치를 고대한다.

이해와 감상 Tip

뜨거운 용광로 속의 고난[3장]. 다니엘의 세 친구가 등장함으로써 다니엘은 본문에서 잠시 빠지게 된다. 본문은 시험과 갈등, 위기, 구원, 그리고 선의 실현을 주제로 진행된다. 세 친구들은 죽음을 맞이했을 때 하나님을 선택함으로써(16-18) 그들의 영웅심을 보이고 용광로 속에서 하나님의 구원하심을 입음으로서 그들의 행위가 옳았음을 입증 받는다(24-25). 이야기가 지닌 힘의 일부는 같은 내용을 눈에 거슬릴 정도로 반복하는데 있다(총독, 반장, 식민지의 총독, 고문, 회계관, 법관, 판사, 그리고 지역의 모든 행정관들). 그러나 더 강력한 힘은 그 이야기가 강조하려고 하는 요점

에 있다. 그것은 지상에서 가장 강력한 왕이라 할지라도 영원한
하나님의 적수가 될 수 없다는 것이다. 이 에피소드는 유배 중의
이스라엘 민족의 경험에 대한 패러다임으로, 하나님은 신실성으
로 부름 받은 용광로 속의 세 친구들과 함께 하신다.

3 느부캇넷살왕이 금으로 형상을 만들었으니, 그 높이는 육십 큐
빗이요, 너비는 여섯 큐빗이라. 그가 그것을 바빌론 지방에 있는
두라 평원에 세웠더라. 2 느부캇넷살왕이 고관들과 총독들과 군대
대장들과 재판관들과 재무관들과 자문관들과 법률가들과 각 지방
의 모든 치리자들을 함께 모이도록 보내어 느부캇넷살왕이 세운
형상의 낙성식에 오게 하였더니, 3 고관들과 총독들과 군대 대장들
과 재판관들과 재무관들과 자문관들과 법률가들과 각 지방의 모
든 치리자들이 느부캇넷살왕이 세운 형상의 낙성식에 함께 모여
서 느부캇넷살이 세운 형상 앞에 서니라. 4 전달하는 자가 크게 외
치기를 "너희에게 명령하셨나니, 오 백성과 민족들과 언어들아, 5
어느 때라도 너희가 뿔나팔과 피리와 하프와 사베카와 솔터리와
덜시머와 모든 악기 소리를 들으면 엎드려 느부캇넷살왕이 세운
금상에게 경배하라. 6 누구든지 엎드려서 경배하지 않는 자는 즉
시 불타는 뜨거운 용광로 속으로 던져질 것이니라." 하더라. 7 그
러므로 그 때 모든 사람들이 뿔나팔과 피리와 하프와 사베카와 솔
터리와 모든 악기 소리를 들을 때에 모든 백성과 민족들과 언어들
이 엎드려서 느부캇넷살왕이 세운 금상에 경배하더라.

8 그러자 그 때 어떤 칼데아인들이 다가와서 유대 사람들을 비
난하더라. 9 그들이 느부캇넷살왕에게 고하여 말하기를 "오 왕이
여, 영원히 사소서. 10 오 왕이여, 왕께서 칙령을 내리사 누구나 뿔
나팔과 피리와 하프와 사베카와 솔터리와 덜시머와 모든 악기 소
리를 들으면 엎드려서 금상에게 경배하게 하시고, 11 엎드려 경배
하지 않는 자는 누구나 불타는 뜨거운 용광로 가운데에 던져질 것

이라고 하셨나이다. 12 그런데 왕께서 바빌론 지방의 정사를 다스
리라고 세우신 어떤 유대인들, 곧 사드락과 메삭과 아벳느고라는
자들이 있는데, 오 왕이여, 이 사람들은 왕을 존중하지 아니하였
으니 그들은 왕의 신들을 섬기지도 아니하고 왕께서 세우신 금상
에도 경배하지 아니하나이다." 하더라.
13 그러자 느부캇넷살이 심히 분노하여 사드락과 메삭과 아벳느
고를 데려오라고 명하니 그들이 이 사람들을 왕 앞에 데려왔더라.
14 느부캇넷살이 그들에게 물어 말하기를 "오 사드락과 메삭과 아
벳느고야, 그것이 사실이냐? 너희가 내 신들을 섬기지도 않으며
내가 세운 금상에 경배하지도 않느냐? 15 이제라도 너희가 준비하
여 어느 때라도 뿔나팔과 피리와 하프와 사베카와 솔터리와 덜시
머와 모든 악기들의 소리를 들을 때에 엎드려 내가 세운 형상에
경배하면 좋거니와, 만일 너희가 경배하지 아니하면 너희는 즉시
불타는 뜨거운 용광로 속으로 던져질 것이니 그러면 내 손에서 너
희를 구해 낼 신이 누구겠느냐?" 하니,
16 사드락과 메삭과 아벳느고가 왕에게 대답하여 말하기를 "오
느부캇넷살이여, 우리가 이 일에 대하여 왕께 담대히 말하나이다.
17 만일 그렇게 된다 해도 우리가 섬기는 우리의 하나님께서는 불
타는 뜨거운 용광로에서 우리를 구해 내실 수 있으며, 오 왕이여,
그분께서는 우리를 왕의 손에서 구해 내실 것이니이다. 18 그러나
만일 그렇게 되지 아니할지라도, 오 왕이여, 우리가 왕의 신들을
섬기지 아니할 것이며 왕께서 세우신 금상에 경배하지도 아니할
것을 왕께서는 아소서." 하더라.
19 그러자 느부캇넷살이 분이 가득 차서 사드락과 메삭과 아벳느
고를 향한 그의 얼굴 모양이 변하더라. 그러므로 그가 명령하여
말하기를, 그 용광로를 평상시에 뜨거웠던 것보다 칠 배나 더 뜨
겁게 하라고 하더라. 20 왕이 자기 군대에서 가장 힘센 사람들에게
명하여 사드락과 메삭과 아벳느고를 묶어서 불타는 뜨거운 용광
로 속으로 던져 넣으라고 하니, 21 이 사람들이 그들의 겉옷과 속옷

과 모자와 다른 옷들을 입은 채로 묶여서 불타는 뜨거운 용광로
가운데에 던져졌더라. [22]왕의 명령이 엄격하여 용광로가 심히 뜨
거우므로 불꽃이 사드락과 메삭과 아벳느고를 붙들어 간 사람들
을 태워 죽였더라. [23]그리고 이 세 사람, 사드락과 메삭과 아벳느
고는 묶여서 불타는 뜨거운 용광로 가운데로 떨어졌더라.

[24]그때 느부캇넷살 왕이 놀라 급히 일어나서 그의 자문관들에게
일러 말하기를 "우리가 세 사람을 묶어서 불 가운데로 던지지 아
니하였느냐?" 하니, 그들이 대답하여 왕에게 말하기를 "오 왕이여,
옳소이다." 하더라. [25]왕이 대답하여 말하기를 "보라, 내가 보니,
네 사람이 풀려서 불 가운데서 걸어 다니고 있는데, 그들이 다치
지도 않았으며, 그 넷째의 모습은 하나님의 아들과 같도다." 하더
라.

[26]그때에 느부캇넷살이 불타는 뜨거운 용광로 입구에 가까이 와
서 일러 말하기를 "너희 지극히 높으신 하나님의 종 사드락과 메
삭과 아벳느고야, 나와서 이리 오라." 하니, 사드락과 메삭과 아벳
느고가 불 가운데서 나오더라. [27]고관들과 총독들과 군대 대장들
과 왕의 의논자들이 함께 모여 이 사람들을 보니, 불이 그 사람들
의 몸에는 힘을 쓰지 못했으며 그들의 머리카락 하나도 그슬리지
못하였고 그들의 옷도 변하지 않았으며 그들에게 불탄 냄새조차
없더라. [28]그러자 느부캇넷살이 일러 말하기를 "사드락과 메삭과
아벳느고의 하나님을 송축할지로다. 그분께서 그의 천사를 보내
시어, 자기를 의뢰하며 왕의 명령을 바꾸고 자기들의 몸을 내어준
그의 종들을 구해 내셨으니, 이는 그들로 그들의 하나님말고는 어
떤 다른 신도 섬기거나 경배하지 않게 하려 하심이라. [29]그러므로
내가 한 칙령을 내리노니, 어느 백성이나 민족이나 언어라도 사드
락과 메삭과 아벳느고의 하나님께 거슬러 무엇을 말하면 그들은
토막으로 잘려질 것이요 그들의 집은 퇴비더미가 될 것이니라. 이
는 이처럼 구해 낼 수 있는 다른 신이 없기 때문이라." 하고, [30]왕
이 사드락과 메삭과 아벳느고를 바빌론 지방에서 높였더라.

이해와 감상 Tip

벽에 쓰인 글씨[5장]. 다니엘이 바빌론 왕의 꿈을 해석해주기 위해서 다시 영웅적으로 나타났다. 분위기가 무르익은 연회 에피소드에서, 행동의 장면은 사치스럽고 예루살렘 성전에서 약탈해온 거룩한 그릇들을 우상 숭배를 위해 사용함으로써 신성모독을 한다(2-4). 곧 이어서 본문은 놀라운 사건이 등장하는 장면으로 바뀐다. 그 사건의 전모는 육체에서 분리된 손이 벽에 신비스러운 글씨를 씀으로서 시작된다. 다니엘은 공포 속에서 그의 자신감 넘치고 카리스마가 있는 모습으로 왕 앞에 나아와 꿈을 해석하고 사악한 왕을 심판하실 하나님을 이야기한다. 성경에 기록된 가장 아이러닉한 사건 중 하나로서, 바벨론의 벨사살 왕은 깊은 밤 다니엘을 나라의 세 번째 통치자로 세움으로서 그 벽에 쓰인 글씨에 반응하였으나 결국 그날 저녁 메데 사람 다리오에게 나라를 빼앗겼다.

5 벨사살왕이 그의 귀족들 일천 명에게 큰 잔치를 베풀고, 그 일
천 명 앞에서 술을 마시니라.
2 벨사살이 술을 마시는 동안 그의 아비 느부캇넷살이 예루살렘
에 있는 성전에서 취해 온 금은 기명들을 가져오라고 명령하였으
니, 이는 왕과 그의 고관들과 왕의 아내들과 후궁들이 거기에다 술
을 마시려 함이었더라. 3 그때에 예루살렘에 있던 하나님의 집의 성
전에서 취해 왔던 금 기명들을 가져오니, 왕과 그의 고관들과 왕의
아내들과 후궁들이 그것들로 술을 마셨더라. 4 그들이 술을 마시고
금으로 만든 신들과 은으로 만든 신들과 놋으로 만든 신들과 철로
만든 신들과 나무로 만든 신들과 돌로 만든 신들을 찬양하더라.
5 바로 그 시각에 한 사람의 손의 손가락들이 나와서 촛대 맞은
편 궁전 회벽에 글을 쓰니, 왕이 글을 쓰는 그 손가락을 보니라. 6
그러자 왕의 안색이 바뀌고 그의 생각이 그를 괴롭게 하여 그의

허리 골절이 풀리고 무릎이 서로 부딪치더라. 7왕이 크게 소리를
질러 점성가들과 칼데아인들과 점쟁이들을 불러오라 하고, 또 왕
이 바빌론의 현자들에게 일러 말하기를 "누구라도 이 글자를 읽고
그 해석을 나에게 알려 주는 자는 주홍색으로 옷입을 것이요 금목
걸이를 목에 두를 것이며 왕국에서 셋째 치리자가 될 것이라." 하
더라. 8그때에 왕의 모든 현자들이 들어왔으나 그들은 그 글자를
읽지도 못하고 그 해석을 왕에게 알려 주지도 못하더라. 9그때에
벨사살왕이 크게 괴로워하고 안색이 변하였으며 그의 귀족들은
놀랐더라.

10그러자 왕비가 왕과 그의 귀족들의 말로 인하여 잔치하는 궁
에 들어와서 고하여 말하기를 "오 왕이여, 영원히 사소서. 왕의 생
각으로 인하여 번민하지 마시고 왕의 안색을 변하게 마소서. 11왕
의 왕국에 거룩한 신들의 영을 지닌 한 사람이 있으니 왕의 부친
때에도 신들의 지혜 같은 빛과 명철과 지혜가 그에게서 나타났나
이다. 내가 말씀드리오니 왕의 부친 느부캇넷살왕, 곧 왕의 부친
이신 그 왕께서 그를 마술사들과 점성가들과 칼데아인들과 점쟁
이들의 우두머리로 삼으셨으니 12왕이 벨트사살이라 이름 하신 그
다니엘에게서 탁월한 영과 지식과 명철이 있어, 꿈들을 해석함과
난해한 글귀를 풀어 주며 의문을 해소하는 것이 나타났나이다. 이
제 다니엘을 부르소서. 그리하면 그가 그 해석을 알려 드리리이
다." 하더라.

13그리하여 다니엘이 왕 앞에 불려오니, 왕이 다니엘에게 일러
말하기를 "네가 내 부왕께서 유다에서 데려온 유다의 사로잡힌 자
들의 자손인 다니엘이냐? 14내가 너에 관하여 들으니 신들의 영이
네게 있고 빛과 명철과 탁월한 지혜가 네게서 나타난다 하는도다.
15지금 현자들과 점성가들이 이 글을 읽고 내게 그 해석을 알게 하
려고 내 앞에 불려왔으나 그들이 그것의 해석을 알게 하지 못하였
느니라. 16내가 너에 관하여 들으니 너는 해석을 할 수 있고 의문
을 해소한다 하는도다. 이제 네가 이 글을 읽고 그 해석을 내게 알

려 주면 너는 주홍색으로 옷입을 것이요 금목걸이를 목에 두를 것
이며 왕국의 셋째 치리자가 될 것이니라." 하더라.
17 그러자 다니엘이 대답하여 왕 앞에 말하기를 "왕의 선물들은
왕께서 가지시고 왕의 상들도 다른 사람에게 주소서. 그래도 내가
그 글을 왕께 읽어 드리고 그 해석을 알려 드리리이다. 18 오 왕이
여, 지극히 높으신 하나님께서 왕의 부친 느부캇넷살께 한 왕국과
위엄과 영광과 영예를 주셨으며, 19 그분께서 그에게 주신 그 위엄
에 모든 백성과 민족과 언어들이 그의 앞에서 떨고 두려워하였으
며, 그가 죽이고 싶으면 죽이고 살리고 싶으면 살리며 그가 높이
고 싶으면 높이고 낮추고 싶으면 낮추었는데, 20 그의 마음이 높아
지고 그의 생각이 교만으로 완고하여지므로 그가 그의 왕좌에서
폐위되고 그의 영광을 빼앗겼으며 21 사람들의 아들들로부터 쫓겨
나서 그의 마음이 짐승들과 같이 되고 그의 처소는 들나귀와 함께
있으며 사람들이 그를 소처럼 풀로 먹이고 그의 몸이 하늘의 이슬
로 젖었으니 이는 그가 지극히 높으신 하나님께서 인간들의 왕국
을 치리하시고 그분께서 원하시는 사람은 누구든지 그 위에 지명
하시는 것을 알 때까지였나이다. 22 그의 아들이신 오 벨사살이여,
왕은 이 모든 것을 알면서도 왕의 마음을 낮추지 아니하고 23 오히
려 하늘의 주를 거역하여 자신을 높였으며 사람들이 주의 전의 기
명들을 왕 앞에 가져오니 왕과 왕의 귀족들과 왕의 아내들과 왕의
후궁들은 그것들을 가지고 술을 마셨나이다. 또 왕께서 보지도 못
하고 듣지도 못하고 알지도 못하는 은으로 만든 신과 금으로 만든
신과 놋과 철과 나무와 돌로 만든 신들을 찬양하였으나, 왕의 호
흡을 그 손에 가지시고 왕의 모든 길이 그분의 것인 그 하나님께
는 영광을 돌리지 아니하시므로,
24 그분께서 손가락을 보내어 이 글이 기록되었나이다. 25 기록된
글은 이것이니, 메네 메네 테켈 우파르신이라. 26 그것의 해석은 이
러하니, 메네는 하나님께서 왕의 왕국을 헤아려서 그것을 끝내셨
다 함이요, 27 테켈은 왕을 저울에 달았더니 부족함이 나타났다 함

이요, 28 페레스는 왕의 왕국이 나뉘어서 메데인들과 페르시아인들
에게 주어진다 함이니이다." 하더라.
29 그러자 벨사살이 명하였으니, 그들이 다니엘에게 주홍색으로
옷입히고 목에 금목걸이를 걸어 주며 그에 관하여 선포하기를 그
가 왕국의 셋째 치리자가 되어야 한다고 하였더라.
30 그날 밤 칼데아인들의 왕 벨사살이 죽임을 당하고 31 메디아인
다리오가 그 왕국을 취하니, 약 육십이세였더라.

이해와 감상 Tip

사자 굴의 다니엘[6장]. 이 장에서는 유대인의 신앙에 대한 세 번째 공격(1, 3장 참조)을 다루는데, 여기서도 다니엘이 등장한다. 하지만 이일이 일어난 것은 바사가 바벨론을 지배하고 있을 때다. 화자는 다니엘의 인생에 있어 가장 스펙타클한 사건을 선택함으로써, 그의 영웅의 일대기를 마무리하려 한다. 6장은 아마도 다니엘의 인생에서 가장 충격적인 사건일 것이다. 그 장면은 이제 다리오라는 또 다른 페르시아의 위대한 왕이 고대를 통치할 때로 전환된다. 다니엘은 다시 명령적인 황제 숭배 형식-황제의 명령을 어긴 자는 즉각적인 사형에 처한다는 칙령-으로 닥친 시험 앞에서 하나님에 대한 충성의 영웅으로서 표현된다. 이 특수한 사례는 고대에 일어난 일이지만, 이속에 담긴 교훈은 우리의 일상생활 속의 경험과 밀접하다. 시험 이야기는 구출 이야기와 보상받는 덕행과 벌 받는 악행에 대한 이야기로 끝난다(중상 모략하는 자들은 파멸한다[24]).

6 다리오는 자기가 원하는 대로 그 왕국에 일백이십 명의 고관들
을 세워 온 왕국을 통치하게 하고, 2 이들 위에 세 총리를 두었으
니, 그 중에서 다니엘이 첫째더라. 이는 고관들로 총리들에게 설

명하게 하여 왕이 피해를 당하지 않게 하려는 것이더라. [3]이 다니
엘은 탁월한 영이 있으므로 다른 총리들과 고관들보다 뛰어나니
왕이 그를 세워 전국을 다스리도록 구상하였더라. [4]그러므로 총
리들과 고관들이 왕국에 관하여 다니엘을 반대할 구실을 찾고자
하였으나 그들은 어떤 구실이나 잘못도 찾아낼 수 없었으니, 이는
그가 너무 신실하여 아무런 실책이나 잘못도 그에게서 발견되지
않았음이더라. [5]그러자 이 사람들이 말하기를 "우리가 그의 하나
님의 율법에 관하여 다니엘을 반대할 것을 찾지 못하면 우리는 이
다니엘을 반대할 어떤 구실을 찾아낼 수 없으리라." 하더라.

[6]그리하여 이 총리들과 고관들이 함께 왕에게로 모여 그에게
이렇게 말하기를 "다리오왕이여, 영원히 사소서. [7]왕국의 모든 총
리들과 총독들과 고관들과 자문관들과 군대 대장들이 함께 의논
하여 한 왕의 규례를 수립하여 확고한 칙령을 제정했사오니, 즉
누구라도 삼십 일 동안에 왕 외에 어떤 신이나 사람에게 청원하
면, 오 왕이여, 그 사람은 사자굴에 던져 넣는 것이니이다. [8]오 왕
이여, 지금 그 칙령을 수립하고 그 문서에 서명하시어 변경시킬
수 없는 메데인과 페르시아인의 법에 따라 고치지 못하게 하소
서." 하니, [9]다리오왕이 그 문서와 칙령에 서명하니라.

[10]이제 다니엘이 그 문서가 서명된 것을 알았을 때 그의 집으로
가서 그의 방에서 예루살렘을 향해 창문을 열어 두고 그가 전에
하던 대로 하루에 세 번씩 무릎을 꿇고 기도하였으며 그의 하나님
앞에 감사를 드렸더라. [11]그때에 이 사람들이 모였고 다니엘이 그
의 하나님 앞에 기도하며 간구하는 것을 발견했더라. [12]그 후 그들
이 나와서 왕의 칙령에 관하여 왕에게 고하기를 "오 왕이여, 왕께
서 누구든지 삼십 일 이내에 왕 외에 어떤 신이나 사람에게 청원
하면 사자굴에 던져 넣을 것이라는 칙령에 서명하지 않으셨나이
까?" 하니, 왕이 대답하여 말하기를 "변경시킬 수 없는 메데인과
페르시아인의 법에 따라 그것이 사실이로다." 하더라. [13]그러자 그
들이 왕 앞에 대답하여 말하기를 "오 왕이여, 유다의 사로잡힌 자

들의 자손 중에 있는 다니엘이 왕과 왕의 서명하신 칙령을 존중하
지 아니하고 하루에 세 번씩 자기 서원을 드리나이다." 하니,
14왕이 이 말을 듣고 심히 불쾌하였으나 다니엘을 구해 주려고
마음을 쓰며 그를 구해 주려고 해가 질 때까지 노력하였더라. 15그
때에 이 사람들이 왕 앞에 모여서 왕에게 말하기를 "오 왕이여, 메
데인과 페르시아인의 법을 아소서. 왕께서 제정하신 칙령과 법규
는 변경될 수 없나이다." 하더라.
16그러므로 왕이 명령하니 그들이 다니엘을 끌어다가 사자굴에
던져 넣더라. 왕이 다니엘에게 일러 말하기를 "네가 늘 섬기는 네
하나님, 그분이 너를 구해 내시리라." 하더라. 17돌을 굴려다가 굴
입구를 막고 왕이 자신의 인장과 그의 귀족들의 인장으로 봉하였
으니, 이는 다니엘에 관한 그 목적이 변경되지 못하게 하려 함이
었더라. 18왕이 자기 궁으로 돌아가서 밤이 새도록 금식하며 자기
앞에 악기도 금지시키고 잠도 자지 않았더라.
19왕이 아침에 매우 일찍 일어나서 황급히 사자 굴로 갔더라. 20
그가 굴에 와서 애통하는 음성으로 다니엘에게 부르짖었으니, 왕
이 다니엘에게 일러 말하기를 "오 살아 계신 하나님의 종 다니엘
아, 네가 늘 섬기는 네 하나님께서 사자들로부터 너를 구해 주실
수 있더냐?" 하더라. 21그러자 다니엘이 왕에게 말하기를 "오 왕이
여, 영원히 사소서. 22내 하나님께서 그분의 천사를 보내시어 그
사자들의 입을 막으셨으므로 그들이 나를 상하게 하지 못하였나
니, 이는 그분 앞에 무죄함이 내 안에서 나타났으며, 오 왕이여,
내가 왕 앞에서도 어떤 해로운 일을 하지 않았음이니이다." 하더
라. 23그러자 왕이 그로 인하여 매우 기뻐하며 다니엘을 굴에서 끌
어올리라고 명령하였더라. 그러므로 다니엘을 굴에서 끌어올렸
더니 그에게 아무런 상처도 보이지 않았더라. 이는 그가 그의 하
나님을 믿었음이더라. 24왕이 명령하니, 다니엘을 고소했던 그 사
람들을 끌고 와서 그들과 그들의 자녀들과 아내들을 사자굴에 던
져 넣었더라. 사자들은 그들이 미처 굴 바닥에 닿기도 전에 그들

을 움켜서 그들의 모든 뼈들을 산산조각내어 부숴 버렸더라.
25 그후 다리오왕이 온 땅에 거하는 모든 백성과 민족들과 언어
들에게 쓰기를 "너희에게 평강이 더할지어다. 26 내가 한 칙령을 내
리노라. 내 왕국의 관할 하에 있는 모든 사람은 다니엘의 하나님
앞에 떨며 두려워할지니,

이는 그분이 살아 계신 하나님이시요
영원히 변치 않으시며
그분의 왕국은 멸망하지 않을 것이며
그분의 통치권은 끝나지 않을 것임이라.
27 그분은 구해 내시고 구출하시며
또 하늘에서나 땅에서
표적들과 이적들을 행하시고
사자들의 힘에서
다니엘을 구해 내신 분이시니라." 하더라.

28 그리하여 이 다니엘이 다리오의 치리 때와 페르시아인 코레스의
치리 때에 번영을 누렸더라.

II. 시

1. 시편의 서정시

히브리인들의 영감된 기도와 찬송을 모은 책인 시편은 전체 150장, 2461절로 구성된 서정시집이다. 이들 서정시들은 본래에는 또한 노래로 불려지고 예배시에 암송되었기 때문에, 우리는 시편(150편의 시들의 모음집에 부여된 타이틀)을 이스라엘의 찬송가집으로도 볼 수 있다. 더욱이, 시편들은 특별히 예루살렘 성전에서 예배와 연합되었기 때문에, 우리는 그것들을 광범위하게 "성전 찬양가집"(C. S. Lewis)으로 볼 수도 있다(대부분의 시편이 포로기 이전의 것이지만, 현재 형태의 시편 모음은 제 2 성전 시대-포로기 이후-의 유대교 찬송가였음). 시편이 최선을 다하여 우리에게 보여주고자 하는 것은 믿는 영혼에 대한 감정과 생각에 대한 광범한 범위의 표현이다. John Clavin은, 거울 속에서와 같이 누구든지 여기에 표현되지 않은 것을 의식할 수 있는 시편의 감정은 존재하지 않는다는 것을 덧붙이면서, 그는 시편의 이러한 측면에 너무 감동받아서 시편을 "영혼의 모든 부분들의 해부"라고 부르기도 했다. 시편들은 하나하나 개별적으로 읽도록 쓰여 지고 편집된 자기-충족적이고, 각기 통일성과 의미를 지니고 있는 작품들이다.

하지만 시편이 임으로 수집된 것이 아니고, 오히려 전체 시편은 각 시편의 주제를 더 강화할 수 있도록 의미를 전달하는 방식으로 배열되고 분류되었다. 그러므로 독자들은 시편에서 각 시들에 나타난 의미를 찾는 동시에 전체 배열에 나타난 시편 상호 간의 관계에서도 의미를 찾는 것이 중요하다. 서정시는 특히 화자의 감정이나 생각을 표현하는, 종종 노래로 불려질 의도로 지어진 짧은 시적인 문장이다. 예배에 사용되었던 음악시로서의 시편은 감정에 호소하고, 명제적 사고가 아닌 감정을 자아내며, 어떤 사실에 대한 개인의 단순한 인식적인 이해 이상의 반응을 불러일으키는데 목적이 있다. 따라서 서정 시인은 보통 주관적, 1인칭 양식(단복수 모두)으로 큰 감명을 받은 순간의 감정이나 통찰력을 간결한 형식으로 표현한다. 이들 시들의 내용은 시적인 관용어법으로 표현되기 때문에, 우리는 이미지, 은유, 직유, 의인화, 과장법, 그리고 돈호법 등과 같은 시작품의 그와 같은 여러 가지 표현 요소들을 해석하기 위한 준비가 필요하다.

시편의 모든 시들은 대구법의 시형식으로 쓰여졌는데, 대구법의 중요한 형태들은 同意 대구법(시의 두 번째 행이 첫 번째 행의 내용을 다른 이미지, 그러나 비슷한 문법적 형식으로 반복 또는 강화하는)과 對照적 대구법(두 번째 행이 부정의 방식으로 첫 번째 행의 진리를 서술하거나 어떤 방법으로든 대비를 덧붙이는), 점층적 대구법(두 번째 행이 첫 번째 행의 부분을 반복하고 그런 다음 거기에 추가하여 대구를 완료), 그리고 통합적 대구법(엄격히 말해서, 아무런 대구가 없지만, 두 번째 행이 첫 번째 행에서 첫 행에서 도입된 생각을 확장-점층적인 대구법에서 하는 것처럼 첫 번째 부분의 반복이 없는-하거나, 완성하는, 그리하여 완전한 단위를 이루는 한 쌍의 행으로 구되는) 등이 있다. 그 결과 다른 대구법의 형식에서와 같이 통합적 대구법은 두 행들이 한 단위를 형성한다.

시편에서 주도적인 시적 장르로써의 서정시는 시인의 현재 순간의 감정이나 생각을 간결한 형식으로 표현하기 때문에, 시 전체의 통일성을 확보하기 위해서는 하나의 지배적인 주제(개념적이라기보다는 주로 감정적인)를 가지고 있다. 만약 독자가 어떤 서정시에서 어떤 단일한 주제를 파악하지 못한다면, 서정시는 단편의 연속으로만 남게 될 것이며, 시의 통일성도 확보하지 못할 것이다. 또 이야기들이 일련의 사건을 말하는 반면에, 서정시는 일련의 심상이나 감정을 표현한다. 특별히 감정은 서정시의 특징적인 요소로, 우리는 서정시에서 이야기를 발견하려고 하지 말고, "이 시가 나로 하여금 어떻게 느끼게 하는가?" 하고 질문하는 것이 필요하다. 서정시는 고조된 말투이기에 종종 비약적인 전환을 포함하고, 이야기에서와 같은 부드러운 전환은 부족하다. 루이스는 "서정시는 논리적이기 보다 감정적으로 연결되어 있다" 라고 한다. 어떠한 서정시든 간에 가장 중요한 부분은 시를 지배하는 주제를 전개하는 부분이다. 이렇게 하기 위한 네 가지 방법이 있는데, 반복, 연상의 원리, 열거와 나열의 기술, 대조 등이 그러한 방법들이다.

서정시가 시편의 주도적인 장르라면, 그 하위 장르들로 탄식시(Laments)와 찬양의 시를 꼽을 수 있다. 탄식시는 개인적이거나 집단적인 탄식의 시가 주류를 형성하며, 다음의 여섯 개의 중요한 요소들로 구성되는데, 이 요소들은 주어진 시편에서 일정한 순서에 의하지 않고 순서 없이, 그리고 한 번만이 아니라 몇 번이라도 나올 수 있다. (1)대상 : 기도의 대상인 하나님을 향한 간청이나 알리는 부르짖음. 때때로 하나님에 대한 특별한 호칭이 부연되기도 하고 간구의 내용이 포함되어 있기도 하다. (2)탄식이나 불평 : 시편 기자는 정직하고 강렬하게 불평을 토로한다. 이를 통해 어려움이 무엇이며 왜 여호와께 도움을 구하고 있는지가 드러난다. (3)신뢰 : 시편 기자는 즉시 하나님께 대한 신뢰를 표현한다(하나님을 신뢰하지 않는다면 왜 불평하는가?). 게다가 우리는, 꼭 우리가 바라는 대로가 아니라 그가 적절하다고 생각하시는 방식대로 불평에 응답하실 것을 신뢰해야 한다. (4)구원 : 시편 기자는 자신이 불평한 상황에서 구원해 주실 것을 하나님께 간구한다. (5)확신 : 시편 기자는 하나님께서 구원하실 것에 대한 확신을 표현한다. 이 확신은 어떤 경우 신뢰의 표현과 병행한다. (6)찬양 : 시편 기자는 과거, 현재, 미래의 복에 대하여 찬양하고 감사하며 경의를 표한다.

시편에서 두 번째로 많은 시는 찬양의 시이다. "… 의 가치를 기리다" 라는 의미의 찬양의 시는 그 강조에 있어서 하나님 중심적이며 직접적으로 하나님을 찬양하는 것이다. 이런 시들은 하나님의 존귀하심에 응답하는 목소리들이다. 찬양의 요소들은 찬양받는 사람을 높이고 찬양하고, 화자의 모든 관심이 자신들로부터 찬양하는 대상에게로 옮겨 간다고 하는 것이다. 찬양의 시들은 화자의 감정으로 가득 차게 되지만, 우리들은 화자를 주목하지 않는 대신, 하나님의 존귀를 경험하는 데 있어 화자의 감정에 공감한다. 찬양은 공동체적인 요소를 가지고 있어서 종종 예배에서 행해지거나 낭송된다. 찬양시도 탄식시처럼 고정된 형식을 가지고 있으며, 다음과 같이 세 부분으로 되어 있다. (1)찬양의 도입부(규칙적으로 하나 또는 그 이상의 요소로 구성됨) : 주님을 찬양, 찬미, 노래하도록 초청하거나 권유함. 권고 되는 개인이나 단체의 이름을 언급함. 찬양하는 방법에 대한 언급. (2)찬양시의 진행은 기본적으로, 시인이 찬양을 요구하는 이유를 피력하는(동기를 부여하는) 구절이나 문단으로 시작한다. 찬양시의 가장 중요한 부분은 그 다음에 따라오는 것 즉, 찬양드릴 만한 가치가 있는 하나님의 업적이나 성품의 목록이다. (3)찬양시의 결론이나 결말은 시가 끝났다는 것을 알리면서 이루어진다. 종종 짧은 기도와 기원의 형식을 취한다.

시편에는 이들 장르들 외에 다음과 같은 유형들이 있다. 예배시편들(또한 시온의 노래들로 불린다), 자연에 대한 시, 왕과 관련된 시(왕을 취급하는), 명상시, 추수 감사시, 사교적인 찬사(일반적인 인물 형태나 추상적인 속성을 찬양하는 시), 참회시편(고백과 죄의 용서를 다루는), 저주시, 개인적인 증언, 결혼 축하시(결혼시, 유일한 실례로 시편 45와 함께).

지금까지 시편의 문학적 측면들에 대해 개력적으로 살펴봤지만, 이것은 또한 시편을 단순히 교리서의 일부로만 읽을 때에는 느낄 수 없는, 시편의 새로운 시적, 미학적 감동을 맛볼 수 있는 수단이기도 하다. 그러한 시편 독서와 감상을 위한 방법들을 요약, 정리하면 다음과 같다.

우선 우리가 시편과 함께 할 때 해서는 안 될 사항들은 이러하다. 시편을 스토리들로 읽으려는 것, 주어진 시편의 근거가 될지도 모르는 인생 상황의 디테일들에 관한 지나친 심사숙고, 개별적인 시들을 계속되는 순서 속의 장들로서 간주하는 것, 이미지와 연설의 비유를 무시하고 재빨리 그것들을 일련의 생각으로 번역하는 것, 시편이 구성단위들 사이의 분명한 변화를 가진 생각의 논리적인 연쇄로써 구성되는 에세이 같다는 전제 위에서 작용한다는 것, 시편을 그들 사이에 관계가 적은 개별 시들의 모음으로써 읽는 것 등이다. 이에 반해, 독서의 그러한 비효과적인 방법들에 대응하는 적극적인 방법은 다음과 같다. 서사적인 사건들 보다 오히려 감정의 흐름과/이나 사고를 기대한다. 독자 자신을 일련의 사건들(이야기에서와 같이)을 통해서 탐구여정을 떠맡는 것으로 바라보는 대신에, 시인이 그의 감성과/이나 그의 생각에 관한 더욱 더 많은 정보를 공유할 것이라는 전제로써 시작한다. 시작품들은 계속되는 연대 속에서의 장들로서가 아니라, 자기-충족적인 창작이라는 것을 받아들인다. 한 가지 주제나 감정으로부터 또 다른 또 다른 주제나 감정으로의 급격한 이동에 대비한다(C.S. Lewis는 시편에서 논리적인 연결보다 오히려 감정적인 연결에 대해 이야기 했다). 시인들은 추상관념보다 오히려, 이미지로 생각하고, 그리고 그들은 문자적이기보다 비유적이거나 비문자적인 것을 선호한다는 것을 전제로 한다.

이해와 감상 Tip

주께 노래하자[95편]. 이 시편의 주제는 하나님께서 이스라엘과 민족들과 온 세상을 통치하고 계심을 찬양하고 과거의 선조들처럼 하나님을 시험하지 말 것을 권고하는 시이다. 찬양을 위한 의례적인 외침(1-2, 6)은 예배하기 위한 제사장의 외침같이 읽힌다. 찬양을 위한 이러한 두 번의 외침 뒤에 이어지는, 소위 동기부여의 장들(" … 에 대하여")은, 정확하게 우리가 하나님의 세계 창조와 그의 백성들과의 언약에 대한 하나님을 찬양하는(3-5, 7a) 시 앞에 놓일 수 있는 예상되는 표현들이다. 그러나 시는 전체적으로 그의 백성들의 충실함의 증거를 위해 출애굽의 방랑으로 되돌아가는(7b-11), 하나님의 이스라엘 민족에 대한 예기치 않은 비난으로 끝난다(8-11). 이 시편에서의 시점은 두 개로, 1-7절은 3인칭 관찰자 시점(시인)이고 8-11절은 1인칭 주관적 시점(하나님)이다. 이 작품이 별개의 두 작품처럼 보이는 것은 이러한 복수의 시점 때문이다. 시인은 8-11절에서 주장하는 주께 대한 찬양의 증거로 과거 출애굽 후의 40년 광야에서의 이스라엘 백성들의 불순종 사건을 회상시킨다.

시편(The Psalms)

95편

1 오, 오라, 우리가 주께 노래하자.
우리가 우리 구원의 반석을 향해 즐겁게 부르자.
2 감사함으로 그의 면전으로 나아가며
시로 그에게 즐겁게 부르자.
3 이는 주께서 위대하신 하나님이시며
모든 신들 위에 계신 위대한 왕이심이라.
4 땅의 깊은 곳들이 그의 손 안에 있으며

산들의 힘도 그의 것이로다.
5 바다가 그의 것이요, 그가 만드셨으며
또 육지도 그의 손이 지으셨도다.
6 오, 오라, 우리가 경배하며 절하자.
우리가 우리를 만드신 주 앞에 무릎을 꿇자.
7 이는 그가 우리의 하나님이시며
우리는 그의 초장의 백성이요,
그의 손의 양임이라.
오늘 너희가 그의 음성을 듣거든
8 격노의 때와 같이 또 광야에서의 시험의 날과 같이
너희 마음을 완악하게 하지 말라.
9 그때 너희 조상들이 나를 부추겼고
나를 시험하였으며 내가 한 일을 보았도다.
10 사십 년 동안 내가 이 세대를 싫어하여 말하기를
"그들은 마음이 미혹된 백성이기에
내 길을 깨닫지 못하였노라." 하였으며
11 내가 내 진노 가운데서 그들에게 맹세하기를
"그들은 내 안식에 들어오지 못하리라." 하였도다.

이해와 감상 Tip

주께 새 노래를 부른다[96편]. 찬양시의 관례적인 모티프들은 다음과 같이 표현된다. 찬양을 위한 의례적인 부르짖음, 찬양을 위한 명령부여, 찬양의 양식 제공(노래), 그리고 부르짖음이 선포되는 집단(모든 땅 1-3), 하나님께서 칭찬받으실 만한 행동들과 속성들의 간략한 목록(4-6), 1-3절에서 표현된 하나님의 찬양을 행동으로 생생하게 구체화 시켜서 하나님을 현재화 하는 시인의 부르짖음(7-9), 백성들이 무엇을 얘기하길 원하는가에 대한 시인의 극화된 간략한 대본(10), " … 하라 " 라는 수사적인 형식을 사용해서 하나님을 찬양하기 위해서 자연의 여러 가지 힘에 대한 선언(11-12a), 하나님이 땅을 심판하기 위해서 오실 것이라는 예언(12b-13) 등. 또 찬양이 모든 민족들에게로 확대되도록 해서 하나님의 의를 실현하기 위한 민족적 관심이 넘쳐난다(3,5,6,10,13). 시편의 고정된 형식 속에 반복된 공식적 찬양에도 불구하구, 하나님의 위대하심과 거룩하심을 보여주는 모든 개별적인 실례는 개성적이다.

96편

1 오, 새 노래로 주께 노래하라.
온 땅아, 주께 노래하라.
2 주께 노래하고 그의 이름을 송축하라.
날마다 그의 구원을 나타내 보이라.
3 이방 가운데서 그의 영광을,
모든 백성 가운데서 그의 이적들을 선포하라.
4 이는 주께서 위대하시므로 극진히 찬양을 받으셔야 하고
모든 신들보다 두려워함을 받으셔야 함이며
5 민족들의 모든 신들은 우상이나
주께서는 하늘들을 지으셨음이로다.
6 영예와 존귀가 그의 앞에 있으며
능력과 아름다움이 그의 성소 안에 있도다.

7 주께 드리라. 오 너희 백성의 족속들아,
영광과 권능을 주께 드리라.
8 주께 그 이름에 합당한 영광을 드리라.
예물을 가져와서 그의 뜰들 안으로 들어오라.
9 오, 거룩하심의 아름다움 가운데서 주를 경배하라.

온 땅아, 그의 앞에서 두려워하라.
10 이방 가운데에 주께서 통치하신다고 말하라.
세상도 견고히 서고 흔들리지 아니할 것이라.
그가 그 백성을 의롭게 심판하시리라.

11 하늘들은 기뻐하고 땅은 즐거워하며
바다와 거기 충만한 것들도 소리지르라.
12 밭과 그 가운데 있는 모든 것들은 즐거워할지어다.
그때 삼림의 모든 나무들이 기뻐하리니,
13 곧 주 앞에서라. 이는 그가 오시기 때문이니
그가 땅을 심판하러 오시기 때문이라.
그가 세상을 의로,
그 백성을 그의 진리로 심판하시리로다.

이해와 감상 Tip

바빌론의 개울가에서[137편]. 시편 전체에서 가장 슬픈 노래의 하나로 이 시의 상황은 포로로 잡혀간 바빌론에서의 유다 민족의 조국에 대한 비통한 그리움이다. 시는 유배 생활 속의 특별한 순간에 대한 기억으로 시작한다. 아마도 바빌론으로 향하는 그들의 행진 중에 개울가에 앉아서, "우리에게 시온의 노래 중 하나를 노래" 해 달라고 하는 바벨론 사람들에 의해 조롱당하고 있다(1-3). 그 순간의 서러운 감정이 수사적인 질문 형식으로 포착되며(4), 그러한 감정은 5-6절을 통해서 은유화된 저항으로 전이된다. 고향을 상실한 유대인들은 그 어떤 것보다도 예루살렘을 소중히 여기려는 맹세(애국적인 언급 그러나 또한 성전에서 하나님의 예배에 대한 말)의 기개를 드러낸다. 시의 초반부에서 감정의 호소가 너무 강렬한 결과, 시는 포로들의 적에 대한 저주 혹은 불행을 내려달라고 간구하는 것으로 끝난다(7-9).

시편(The Psalms)

137편

1 우리가 바빌론의 여러 강변,
거기에 앉아서 정녕,
우리가 시온을 생각하며 울었도다.
2 우리가 우리의 하프들을
그곳 가운데 있는 버드나무들에 걸었나니
3 이는 거기서 우리를 포로로 끌고 간 자들이
우리에게 한 노래를 청하였고
우리를 황폐케 한 자들이 우리에게 기뻐하라고 하면서 말하기를
"시온의 노래 중 한 곡을 우리에게 부르라!" 함이었더라.

4 우리가 타국 땅에서
어찌 주의 노래를 부르리요?
5 오 예루살렘아, 내가 너를 잊는다면
내 오른손으로 그 기교를 잊게 하라.
6 내가 너를 기억하지 아니하면
만일 내가 예루살렘을 내가 가장 즐거워하는 즐거움보다
더 좋아하지 아니하면
내 혀로 내 입천장에 붙게 하라!
7 오 주여, 예루살렘의 날에
에돔 자손들을 기억하소서.
그들이 말하기를 "파손하라, 파손하라,
그 기초까지 파손하라." 하였나이다.
8 오 멸망할 바빌론의 딸아,
네가 우리를 대한 대로
네게 갚는 자는 행복하리로다.

9 네 어린 것들을 집어서
돌에 메어치는 자는 행복하리로다!

이해와 감상 Tip

나의 하나님, 나의 하나님, 당신은 왜 나를 용서하셨습니까? 고난의 노래[22편]. 이 시는 그리스도의 십자가와 관련된 고난 받는 영혼에 대한 기억할 만한 작품이다. 이 시의 많은 의미가 그의 열정과 죽음의 희생적인 고난 속의 메시아로부터 발생되고 있다(예로써, 마태복음 27장 46절 참조). 1-5절에서는 십자가 위에서 하나님 아버지께 부르짖어 구원을 얻고 승리하시는 그리스도의 모습이 역동적으로 그려지고 있다. 시는 억압받는 모든 백성들이 그들의 감정을 보편적인 단어로 표현함으로써 감동을 줄 수 있다는 일반적인 이야기로 확장된다. 이 시에 나타나는 일련의 감정은 다음과 같이 표현된다. 하나님에 대한 절망의 첫 번째 울부짖음(1-2), 포일- 과거 그의 백성에 대한 하나님의 구출(3-5), 화자(다윗)가 처한 현재의 상황과 화자의 극단적인 고난과 교회의 대적들의 말씀의 부인(6-18), 이 시편의 극적인 전환으로써, 하나님이 화자를 해방시킬 것을 탄원(19-21a), 그의 구출에 대한 하나님의 찬양(21b-31) 등. 시의 전반부가 비탄시의 장르에 속한다면, 후반부는 관례적으로 찬양시가 지배하고 있다.

시편(The Psalms)

22편

1 나의 하나님, 나의 하나님, 어찌하여 주께서는 나를 버리셨나이까?
어찌하여 나를 돕지 아니하시며 나의 신음하는 말들을 멀리하시나이까?

2 오 나의 하나님, 내가 낮 동안에 부르짖으나 주께서 듣지 아니하
시며
밤 동안에도 내가 잠잠하지 아니하나이다.

3 이스라엘의 찬양 가운데 거하시는 오 주여,
주는 거룩하시나이다.
4 우리 조상들이 주를 신뢰하였고
그들이 신뢰하였기에 주께서 그들을 구하셨나이다.
5 그들이 주께 부르짖었더니 구원을 받았고,
그들이 주를 신뢰하였더니 수치를 당하지 않았나이다.

6 그러나 나는 벌레요, 사람이 아니라.
사람들의 비방거리요, 백성들에게 멸시거리니이다.
7 나를 보는 자는 다 조롱하며 비웃나니
그들이 입술을 내밀고 머리를 흔들며 말하기를
8 "그가 주께서 자기를 구하실 줄 신뢰하였도다.
주께서 그를 기뻐하시니 그를 구하시게 하라." 하나이다.

9 그러나 주는 나를 태에서 꺼내신 분이시며
내가 내 어머니의 가슴 위에 있을 때 내게 희망을 주셨나이다.
10 나는 태에서부터 주께 맡겨졌으니
주는 모태에서부터 나의 하나님이시니이다.
11 나를 멀리하지 마소서.
고난이 가까이 있으나
도울 자가 아무도 없나이다.

12 많은 황소가 나를 에워싸고
바산의 힘센 황소들이 나를 둘러쌌나이다.
13 그들이 내게 입을 벌림이 마치

찢고 울부짖는 사자 같나이다.
14 내가 물같이 쏟아졌으며
나의 모든 뼈는 어그러졌고
내 심장은 밀초 같아서
나의 내장가운데서 녹았나이다.
15 내 기력이 질그릇 조각같이 말랐으며
내 혀는 잇틀에 붙었나이다.
또 주께서 나를 사망의 진토 속에 두셨나이다.

16 개들이 나를 에워싸고
악인의 무리들이 나를 둘러쌌으며
그들이 내 손과 내 발을 찔렀나이다.
17 내가 내 모든 뼈들을 셀 수 있으니
그들이 나를 보며 쳐다보나이다.
18 그들이 그들 가운데서 내 겉옷을 나누고
내 속옷을 제비뽑나이다.

19 그러나 오 주여, 나를 멀리하지 마소서.
오 나의 힘이시여, 속히 나를 도우소서.
20 내 혼을 칼에서
내 유일한 것을 개의 세력에서 구하소서.
21 나를 사자의 입에서 구하소서!
이는 주께서 유니콘들의 뿔들로부터 나를 들으셨음이니이다.

22 내가 주의 이름을 내 형제들에게 선포하며
회중 가운데서 내가 주를 찬양하리이다.
23 주를 두려워하는 너희여, 그를 찬양하라.
너희 야곱의 모든 씨들아, 그를 영화롭게 하라.
너희 이스라엘의 모든 씨들아, 그를 두려워할지어다.

24 이는 그는 고통받는 자의 고통을
멸시하거나 증오하지 않으셨고
그의 얼굴을 그에게서 숨기지도 않으셨으며
그가 부르짖을 때에 들으셨음이라.

25 큰 회중 가운데서 나의 찬양이 주께 있으리니
나는 주를 두려워하는 자들 앞에서 나의 서원들을 갚으리이다.
26 온유한 자는 먹고 만족할 것이요,
주를 찾는 자들은 그를 찬양할 것이니
너희 마음이 영원히 살 것이라.

27 세상의 모든 끝이 기억하고
주께로 돌이키리니
민족들의 모든 족속들이
주 앞에 경배하리이다.
28 이는 왕국이 주의 것이요,
주께서 민족들 가운데 통치자시기 때문이니이다.

29 땅 위의 모든 풍요로운 자들이 먹고 경배할 것이요,
진토로 내려가는 모든 자들도 그 앞에 절하리로다.
자신의 혼을 살려 둘 수 있는 자는 아무도 없으리라.
30 한 씨가 그를 섬길 것이요,
그것이 주께 한 세대로 여겨지리라.
31 그들이 와서 태어날 한 백성을 위한 그의 의를 선포하리니
이는 그가 이것을 행하셨음이라.

이해와 감상 Tip

복 받은 사람. 믿음 있는 사람의 찬양에서의 찬사[1편]. 찬사는 확립된 관례나 모티프를 수단으로 해서 추상적인 특징이나 일반적인 인물유형을 칭찬하는 시 혹은 산문체 글이다. 한 마디로 이 시는 의인의 길을 권고하고 악인의 길을 경고하는 성경의 모든 가르침이 집약된 고백이다. 시편 1편은 다음과 같이 장르의 표준적인 관점에서 믿음이 있는 사람을 칭찬한다. 먼저 칭찬의 주제에 대한 소개(첫 행의 축복에 대한 선언 형식으로), 칭찬받을 만한 행동들의 목록과 주제의 특징들의 열거, 강조되는 모티프(정반대의 모티프와 대조함으로 해서 주제의 우월성을 보여줌), 주제를 모방하기 위한 소망을 자각시키고 그와 같이 그의 운명을 함께 한다. 덧붙여서, 시편 1편은 인물 스케치나 자연 묘사의 기술을 사용하고, 포일을 수단으로 해서 시적 효과를 강화시킨다(포일; 주제를 돋보이게 하는 대조).

시편(The Psalms)

1편

1 복 있는 사람은
죄인들의 길에 서지 아니하며,
악인들의 간계를 따르지 아니하며,
조롱하는 자들의 자리에 앉지 아니하는 도다.
2 그의 즐거움이 주의 법에 있으니,
그가 주의 법을 주야로 묵상하는 도다.

3 그는 강가에 심겨진
나무 같아서

계절을 따라 열매를 맺으며,
그의 잎사귀도 마르지 아니하리니,
그가 무엇을 하든지 번성하리로다.
4 악인들은 그렇지 아니하니,
바람에 날리는 쭉정이와 같도다.
5 그러므로 악인들은 심판을 견디지 못하며
죄인들은 의인들의 회중에 들지 못하리니,
6 이는 의인들의 길은 주께서 아시나
악인들의 길은 망할 것이기 때문이라.

이해와 감상 Tip

우리들에게 우리의 날수를 확인하도록 가르친다[90편]. 시편 90편은 인간의 변덕스러움과 죽을 수 밖에 없는 운명의 주제에 대한 유명한 시로, 모세가 인생의 허망함을 절감하며 하나님의 영원하심을 노래한 것이다. 따라서 이 시에는 하나님 앞에서 인간이 얼마나 미약하며 덧없는 존재인가 하는 것이 극적인 시어로 묘사되고 있다. 시의 구성요소들은 다음과 같이 표현된다. 하나님의 영원하심에 대한 낙관적인 주장(1-2), 관습적으로 확정된 포일, 영원한 하나님은 쉽게 인간을 그들의 인간적인 종말에 이르도록 한다(3-6), 시인은 하나님이 인간의 죽어야만 하는 운명이 인간의 죄악에 대한 벌로서 적용된다는 것을 주장한다(7-13), 하나님은 그의 죽을 운명의 창조물들에 대해 연민을 갖게 되실 것이라는 탄원(13-17) 등.

90편

1 주여, 주께서는 모든 세대에서
우리에게 거처가 되셨나이다.
2 산들이 생기기 전,
주께서 땅과 세상을 조성하시기도 전,
곧 영원부터 영원까지 주는 하나님이시니이다.

3 주께서 사람을 멸망으로 돌려놓으시며
말씀하시기를 "너희 사람의 자손들아, 돌이키라." 하시니
4 주의 목전에는 천 년이
단지 지나간 어제 같고
밤의 한 경점 같나이다.
5 주께서 그들을 홍수로 쓸어 가시나니,
그들은 잠자는 것 같고, 아침에 그들은 자라나는 풀처럼 되나이다.
6 풀은 아침에 피어나 자라다가
저녁에는 꺾이고 마르나니

7 우리가 주의 성내심으로 인하여 소멸되며,
우리가 주의 진노로 인하여 고난받나이다.
8 주께서 우리의 죄악들을 주 앞에 놓으시며
우리의 은밀한 죄를 주의 얼굴빛 가운데 두셨으니

9 우리의 모든 날이 주의 진노 가운데 지나가며,
우리의 연수가 한갓 이야기처럼 지나가나이다.
10 우리의 연수가 칠십이요,
강건하면 팔십이어도
그 연수의 힘은 수고와 슬픔이니,

그것이 곧 끊어지면 우리가 멀리 날아가나이다.
11 누가 주의 성내심의 능력을 아나이까?
주의 두려움에 따라 주의 진노가 있나이다.

12 그러므로 우리에게 우리의 날들을 세도록 가르치시어
우리의 마음이 지혜에 이르게 하소서.
13 오 주여, 돌이키소서. 언제까지니이까?
주께서는 주의 종들에 관하여 돌이키소서.
14 오, 아침에 주의 자비로 우리를 만족케 하시며
평생 동안 우리로 즐거워하고 기뻐하게 하소서.
15 주께서 우리를 곤고하게 하신 날수대로
또 우리가 악을 보았던 연수대로 우리로 기뻐하게 하소서.
16 주의 일을 주의 종들에게,
주의 영광을 그들의 자손들에게 나타내시며
17 주 우리 하나님의 아름다움이 우리에게 있게 하소서.
주께서는 우리 손의 행사를 우리에게 견고히 세우소서.
정녕, 주께서는 우리 손의 행사를 견고히 세우소서.

이해와 감상 Tip

보호하시는 하나님의 신뢰에 대한 시편[91편]. 이 시는 신앙의 확신을 노래하는 시로서 내용상 메시아 그리스도를 묘사하고 있는 것처럼 보인다. 이러한 메시아의 모습을 13절에서 대표적으로 확인할 수 있다. 사자와 독사를 밟는다는 것은 메시아가 이 세상에 강림하셔서 교회의 대적인 거짓 세력과 악한 가르침을 소멸시킨다는 뜻이다. 시에서 메시아는 "너" 로, 그리고 하나님은 "그" 로 의인화 되고 있다. 시는 찬양의 시편과 유사성을 가지고 있으나, 시의 형식은 전통적인 찬양의 장르와는 다르다. 첫 번째 절에서는

이 시의 주제(하나님을 신뢰하는 사람)를 확인한다. 그리고 두 번째 절은 화제를 하나의 주제로 한정시킨다(하나님을 믿는 사람에게 오는 신뢰감). 이러한 신뢰에 대한 이유가 하나님의 보호하심에 대한 그의 찬양받을 만한 행동들의 목록의 형식으로 열거된다(3-13). 이러한 하나님의 행동은 우리가 처하는 반복적인 위험과 구출이며, 반복의 클라이맥스는 13절이다. 그런데 그러한 위험과 구출 행동이 구체적인 실례들을 통해서 하나님의 보호하심에 대한 전체적인 범위의 그림(메시아에 대한 우리의 믿음)을 보여준다. 결국, 하나님은 그가 그를 믿는 사람을 보호하실 것이라는 것을 확인하는 것으로써 묘사된다(14-15).

91편

1 지극히 높으신 분의 은밀한 곳에 거하는 자는
전능하신 분의 그늘 아래 살리로다.
2 내가 주에 관하여 말하기를 "그는 나의 피난처시며 나의 요새시요,
나의 하나님이시니 내가 그를 신뢰하리라." 하리로다.
3 참으로 그가 너를 새 사냥꾼의 덫과
지독한 전염병에서 건져내시리라.
4 그가 너를 자기 깃털로 덮으시리니
네가 그의 날개 아래서 신뢰하리로다.
그의 진리가 너의 작은 방패와 큰 방패가 되리니
5 네가 밤에 공포나
낮에 날아가는 화살이나
6 어둠 속에서 만연하는 전염병이나
백주에 황폐케 하는 멸망을 두려워하지 아니하리로다.

7 천 명이 네 옆에서,
만 명이 네 오른편에서 쓰러질 것이나

그것이 네게는 가까이 오지 못하리라.
8 오직 네가 네 눈으로 보게 되리니
악인의 보응을 보리로다.

9 네가 나의 피난처이신 주,
곧 지극히 높으신 분을 네 처소로 삼았으므로
10 어떠한 재앙도 네게 닥치지 못하며
어떠한 전염병도 네 장막에 가까이 가지 못하리라.

11 이는 그가 너에 대하여 자기 천사들에게 명하시어
너의 모든 길에서 너를 지키게 하실 것임이라.
12 그들이 그들의 손으로 너를 받들어
네 발이 돌에 부딪히지 않게 할 것이요
13 네가 사자와 독사를 밟으며,
젊은 사자와 용도 발로 짓밟으리로다.

14 그가 나를 사랑하였으므로 내가 그를 구해 낼 것이며
그가 나의 이름을 알았으므로 내가 그를 높이리라.
15 그가 나를 부르리니 내가 그에게 응답하리라.
고난 중에 내가 그와 함께할 것이며
내가 그를 구해 내고 그를 영화롭게 하리라.
16 내가 장수로 그를 만족케 하여
내 구원을 그에게 보이리라.

2. 사랑의 서정시

아가(Song Of Solomon)

BC. 10세기경 솔로몬 왕이 쓴 아가는, 주로 술래미 여인의 관점에서 쓰여진 짧은 사랑의 서정 시편들을 함께 묶은 사화집으로 총 8장 117절로 구성되어 있다. 일반적으로 시를 감상하고 특별히 시를 사랑하는 사람들에게 아가는 성경에서 아주 중요한 위치에 있다. 그러나, 이 시집은 남녀사이의 낭만적인 감정과 육체적인 매혹에 관한 노골적인 표현으로 많은 독자들을 당혹스럽게 하게도 한다. 이런 솔직하고 자극적인 묘사는 초기 교회의 공의회(주후 550년)로 하여금 풍유적인 해석 이외의 모든 해석 방법을 금지시키도록 했다. 그러나 그러한 해석은 인간의 타락성과 성적인 사랑을 착취적이고 조작적이며 파괴적인 것으로 종종 왜곡시키는 방식에 굴복한 것으로 보이며, 이러한 방식은 오늘날까지도 계속되고 있다. 그러나 우리는 아가를 제대로 감상하기 위해서 그러한 낭만적 감정의 지나친 표현을 경계할 필요는 없다. 오히려 우리는 이 시를 창세기 1장과 2장의 맥락에서 읽어야 한다. "생육하고 번성하라"(창 1.28)는 명령을 하신 뒤에 하나님은 정원을 준비하시고(2.8) 자기의 형상을 따라 창조한 여자와 남자를 그곳에 두셨다. 아가에 등장하는 성적인 사랑의 묘사는 여자와 남자가 부끄러워하지 않고 서로의 육체에서 전적인 기쁨과 즐거움을 얻는 창세기의 이야기(2.24-25) 장면을 상기시켜 준다. 따라서 이것은 하나님께서 결혼의 정절과 상호 연합과 친밀성을 다시 강조해 주는 방법이다. 참으로 아가의 작가는 특별한 시적 재능으로 우리가 말하고자 하는 것을, 우리가 말할 수 있는 것보다 더욱 훌륭하게 말하고 있다.

아가의 구성은, "시의 단편들: 사랑에 빠짐(1. 1-8)→ 사랑의 시들(구애 연상, 1. 9-2. 7)→ **결혼 시들**(2. 8-5. 1) ←사랑의 시들(결혼 연상)(5. 2-7. 13) ←시의 단편들; 사랑에 빠짐(8. 1-14)"에서 볼 수 있듯이, 결혼 시들(2. 8-5. 1)를 중심으로 수렴하는, 흔히 문학 비평가들이 圓環 구조라고 부르는 원칙 위에 구성되었다. 그와 같은 배열 속에서 우리가 시의 처음부터 끝까지 읽어 나갈 때, 시집의 후반부에서는 초반부에서 읽었던 것과 동일한 주제를, 그러나 여기서는 역순서로 만나게 된다. 그것은 하나의 주제를 중심으로 일련의 求心的인 순환 구조를 통해서 우리가 읽어 나아가는 것이 된다. 현대 시인은 시집의 시작부분에서 표현된, "사랑에 빠지는" 것과 동일한 경험으로 사랑의 시의 사화집을 끝내지는 않을 것이다. 그러나, 고대의 시인들은 성경학자들이 교차대구법으로 부르는 이러한 수사적인 양식을 선호했다. 오늘날 이러한 원환구조의 형식에 대응되는 것은, 우리가 항상 현대 시인들이 발명한 것으로 상정하는-"의식의 흐름" 기법과 다르지 않다. 이 표현방법은 시의 조직이 논리적인 진행을 대신해서 사람의 내면적인 생각의 자의적인 흐름을 따른다. 아가에서, 우리는 하나의 이미지나 생각으로부터 또 다른 이미지나 생각으로 변화하는 만화경적 비약을 볼 수 있다. 계속되는 화자의 교체와 시적인 풍성함 때문에 구조를 파악하기가 어려울 수 있다. 우리는 산문적인 문자주의를 탈피해서 환상적이고 시적인 상상력의 날개를 펼칠 필요가 있다. 덧붙여서, 개별 구성단위들이 독립적일지라도, 우리는 그들이 탐구 모티프-두 연인들이 사랑의 만족을 찾기 위한-에 의해서 통합된다는 것을 발견할 수 있다.

언뜻 보아서 서정 시편들의 간략한 모음집인 아가의 이러한 복잡성은, 우리가 사화집 속에 뒤섞여 있는 여러 가지 장르들을 분류하기 시작할 때 대표적으로 나타난다. 우리가 아가에 붙일 수 있는 가장 큰 꼬리표는 사랑의 서정시이다. 더 나아가서, 그것은 연인들이 남자 목동과 여자 목동들로 은유화 되어 있으며, 이상적으로 꽃과 과일이 풍성한 농촌 풍경을 배경으로 하는 전원적인 사랑의 시이다. 한 편의 사랑의 시나 사랑의 시들의 모음집이 어떤 특별한 결혼을 축하하는 것이라면, 그것은 우리가 여기서 보는 바와 같은 결혼 축하시로 불린다. 요약하자면, 아가는 가장 큰 범주로는 사랑의 서정시이며, 좁게는 목가적인 사랑의 시이며 또한 결혼 축하시로 분류할 수 있다.

동서고금을 통해서 사랑의 시는 그 속성상 낭만적인 감정의 느낌과 경험을 그리기 위해서 존재한다. 그것은 고도로 비유를 지향하는 경향이 있고, 문자적 사실주의로부터의 스펙트럼의 정반대 끝에 위치한다. 여기서 太古로부터 사랑을 노래했던 수많은 시인들이 행한 제재적, 방법적인 면들을 살펴보자. 우선, 그들은 고양된 형식으로 낭만적인 사랑의 감정을 표현하며, 작품 속의 이상화된 사랑을 이상적인 시골이나 자연 배경 속에 위치시킨다. 또 그들은 연인이나 낭만을 자연 속에서 가장 좋은 사물과 비교하며(예를 들어서, 연인은 정원 같고, 그리고 함께 있는 부부의 기쁨을 나무 그늘 아래에서 과일을 따먹는 것 같다), 구애나 로맨스(키스, 산책, 헤어짐, 결혼) 속의 특유한 순간들을 묘사한다. 이러한 시의 모습들을 우리는 아가에서 그대로 발견할 수 있다. 그런가 하면 고대로부터의 사랑 시의 일반적인 하위 장르들은 다음과 같은 속성들을 내포하고 있다. 대화(연인들은 상호간에 그들의 감정을 표현한다)와 상징적인 표장(emblematic blazon), 사랑으로의 초대(목가적인 사랑의 시에서 자연 속에서 산책하기 위해서 연인을 초대하는 형식을 취한다)와 낭만적 감정의 서정적 토로 등이 그러한 것들이다. 표장(blazon)은 연인의 아름다움과 순수함을 기리며, 보통 자연의 대상물과 연인의 모습을 비교함으로 사랑을 노래한 시이다(아 2.3). 상징적인 표장(emblematic blazon)에서는 사랑에 빠진 자가 연인의 특성을 나열하고 연인의 모습을 자연의 대상 혹은 상징물과 비교하고 있다(아 4.1-7, 6.4-10, 7.1-9). 이런 시를 해석하는 열쇠는 이 시가 묘사적이라기보다는 상징적이라는 것을 깨닫는 것이다. 사랑의 시인들은 또한 종종 한편의 직접적인 이야기보다 오히려 꿈이나 환상으로써의 로맨스로 사건들을 묘사하기도 했다.

아가가 또 다른 장르인 목가적인 전원시로 분류되는 커다란 이유는 아가의 표면적인 디테일들이 목동의 삶으로부터 비롯되기 때문이다. 등장인물들은 남자 목동들과 여자 목동들이다. 인물들의 행동은 부분적으로 목동들에 의해 습관적으로 행해진 활동들로 구성된다. 배경은 자연적 아름다움의 이상화된 세계이며, 시적 이미지들은 자연으로부터 발생된다. 전원문학은 이상화된 선한 삶과 선한 장소를 환기시킨다. 그리고 종종 남자 목동과 여자 목동들은 실제의 사람들에 대한 작은 변장이다(솔로몬의 노래에서, 이들은 솔로몬과 술래미 여인이다). 그러한 허구적 상황의 확대로써, 수세기를 통해서 가장 목가적인 시는 주로 도시 혹은 궁정 시인들에 의해 씌어졌다. 그 결과 "남자목동과 여자목동"의 실제의 궁정 거처는 종종 시골의 외부적 풍경을 통해서 표현된다.

솔로몬의 노래는 그 표현에서의 과장된 비유로 가장 기억되는 시이다-예를 들어, 여자는 파라오의 궁정에 있는 말에 비교된다. 그리고 그녀의 머리칼은 한 뭉치의 염소 털에 비유된다. 고대의 시인이 글을 썼던 관습은 비유를 해석하는 데에 있어서 이들 근본적인 규칙들을 만들어 낸다. 그러한 고대의 관습을 자세히 살펴보면 다음과 같다. ①근본적인 유사성은 시각적인 것이 아니다-대부분의 시대에, 전혀 시각적인 유사성은 없다. ②비교는 문자적이기 보다 오히려 함축적이다. ③연인과 그 혹은 그녀가 비교되는 피조물이나 사물이 보편적으로 가지고 있는 것은 어떤 속성-항상 탁월함의 속성, 혹은 그 부류에서 가장 훌륭한 것이다. ④첨가적으로, 轉移(carryover)는 비교되는 두 가지 사물들 사이의 의미의 이동이다(여자는 그것이 가능한 한 가장 훌륭한 의미에서 파라오의 전차들 속 암말과 같다).

시인들은 그들의 당연한 기능적 특성상 인생에 대한 신중한 관찰자들이다. 솔로몬의 노래의 경우, 우리는 이와 같은 특별한 시인이 면밀하게 관찰했던 사물들을 목록화 하는 것으로부터 시에 대한 접근에 유익한 실마리를 얻게 될 것이다. 왜냐하면, 그것은 간과될 수도 있는 것을 의식하도록 해주기 때문이다. 솔로몬의 노래를 창작했던 시인은 사랑하는 사람들과 그의 삶의 환경에 대한 자세한 관찰자였다. 좀 더 자세히 말하자면, 시인의 관찰 대상에는 자연, 사랑의 시에 대한 규칙, 여자들과 여성적인 아름다움, 새들, 몸의 각 부분들, 로맨스의 의례, 결혼 서약, 사랑하는 존재를 동반하는 고양된 분위기, 성적인 태도 등이 포함된다.

성경은 부분적으로 인간의 그 자신의 경험에 대한 증거이다. 솔로몬의 노래에서 시인은 인간의 낭만적인 감정에 대한 경험을 기록한다. 성경에서, 사람이 무엇을 하고 느끼는가에 대한 스토리는 항상, 단순하게 그들이 어떻게 사는가의 문제가 아니라, 하나님이 그의 백성으로서 어떻게 살기를 그가 원하는가의 이야기와 서로 뒤섞여 있다. 솔로몬의 노래는 하나님이 남자들과 여자들이 서로 관계를 맺기 위해 어떻게 사랑하길 원하시는 가에 대한 이야기를 말 하고 있다. 그것은 또한 하나님을 향한 영혼의 사랑과, 예수 그리스도 안에서 그의 백성들에 대한 하나님의 사랑 속에서, 그것의 최고의 표현 방법을 모색하는 사랑에 대한 하나의 패턴을 확립한다.

이해와 감상Tip

시집에 대한 소개[1-8]. 시작부분의 8절을 통해서 우리는 이 작품 감상의 기초적인 여러 가지 정보를 접할 수 있다. 즉, ①로맨스에서의 두 사람의 중심인물 ②배경 ③인물들의 행동 혹은 기본 플롯(사랑의 만족에 대한 탐구) ④열정적이고, 감각에 호소하는(오각과 관계되는 지각의) 것으로 특징화 될 수 있는 스타일과 은유적, 과장적, 그리고 목가적인 표현 등. 우리는 오직 의식적인 노력으로만 시의 이러한 표현적, 구성적으로 얽인 실타래를 풀 수 있다(그리고 우리가 그렇게 하는 것이 중요하다). 시인은 그들을 오직 의식의 흐름 기법으로 불릴 수 있는 체계 속에서 하나로 통합한다.

이 책에서 전형적인 것은 여자가 주도적인 역할을 한다는 것이다. 등장인물을 소개하는 서두에서 여자는 나머지 부분-남자에 대한 갈망과 즐거움-을 위한 무대를 마련한다. 여기서 여자는 남자에게 자신을 데려가 달라고 요청한다. 만일 이 부분에서 "왕"(4)이라는 단어가 문자적인 의미로 사용되고 있다면 솔로몬을 가리킬 것이지만, 이것은 하나의 은유로 사랑의 위대함을 고취시키려고 왕적인 이미지를 사용하고 있다고 볼 수 있다.

1 가장 아름다운 솔로몬의 노래.

신부

2 그리워라, 뜨거운 임의 입술!
포도주보다 달콤한 임의 사랑.
3 임의 향내, 그지없이 싱그럽고
임의 이름, 따라놓은 향수 같아
아가씨들이 사랑한다오.
4 아무렴, 사랑하고말고요. 임을 따라 달음질치고 싶어라.
나의 왕, 어서 임의 방으로 데려가 주세요.

친구들 혹은 예루살렘의 아가씨들

그대 있기에 우리는 기쁘고 즐거워

포도주보다 달콤한 그대 사랑
기리며 노래하려네.

신부

5 예루살렘의 아가씨들아,
나 비록 가뭇하지만,
케달의 천막처럼,
실마에 두른 휘장처럼 귀엽다는구나.
6 가뭇하다고 깔보지 마라.
오빠들 성화에 못 이겨
내 포도원은 버려둔 채,
오빠들의 포도원을 돌보느라고
햇볕에 그을은 탓이란다.
7 사랑하는 이여,
어디에서 양떼를 치고 계시는지,
대낮엔 어디에서 쉬게 하시는지 제발 알려 주세요.
임의 벗들이 치는 양떼들을 따라
이리저리 헤매지 않게 해주세요.

신랑

8 더없이 아리따운 여인아,
어딘지 모르겠거든,
양들의 발자국을 뒤밟다가,
목자들이 친 천막이 나오거든
그 가까이에서 네 어린 양들을 쳐보아라.

이해와 감상Tip

연인들의 대화[1.9-2.7]. 이 서정적인 단락 역시, 생각과 이미지들의 유동적인 흐름으로 구성된다. 우리는 특별한 매개항이 없이도 한 사람의 화자로부터 또 다른 화자로 이동 한다. 이런 이유로, 독자로서의 우리는 지속적으로 우리 앞에 펼쳐지는 만화경적 장면에 방심하지 말아야 한다. 우리가 엿듣고 있는 서정적인 시편들의 주요 주제는, 연인들이 서로 각자에서 그리고 그들의 낭만적인 관계에서 발견하는 가치와 기쁨이다. 스타일은 고도화된 은유이며, 이 표현법은 우리에게 어떻게 A가 B와 같은 가(은유)를 해석하는 것에 대한 책임을 부여한다- 예를 들어서, 어떻게 사랑받는 자의 눈이 비둘기 같고, 사랑하는 자는 장미꽃이나 사과나무 같은지.

신랑

9 나의 고운 짝이여,
그대는 파라오의 병거를 끄는 말과 같구나!
10 삼단 같은 머리채에 그대의 두 볼은 귀엽기만 하고,
진주 목걸이를 건 그대의 목 또한 고와라.

친구들 혹은 예루살렘의 아가씨들

11 우리가 은구슬 박은 금사슬을 만들어,
너에게 주리라.

신부

12 나의 임금님이 몸을 누이신 방에,
나르드 향내 그득 채우리라.
13 가슴에 품은 유향 꽃송이 같은

내 사랑.
14 엔게디 포도원에 핀
헨나 꽃송이어라.

신랑

15 그대, 내 사랑,
아름다워라. 아름다워라,
비둘기 같은 눈동자.

신부

16 그대 내 사랑, 멋진 모습 얼굴만 보아도 가슴 울렁이네.
우리의 보금자리는 온통 녹음에 묻혔구나.
17 우리 집 들보들은 송백나무요,
천장은 전나무라네.

신부

2 나는 고작 사론에 핀 수선화,
산골짜기에 핀 나리꽃이랍니다.

신랑

2 아가씨들 가운데서 그대,
내 사랑은 가시덤불 속에 핀 나리꽃이라오.

신부

3 사내들 가운데 서 계시는 그대,
나의 임은 잡목 속에 솟은 능금나무.
그 그늘 아래 뒹굴며,
달디 단 열매 맛보고 싶어라.

4 사랑의 눈짓에 끌려,
연회석에 들어와.
5 사랑에 지친 이 몸,
힘을 내라고, 기운을 내라고,
건포도와 능금을 입에 넣어주시네.
6 왼팔을 베게 하시고,
오른팔로 이 몸 안아주시네.
7 들판을 뛰노는 노루 사슴 같은,
예루살렘의 아가씨들아,
이 사랑이 잦아들기까지 제발
방해하지 말아다오. 흔들어 깨우지 말아다오.

이해와 감상 Tip

결혼을 위한 신랑의 예상된 도착[2.8-17]. 솔로몬의 노래의 중간부분은 고도의 은유적이고 과장적이며, 잘 알려진 결혼의식을 보여준다. 이 부분에서, 여자는 결혼식을 치루기 위해서 오고 있는 신랑이 무엇과 같을까에 관한 환상에 빠진다. 그 신랑을 사랑하기 위한 초대의 이야기가 표현되는 것은 관습적인 목가적 장르의 방법이다. 사실, 봄 풍경 속의 산책에 초대하는 것은 결혼에의 은유적인 초대이다. 이 작품의 모든 시적 상상을 경험하는 것들은, 모든 연인들이 그들의 결혼과정이 진행되어 갈 때 느끼는 감정들이기도 하다.

신부

8 사랑하는 임의 목소리가 들리는구나!
그가 산을 넘고 들을 지나 달려온다.
9 내 사랑하는 임은,

노루와 어린 사슴 같구나.
그가 벽 뒤에 서서
창틈으로 들여다본다네.
10 나의 임이 속삭이는 소리.
"나의 귀여운 이여, 어서 일어나오.
나의 어여쁜 이여, 이리 나와요.
11 자, 겨울은 지나가고
장마는 활짝 걷혔소.
12 산과 들엔 꽃이 피고,
나무는 접붙이는 때.
비둘기 꾸르륵 우는,
우리 세상이 되었소.
13 파란 무화과 열리고
포도 꽃,
향기가 풍기는 철이오.
나의 귀여운 이여, 어서 일어나요.
나의 어여쁜 이여, 이리 나와요.
14 바위틈에 숨은 나의 비둘기여!
벼랑에 몸을 숨긴 비둘기여,
모습 좀 보여줘요.
목소리 좀 들려줘요.
그 고운 목소리를, 그 사랑스런 모습을.
15 여우 떼를 잡아주셔요.
꽃이 한창인
우리 포도밭을 짓밟는,
새끼 여우 떼를 잡아주셔요."

16 임은 나의 것, 나는 임의 것,
임은 나리꽃밭에서 양을 치시네.

17 선들바람이 불기 전에 임이여,
땅거미가 지기 전에,
돌아오셔요. 노루처럼, 날랜 사슴처럼
베델 산으로 돌아오셔요.

이해와 감상 Tip

신랑의 도착[3장]. 우리는 신랑의 실제 도착에 대한 두 가지 버전을 갖게 된다. 첫 번째 버전은 이야기 모티프가 모색하고 또 발견하고 있는 여자의 꿈 혹은 사건에 대한 환상(1-5)이다. 그녀의 연인을 그녀 부모의 집으로 데려가는 것은(4) 그것이 결혼하게 될 것이라는 것을 의미한다. 그리고 솔로몬의 도착에 대한 여자의 꿈 버전이 강렬한 행렬의 웅대함 속에 왕의 실제 도착에 대한 묘사가 뒤따른다(6-11).

신부

3 밤마다 잠자리에 들면,
사랑하는 임 그리워 애가 탔건만,
찾는 임은 간 데 없어.
2 일어나 온 성을 돌아다니며
이 거리 저 장터에서,
사랑하는 임 찾으리라 마음먹고
찾아 헤맸으나, 찾지 못하였네.
3 성 안을 순찰하는
야경꾼들을 만나
"사랑하는 나의 임 못 보셨소?"
4 물으며 지나치다가
애타게 그리던 임을 만났다네.

나는 놓칠세라 임을 붙잡고
기어이 어머니 집으로 끌고 왔다네.
어머니가 나를 잉태하던 바로 이 방으로 들어왔다네.
5 들판을 뛰노는 노루 사슴 같은
예루살렘의 아가씨들아,
이 사랑이 잦아들기까지 제발 방해하지 말아다오.
흔들어 깨우지 말아다오.

6 저기 사막에서 올라오는 분은 누구신가?
연기 치솟듯이 올라오시네.
몰약과 유향 냄새 풍기며,
상인들이 사고파는 온갖 향수의 냄새를 풍기며.
7 보아라, 솔로몬이 가마를 타고 오신다.
이스라엘 군사 중에서도 빼어난 장사,
육십 명의 호위를 받으며 오신다.
8 모두들 칼 잘 쓰는
조련된 군인들,
밤에 불측한 일이라도 있을까 하여
허리에 칼을 찼구나.
9 솔로몬 왕은 손수 타실 연을
레바논 재목으로 만드셨다네.
10 은 기둥에 금 닫집,
바닥은 가죽 끈으로 엮어 붙은
담요를 깔았다네.
11 예루살렘의 아가씨들아, 시온의 아가씨들아,
나와서 뵈어라.
이 즐거운 혼인날,
솔로몬 왕은 그 어머니가 씌워주신
면류관을 쓰고 계시는구나.

이해와 감상 Tip

완전한 여성적 아름다움[4.1-8]. 이것은 솔로몬의 노래의 네 개의 상징적 문장 묘사 중 첫 번째로, 네 개중 세 개의 상징적 문장 묘사는 신부를 찬양하는 것이고 나머지 하나는 신부를 칭찬하는 것이다. 문장 묘사는 신랑이나 신부의 호감이 가는 신체적 특징과/이나 미덕을 목록화 함으로 해서 연인을 찬양하는 사랑의 시이다. 상징적 문장 묘사는 연인의 신체적 특징을 자연 속의 사물들이나 "표상"에 비교해서 찬양한다. 이러한 특별한 문장 표현에서, 시인은 개념적 요약으로 시작하고 끝내며(1행,7행), 이들 사이에서 그는 여자의 눈에서 그녀의 가슴까지 아래로 움직이면서 美點을 목록화 한다. 여러 가지 비교들은 본질적으로 시각적이 아니다(그리고 언제나 전혀 시각적이지 않다). 다만, 여자의 신체적 특징이 그들과 비교되는 사물들의 같은 점들은 다음과 같다. ①두 가지가 표현하는 감정적 만족감, ②두 가지의 최상의 가치(예를 들어서, 다윗의 요새는 탁월함 이상의 요새이다) ③두 가지가 공동으로 가지고 있는 어떤 속성들. 후자의 예는 시행에서 여자의 이빨과 양들의 비교이다. 비교의 강점으로, 우리는 순결, 촉촉함, 조화, 완전함의 속성들을 경험할 수 있다.

신랑

4 아름다워라, 그대,
나의 고운 짝이여!
너울 뒤의 그대 눈동자.
비둘기같이 아른거리고
머리채는 길르앗,
비탈을 내리닫는 염소 떼.
2 이는 털을 깎으려고 목욕시킨
양떼 같아라.

새끼 없는 놈 하나 없이
모두 쌍동이를 거느렸구나.
3 입술은 새빨간 실오리,
입은 예쁘기만 하고
너울 뒤에 비치는 볼은
쪼개놓은 석류 같으며,
4 목은 높고
둥근 다윗의 망대 같아,
용사들의 방패
천 개나 걸어놓은 듯싶구나.
5 그대의 젖가슴은 새끼 사슴 한 쌍,
나리꽃밭에서 풀을 뜯는
쌍동이 노루 같아라.
6 선들바람이 불기 전에,
땅거미가 지기 전에,
나는 몰약 산으로 가리다.
유향언덕으로 가리다.
7 나의 귀여운 짝이여,
흠잡을 데 하나 없이 아름답기만 하여라.
8 나의 신부여, 레바논에서 이리로 오너라.
레바논에서 이리로 오너라, 어서 오너라.
아마나 산꼭대기에서,
스닐 산꼭대기, 헤르몬 산꼭대기에서 내려오너라.
사자 굴에서,
표범 우글거리는 산에서 내려오너라.

이해와 감상 Tip

사랑의 완성[4.9-5.1]. 결혼을 위한 신랑의 도착을 다루는 시들로 시작하기 때문에, 솔로몬의 노래 중간부분은 결혼 축하시(문자적으로 "결혼식장" 도착을 가리킴)나 결혼시들로 구성된다. 솔로몬의 노래에서 결혼 서정시들은 사랑의 육체적 극치를 그리기 위해서 상징주의의 과묵함을 사용하는 시에서 절정에 달한다. 신부가 그녀의 남편에 대해 합당한 소망을 표현하는 4장 16절, 그리고 그 커플에 전달되는 결혼식 참석자에 의한 합창 해설인 5.1b를 제외하고, 시의 각 연은 그의 신부를 이야기하는 신랑을 표현한다. 수사적인 양식은 여자가 정원에 비교되는 것처럼 단정하고 간접적이다. 감각적 이미지의 풍부함은 성적 감정의 도취에 대한 상징이다. 단락의 최종적 효과는 그들의 소유로써 성적 사랑을 주장하는 데서, 커플은 위대한 가치의 어떤 것을 주장한다는 것을 우리가 확신하도록 남겨두기 위한 것이다.

신랑

9 나의 누이, 나의 신부여, 나는 넋을 잃었다.
그대 눈짓 한 번에 그대 목걸이 하나에,
나는 넋을 잃고 말았다.
10 나의 누이, 나의 신부여! 그대 사랑 아름다워라.
그대 사랑 포도주보다 달아라.
그대가 풍기는 향내보다 더 향기로운 향수가 어디 있으랴!
11 나의 신부여! 그대 입술에선 꿀이 흐르고
혓바닥 밑에는 꿀과 젖이 괴었구나.
옷에서 풍기는 향내는 정녕 레바논의 향기로다.
12 나의 누이, 나의 신부는 울타리 두른 동산이요,
봉해 둔 샘이로다.
13 이 낙원에서는

석류 같은 맛있는
열매가 나고,
14 나르드, 사프란 창포, 계수나무 같은
온갖 향나무도 나고,
몰약과 침향 같은
온갖 그윽한 향료가 나는구나.
15 그대는 동산의 샘 생수가 솟는 우물,
레바논에서 흘러내리는 시냇물이어라.

16 북새야, 일어라.
마파람아, 불어라.
내 동산에
향기를 퍼뜨려라.

신부

나의 사랑하는 임이 오시어
달콤한 열매를 따 먹도록.

신랑

5 나의 누이, 나의 신부여, 내 동산으로 찾아왔소.
몰약 같은 향기로운 나뭇가지도 꺾고
꿀도 송이째 따 먹으려오.
포도주만 마시랴, 젖도 마시리라.

친구들 혹은 예루살렘의 아가씨들

친구들아, 먹고 마시어라.
흠뻑 사랑에 취하여라.

이해와 감상 Tip

이별의 노래[5.2-9]. 결혼 시들은 시들의 모음집이 구성되는 주변을 둘러싸는 집중적인 울림의 중심이다. 결혼 시들에 앞서 두 사람의 사랑의 노래가 있었다(1.9-2.7). 이들 사랑의 노래의 함축된 맥락은 구혼이었다. 여기서, 함축된 상황으로서의 결혼과 함께, 결혼 시들의 다른 쪽에서 우리는 사랑하는 두 사람의 더 많은 노래들을 다시 만나게 된다. 이 단락에서는 여자가 다시 주도적인 역할을 한다. 신혼부부들의 일시적인 이별의 경험에 대한 좌절은, 여자가 그녀 자신을 그녀의 연인을 수소문하기 위해 마을을 배회하고 그리고 그를 발견하지 못하는 것으로 드러나는 환상이나 꿈으로 표현한다.

신부

2 나는 자리에 들었어도 정신은 말짱한데,
사랑하는 이가 문을 두드리며 부르는 소리,
"내 누이, 내 사랑,
티없는 나의 비둘기여, 문을 열어요.
내 머리가 온통 이슬에 젖었고,
머리채도 밤이슬에 젖었다오."
3 "나는 속옷까지 벗었는데,
옷을 다시 입어야 할까요?
발도 다 씻었는데,
다시 흙을 묻혀야할까요?"
4 나의 임이 문틈으로 손을 밀어 넣으실 제
나는 마음이 설레어
5 벌떡 일어나 몰약이 뚝뚝 듣는 손으로
문을 열어드렸네.

내 손가락에서 흐르는 몰약이
문고리에 묻었네.
6 임에게 문을 열어드렸으나
임은 몸을 돌려 가버리더이다.
나는 그만 넋을 잃고
가는 임을 뒤쫓다가 놓쳤다네.
임은 아무리 불러도 대답이 없었네.
7 그러다가 성 안을 순찰하는
야경꾼들에게 얻어맞고
성루를 지키던 파수병에게
겉옷을 빼앗겼네.
8 예루살렘의 아가씨들아,
나의 임을 만나거든 제발
내가 사랑으로 병들었다고
전해 다오.

친구들 혹은 예루살렘의 아가씨들

9 네 임의 남다른 점이 무엇이냐?
더없이 아리따운 여인아,
네 임이 어디가 남다르다고
그런 부탁을 하느냐?

이해와 감상 Tip

숙련된 남성적인 매력[5.10-6.3]. 이 단락은 솔로몬의 노래의 남자 영웅에 대한 찬양의 시 속에 있는 상징적인 문장 표현이다. 위에서 언급된 모든 원칙들은, 여자의 연인에 대한 찬양의 이 시에 대한 해석에 적용될 수 있다. 문장 표현은 로맨스에 대한 구경꾼들의 질문으로, 사랑에서 그녀의 만족을 또 다시 탐구하도록 하는 신부의 상상적 대화의 간략한 시구들이 이어진다.(6.2-3).

신부

10 나의 임은 말쑥한 몸매에 혈색이 좋아
만인 위에 뛰어난 사람이라오.
11 머리는 금 중에서도 순금이요,
머리채는 종려나무 잎새 같은데
검기가 까마귀 같지요.
12 눈은 흐르는 물가에 앉은
비둘기,
우유로 목욕하고
넘실거리는 물가에 앉은 모양이라오.
13 두 볼은 향료를 내는
발삼꽃밭 같고
나리꽃 같은 입술에선
몰약이 듣고요.
14 두 팔은 감람석이 박힌
황금방망이,
허리는 청옥 두른
상아 토막이라오.
15 두 다리는 순금받침대 위에 선
대리석 기둥,
그의 모습은 레바논 같아
송백나무처럼 훤칠하다오.
16 그 늠름하고 멋진 모습에
그만 반해 버렸지요.

예루살렘의 아가씨들아,
나의 임은 이런 분이란다. 나의 짝은 이런 분이란다.

친구들 혹은 예루살렘의 아가씨들

6 네 임은 어디로 갔느냐?
더없이 아리따운 여인아,
네 임이 간 곳을 알아야
함께 찾아보지 않겠느냐?

신부

2 나의 임은 정녕 자기의 동산,
발삼꽃밭으로 내려갔을 거예요.
그 동산에서 양을 치고
나리 꽃들을 따고 있을 거예요.

3 임은 나의 것, 나는 임의 것,
임은 나리꽃밭에서 양을 치시네.

이해와 감상 Tip

여자의 찬양에 대한 상징적인 문장 표현[6.4-12]. 이제 또 다른 상징적인 문장 표현에서 찬양받을 차례는 여자이다. 문장 표현에 신비로운 이야기 시구들이(11-12) 이어진다. 그것은 그녀의 연인이 무엇과 같은 가에 대한 여자의 환상일지도 모른다.

신랑

4 그대, 나의 짝은 디르사처럼 아름답고
예루살렘처럼 귀엽구나.
5 나에게서 눈을 돌려다오.
눈이 부시어 쳐다볼 수도 없구나.
그대 머리채는 길르앗 비탈을
내리닫는 염소 떼,
6 이는 털을 깎으려고
목욕시킨 암양떼 같아라.
새끼 없는 놈 하나 없이
모두 쌍동이를 거느렸구나.
7 너울 뒤에 비치는
그대의 볼은 쪼개놓은 석류 같아라.
8 왕비가 육십 명 있고 후궁이 팔십 명 있으며
궁녀가 수없이 있으니 그들이 다 무엇이랴.
9 티 없는 나의 비둘기는 오직 하나뿐.
낳아준 어머니에겐
둘도 없는 외동딸.
그를 본 아가씨들은 부러워하고
왕비, 후궁들도 칭찬하여 마지않네.
10 "이는 누구인가? 샛별처럼 반짝이는 눈,
보름달처럼 아름다운 얼굴,
햇볕처럼 맑고 별떨기처럼 눈부시구나."

신부

11 나는 호도밭에 내려가
골짜기에 대추야자나무 움이 텄는지,
포도나무 꽃이 피었는지,

석류나무 꽃송이들이 망울졌는지 보려고 기웃거리다가
12 나도 모르는 새에 마음이 움직여
왕자답게 내 백성의 병거에 올라탔다네.

이해와 감상 Tip

다시 확인된 여성적 아름다움[6.13-7.9]. 이것은 모음집에서 네 번째 상징적인 문장 표현이다. 겸손한 여자는 구경꾼들 앞에서 의례적인 춤을 추는 연인과 같이 자기-의식적이라도(6.13), 아마도 찬양에 대한 전체 시는 남편에 의해서 이야기된 것으로 이해되어야만 할 것이다. 이번에는 美點의 목록은 발로부터 머리카락으로 위로 움직인다.

친구들 혹은 예루살렘의 아가씨들

13 술람미의 아가씨야, 돌아오너라, 돌아오너라. 눈부신 너의 모습을
우리가 좀 볼 수 있게, 돌아오너라, 돌아오너라. 술람미의 아가
씨야.

신랑

14 그대들은 어찌하여 마하나임 춤마당에서 춤추는
술람미의 아가씨를 보려 하는가?

7 지체 높은 댁 규수라, 신 신고 사뿐사뿐 옮기시는 발,
여간 곱지 않군요.
두 허벅지가 엇갈리는 곳은
영락없이 공들여 만든 패물이요,

[2] 배꼽은 향긋한 술이 찰랑이는
동그란 술잔,
허리는 나리꽃을 두른
밀단이요,
[3] 젖가슴은 한 쌍 사슴과 같고
한 쌍 노루와 같네요.
[4] 목은 상아 탑 같고,
눈은 헤스본 밧라빔 성문께에 있는
파아란 늪 같고요.
코는 다마스쿠스 쪽을 살피는
레바논 성루 같군요.
[5] 머리는 가르멜 봉우리처럼 오똑하고
머리채는 붉은 공단처럼 치렁치렁하여
임금님도 그 아름다움에 홀려버렸지요.

[6] 너무나 아리땁고 귀여운 그대,
내 사랑, 내 즐거움이여,
[7] 종려나무처럼 늘씬한 키에
앞가슴은 종려 송이 같구나.
[8] 나는 종려나무에 올라가
가지를 휘어잡으리라.
종려 송이 같은 앞가슴 만지게 해다오.
능금 향내 같은 입김 맡게 해다오.
[9] 포도주 같은 단 맛을

신부

잇몸과 입술을 넘어 나오는
그대 입 속에서 맛보게 해다오.

이해와 감상 Tip

사랑을 위한 목가적인 초대[7.10-13]. 시의 초반부(2.10-15)에서 열렬한 예비 신부는 그녀의 약혼자를, 자연 속에서 산보하기 위해서 그녀를 초대하는 것으로써 그렸다. 이제 신부는 사랑하기 위해 그에게 목가적인 초대를 표현한다. 자연에 대한 우리의 감정이 일어나고 그리고 다음엔 낭만적인 감정으로 변화된다. 더 일반적으로, 목가적인 사랑의 시는 이상화 된 로맨스에 대한 적당한 배경으로써 이상화 된 자연 배경(이상적으로 꽃이 만발하고 열매가 많이 열리는 풍경)을 가지는 것의 전제를 기초로 한다.

신부

10 이 몸은 임의 것,
임께서 나를 그토록 그리시니,
11 임이여,
어서 들로 나갑시다.
이 밤을 시골에서 보냅시다.
12 이른 아침 포도원에 나가
포도순이 돋았는지
포도나무 꽃이 피었는지
석류나무 꽃이 망울졌는지 보고,
거기에서 나의 사랑을 임에게 바치리다.
13 자귀나무가 향기를 뿜는데,
문 밖에는 온갖 열매가 있답니다.
햇것도 해묵은 것도
임을 기다리며 마련해 두었답니다.

이해와 감상 Tip

사랑에 빠짐, 2부[8.1-5]. 우리는 우리가 그것을 시작했던 곳에서 솔로몬의 노래를 끝낸다- 다시 한 번 사랑에 빠지는 커플과 함께. 이것은 시집의 圓環 구성 부분이다. 지금까지 진행되어왔던 거대한 감정 이후에 어느 정도 점차 하강하는 분위기의 사화집을 끝내는, 8장에는 경이롭고 신비로운 다수의 디테일들이 있다. 그리고 이 구성단위에서, 우리는 다음의 의미들을 상세히 고찰할 수 있다: 어떤 사람도 눈살을 찌푸리지 않게 하고 그녀의 애정을 공공연하게 표현할 수 있는 여자의 욕망(1), 그리고 그녀의 부모의 집에서 그녀의 연인이 받아들여지도록 하는 욕망(2), 그녀의 연인이 지금 당장 포옹하길 소망하는 데서 여자의 감정의 절규(3), 여자의 거의 통제할 수 없는 감정의 맥락에서 나타나는, 그리고 여자가 사랑이 그것의 자연스런 과정을 흐르도록 할 그녀의 필요를 인정하는 자기-비난(4)의 후렴(또한 2.7과 5.8에 나타나는), 사랑에 빠지는 장면을 회상하는 플래쉬백(5) 등.

8 아, 임이여, 우리가
한 어머니의 젖을 먹은 오누이라면,
밖에서 만나
거리낌 없이 입을 맞추어드리련만.
2 이 몸이 태어나던
어머니의 방으로
임을 모시고 들어가 안기련만,
향긋한 술,
석류 즙을 대접해 드리련만.
3 왼팔을 베게 하시고
오른팔로 이 몸 안아주시네.
4 예루살렘의 아가씨들아, 이 사랑이 잦아들기까지

제발 방해하지 말아다오.
흔들어 깨우지 말아다오.

5 사랑하는 임에게 몸을 기대고 그대가
올라오는 저 여인은 누구인가?

사과나무 아래, 태어난 곳,
그대를 낳느라고 그대의 어머니가 산고를 겪던 곳,
바로 거기에서 잠든 그대를 만나 깨웠었지.

분석 및 감상 Tip

전체 시집이 이동해 가는 에피퍼니의 순간[8.6-7]. 문학의 주요한 작업을 구성하기 위한 가장 관습적인 방법은, 그것이 시집 후반의 에피퍼니의 어떤 극적인 순간을 향하여 움직여 가도록 하는 것이다. 이들 두 개의 절들은 솔로몬의 노래에서 그 작용에 기여한다(6). 그리고 이것은 모든 것을 정복하는 사랑의 힘에 대한 묘사 다음에 이어진다. 이것은 전체로써의 사화집이 축복하는 사랑의 부류이다. 6절에서 도장의 이미지는 사람의 목둘레나 손가락("팔") 위의 휴대용 도장(어떤 것의 소유권을 주장하기 위해 가지고 있었던 사무적인 서명을 하는데 사용되었던)의 고대 관행에 의존한다. 그 의미는 두 가지로(근접 주제), 여자가 그녀의 연인으로 하여금 그녀를 그의 소유로서 주장하길, 그리고 언제나 그녀 곁에 있길 원하는 것 등이다. 나머지 은유들은 사랑에 도전적인 어떤 것이든 정복하기 위한 사랑의 능력을 주장하고, 그리고 사랑의 최상의 가치에 대한 해설로 끝난다.

신부

6 가슴에 달고 있는 인장처럼
팔에 매고 다니는 인장처럼
이 몸 달고 다녀다오.
사랑은 죽음처럼 강한 것,
시샘은 저승처럼 극성스러운 것,
어떤 불길이 그보다 거세리오?
7 바닷물로도 끌 수 없고
굽이치는 물살도 쓸어갈 수 없는 것,
있는 재산 다 준다고
사랑을 바치리오?
그러다간 웃음만 사고 말겠지.

이해와 감상 Tip

결론적 의미[8.8-14]. 우리는 솔로몬의 노래가 가라앉은 분위기로 끝나는 것을 볼 수 있다. 의미는 독자들이 사랑에 빠지는 경험을 동반하는 것이라는 것을 명심하고, 우리는 다음 장면과 함께 독서를 시작한다. 여자의 형제들은 그들의 자매의 운명을 곰곰이 생각한다(8), 그녀가 정숙하다면 그들은 그녀를 존경할 테지만, 그녀가 도덕적으로 느슨하다면 그들은 그녀를 보호할 것이라는 것을 결심한다(9). 여자는 그녀의 순결성을 주장하며, 그녀 형제들의 도움이 없이 그녀 자신의 남편을 매혹할 능력을 주장한다(10). 이와 같이 아가는 반대가 있음에도 불구하고(8-9, 10-12절) 죽음같이 강한 두 사람의 사랑을 아무도 막을 수 없음을 암시하는 일련의 짤막한 묘사(8.5-7)와 함께 서로를 부르는 마지막 초청으로 끝난다(13-14절).

신부의 오빠들

8 우리 작은 누이
젖가슴도 없는데,
누가 말을 걸어오면
어떻게 할까?
9 성벽이라면,
은망대를 세워주고
성문이라면
송백널빤지를 둘러주련만.

신부

10 나는 성벽,
내 가슴은 망대랍니다.
그 날 임께서 보시기에
나무랄 데 없을 거예요.

11 바알하몬에는 솔로몬 왕의 포도원이 있지요.
그것을 도지로 주어
사람마다 도조를 일천 세겔씩 바치게 한답니다.
12 나에게도 마음대로 할 수 있는 포도원이 있어요.
솔로몬 임금님, 소작인들에겐 이백 세겔을 주시고,
당신께서는 일천 세겔을 거두어들이셔요.

신랑

13 나의 동산에 있는 이여,
나의 벗들이 듣는 그대의 목소리
나에게도 들려다오.

신부

14 임이여, 노루처럼,
산양처럼
향나무 우거진
이 산으로 어서 와주셔요.

III. 지혜문학(잠언과 전도서)

1. 잠언(Proverbs)

31장, 915절로 구성된 잠언은 제목이 암시하는 것과 같이-개개의 잠언들 즉, 격언, 경구, 지혜로운 말들의 모음이나 사화집으로 진리를 간명하고 기억하기 쉽게 표현한 것이다. 이것은 구약 성경의 장르 중 하나인 지혜 문학이라고 불리는 것에 주로 나오지만 거기에 한정되지 않는, 성경에 사용된 주요한 문학 형식의 하나이다. 이 모음집의 시작과 끝에는 몇 편의 시로 된 서언(1.8-9.18)과 한 편의 시로 된 결어가 자리하고 있다. 서언은 지혜자들의 말에 귀 기울이는 것이 중요함을 강조하고, 결어는 지혜로운 아내의 모습을 이상적으로 묘사한다. 서문(1.1-7)은 책의 제목, 목적, 주제를 제시한다. 그러나 책의 중간부분은 개별 단위 잠언들의 자의적인 모음으로 구성된다. 1장부터 9장까지는 나머지 부분보다 더 단일한 주제로 되어 있다. 그들은 동일한 주제(지혜), 공통된 이미지와 성격, 지혜와 무지를 비교하는 단일한 구조 등으로 인해 단일화 되고 서로 일관성 있는 교훈 부분이다. 이 부분 다음부터는 구조가 다양하고 통일성이 존재하지 않는다. 잠언과 경구의 모음들은 솔로몬의 잠언 I (10.1-22.16), 지혜자의 말 I (22.17-24.22), 지혜자의 말 II(24.23-34), 솔로몬의 잠언II(25.1-29.27), 아굴의 격언(30.1-33), 르무엘의 격언(31.1-31) 등으로 구성된다.

고대 문화에서 잠언은, 현재의 학교 교실에서의 교육과 동등한 젊은 이들을 위한 교훈의 형식이었다. 고대 현자들에 의해서 창작된 글들은 지혜문학으로서 알려진다. 현자나 교사들은 선지자들과 제사장들과 함께 구약성경의 종교적인 세 가지 범주의 지도자들 중의 하나였다(예레미아 18.18은, 세 개 모든 집단들에 대해서 언급했다). 성경적 사고에서, 지혜는 삶을 위한 기술이다. 잠언이 진실로 살아 움직이는 환경은 잠언들이 모여 있는 책속이 아니라 매일 그것이 적용되는 삶의 상황이다. 성경 속에 나오는 지혜의 스승들은 이러한 삶의 상황에 대한 민감한 관찰자들이었다. 히브리 문학권에서 제사장, 선지자, 지혜자 등이 이러한 부류에 속했다. 잠언의 작가인 고대 현자들은 이 부류의 하나로, 네 가지 주요한 특징들을 가지고 있었다. 첫 번째로, 그들은 인간 조건에 대한 신중한 관찰자들이었으며, 두 번째로, 그들은 교사들이었다. 세 번째로, 그들은 담화(잠언)에 대해 정통한 특별한 부류의 교사들이었으며, 마지막으로 그들은 어떠한 전제 조건 없이 그들의 지혜를 주장했던 권위적인 인물들이었다.

장르상 잠언의 전체적인 범주는 형식에 대해서라기보다는 주제 문제를 중심으로 분류되고 명명된 지혜문학이다. 지혜문학은 지혜로운 자에 의해서 창작된 문학으로, 지혜가 우리에게 다가오는 형식이 곧 잠언이다. 잠언은 간명하고 심오한 진리를 이해하고 기억하기 쉽게 표현한다. 잠언은 경험의 핵심만 추려두고 부수적인 모든 것들을 제거한다. 그렇지만 잠언은 삶의 깊은 내면세계까지 꿰뚫고 들어간다. 잠언들 중의 다수는 정직한 선언적인 "말" 로써 해석된다. 도덕적인 명령과는 달리, 잠언은 예외가 있는 일반적인 경향에 대해 관찰한 진리를 언급한다. 이에 덧붙여서, 잠언들이 대부분 시 형식으로, 성경에 나오는 지혜문학의 대부분은 대구형식(평행법)으로 표현되어 있다는 사실이다. 한마디로 잠언은 성경 시문학의 한 유형에 포함될 수 있다. 따라서 잠언서는 이미지, 은유, 그리고 직유와 같은 시의 요소들을 해석할 필요가 있는 시작품이다. 잠언에서의 대부분은 첫 행의 사고를 완성하기 위해서 반복, 대조, 혹은 비교를 수단으로 해서 두 번째 행을 필요로 하는 2행 단위의 대구법으로 구성된다. 이외의 다른 기술들은 유추("의로운 자의 열매는 생명의 나무이다" 11.30), 간략한 묘사(23.29-35에서의 술고래의 묘사와 같은), 그리고 숫자로 표시되는 목록들(30.18-19에서의 네 개의 신비로운 것들과 같은)을 포함한다.

바로 앞에서 언급한 바와 같이 문학 형식으로써의 잠언은 간결하고 기억하기 쉬운 경구이다. 그들은 이질적인 구성요소를 제거해 버리고, 경험의 단일한 측면에 초점을 둔다. 잠언은 구체적인 것을 말하는 것이 아니라 유사한 경험이 전체 범주로 확대되는 원칙을 설명한다. 즉, 개개의 구체적인 예들을 통해서 보편적인 진리를 끌어내는 기본적인 문학 원리를 따른다. 예를 들어서, "의는 나라를 영화롭게 한다"(잠언 14.34)는 잠언은, 어떤 특별한 시대의 특별한 나라를 말하는 것이 아니라, 정확하게 모든 점들에서 역사상의 나라들에 적용되는 원칙을 설명한다. 잠언은 인간 통찰의 요점으로 훌륭한 잠언은 통찰을 설명할 뿐만 아니라, 실제로 통찰을 완성한다. 많은 잠언들이 특별하고 보편적이다. 실례로, "나무가 남으로나 북으로나 쓰러지면 그 쓰러진 곳에 그냥 있으리라"(전도서 11.3)하는 잠언은, 구체적인 그림을 보여준다. 그러나 그 그림은 인생의 수많은 사건들을 수반하는 마지막에 대한 보편적인 원리의 상징이나 은유이다. 잠언들은 종종, 이미지, 은유, 그리고 직유와 같이 그들이 표현된 시작품 덕택으로 그들의 시적 효과를 얻게 된다. 잠언은 삶속에서 반복될 수 있는 상황에 관한 관찰자이다. 그러나 관찰은 필연적으로 일어날 하나의 징조로써 해석되어서는 안 된다. 따라서, "마땅히 행할 길을 아이에게 가르치라 그리하면 늙어도 그것을 떠나지 아니 하니라"(잠언 22.6)는, 그것이 항상 일어날 것이라는 약속이 아니고, 항상 일어나는 것에 관한 관찰이다. 잠언에 대한 가장 강력한 맥락은 그것이 적용되는 삶속의 일상적인 상황이다. 끝으로 잠언의 좀 더 깊은 의미는, 형식에서의 관찰적인 잠언을 포함해서, 우리가 이 잠언은 무슨 미덕을 이르는가? 그것이 무슨 악을 비난하는가? 그것은 무슨 가치를 주장하는가? 등의 해석의 기준을 갖게 될 때 다가오게 된다.

지혜는 삶을 위한 기술이다. 구약성경에서의 지혜는, 제공되는 특별한 사례들로부터 점차적으로 확립되는 세계관과 삶의 의미와 같이 그렇게 체계적으로 철학적이거나 신학적이지 않다. 다른 말로, 삶에 대한 접근은 귀납적이다. 세계관에 대한 다소의 중요한 가정은 다음과 같은 내용들을 포함한다. 선한 행동과 나쁜 행동 사이를 구별할 수 있는 표준들이 있다. 행동은 변함없이 결과를 만들어 낸다. 삶은 우리에게 선하고 악한 선택의 자유 사이에서 선택하길 요구한다. 선한 삶은 적극적인 선택과 부단히 분투노력하는 도덕적인 노력을 요구한다. 삶의 모든 것은 중요하다. 사람들이 할 필요가 있는 궁극적인 선택은 삶에 대한 하나님의 통치에 복종하는 것을 선택하는 것이다. 이것이 곧 성경적 지혜이다.

잠언서가 이야기라기보다는 오히려 잠언들의 선집이라 해도, 이들 잠언들을 스토리를 이야기하는 것으로 보는 것이 가능하다. 전반적인 구성 줄거리는 선한 삶을 위한 탐구이다. 이러한 탐구는 선과 악, 지혜와 어리석음 사이의 함축된 구성적 갈등의 맥락에서 일어난다. 잠언서 안에서 탐구를 떠맡는 사람은 항상 "나의 아들"로서 언급된 미성년자들이지만, 이 아들은 또한 독자로서의 우리를 대표한다. 그래서 그것은 실제로 선한 삶을 어떻게 성취할 것인가에 관해 교훈 받는 우리 자신이다. 다른 여러 인물들이 각기 인물들의 배역을 수행한다. 우리의 주의와 신뢰를 명령하는 권위적인 목소리인 화자나, 서술자, 지혜와 어리석음으로 명명된 두 명의 의인화된 여자들, 책의 말미에 칭찬되는 정숙한 아내, 그리고 그의 행동이 사람들에게 현명하거나 어리석게 되는 본을 보여주는 사람들의 주인 등이 바로 그러하다. 잠언들의 선집으로 보이지만, 위에서 볼 수 있듯이 잠언서 또한 인물들의 전시장이기도 하다.

전반부 아홉 개 장들과 책의 말미에 있는 선한 아내에 대한 찬사를 제외하고, 우리가 잠언서를 읽을 때 구조적인 일관성과 계속성을 찾는 것은 쓸데없는 일이다. 잠언서는 주로 개개의 잠언들의 저장고이다. 개개의 잠언들은, 마치 우리가 빛의 뉘앙스를 포착하기 위해서 빛 속에서 프리즘을 돌리는 것처럼, 처음에는 그들 스스로 모든 것을 신중히 생각되게 할 필요가 있다. 그런 다음에 우리는 개개의 잠언에 대한 실제의 맥락은 문학적 사화집에서의 그의 위치가 아니라, 실제 삶의 경험이라는 것을 의식할 필요가 있다. 그와 같이 하나의 잠언이 주장하는 것을 이해하는 것 같이, 우리는 실제 삶의 적용이나 그것을 확인하는 증거들을 생각할 필요가 있다. 잠언은 이와 같이 삶의 미세한 측면을 정확한 초점 속으로 가져오는 렌즈가 된다. 우리가 주어진 잠언들을 묵상할 때에, 우리는 "삶 속에서 나는 언제 이러한 특별한 경험이나 선택에 직면하는가? 나는 언제 이러한 상황 속에서 보거나 있었는가? 나의 친지들과의 동아리에서 어느 누구의 삶이 이런 유형의 지혜나 어리석음을 보여주는가?" 하는 질문들을 스스로에게 던질 필요가 있다.

성경의 주요 스토리 속의 한 장으로써의 잠언서는 처음부터 끝까지, 성경의 스토리는 선과 악 사이의 우주적인 戰場인 세상 속에서, 그리고 그들 사이에서 사람들이 선택해야만 하는 세상 속에서, 하나님은 우리가 어떻게 살기를 원하시는가이다. 잠언서의 모든 개개의 잠언은 그 이야기 속에서 하나의 작은 계기이다. 하나님이 성경의 주요 이야기의 주인공인 것과 똑같이, 또한 잠언서에서 하나님은 사람들이 복종하길 원하는 규범을 만든 유일한 분이시다. 덧붙여서, 신약성경의 예수를 지혜에 연결할 때 (고린도전서 2.1에서, "모든 지혜의 보물이 그리스도 안에 숨겨졌다")와 같이, 그것은 구약성경이 지혜에 관해 이야기 하는 것에 의지한다.

이해와 감상 Tip

유혹 이야기[7장]. 7장은 항상 같은 순종에 대한 호소로 시작한다(1-3). 그리고 지혜를 기꺼이 받아들일 것을 명령한다(4). 그러나 전반적인 소재는 신속하게 성적인 죄악의 주제로 집중된다(5). 그런 다음에, 작가가 잠언들의 모음에 대한 단순한 기술을 그만두고 생생하고 구체적인 유혹 이야기를 할 때(6-23), 7장은 잠언서에서 가장 인상적인 작품들 중의 하나가 된다. 시 작품속의 주요 인물들은 "의를 결핍한 젊은 남자"(7)와, 원형적인 "금지된 여자"(5)- 문자적인 의미에서의 매춘부가 아니라 매춘부같이 무차별적으로 행동하는 결혼한 여자-이다(10). 잠언 7장의 유혹 이야기는 젊은이의 성적 일탈행위를 생생하게 묘사하고 있다는 점에서 특징적이다. 현대 시인이 하듯이 성적 죄의 경험에 대한 단순한 감정을 다루는 대신에, 여기서 저자는 남녀 주인공들 사이에서 벌어지고 있는 성적 일탈의 한 장면을 환기적으로 진지하게 보여주고, 또 사람의 영혼의 파괴의 관점에서 그 사건이 의미하는 것에 대한 생생한 은유들을 우리에게 보여준다(22-23). 이야기가 완성된 후, 저자는 그의 상상적인 이야기를 수단으로 해서, 방금 관찰한 장면을 피하도록 독자들에게 결론적인 경고를 한다(24-25). 그리고 시의 끝 부분에서 성적인 유혹에 굴복하는 것은 갑작스럽게 영웅적인 서사시적인 전투에 패하는 것의 의미로 확대되며(26), 스스로를 죽음의 방으로 초대하는 것이 된다(27). 이는 곧 젊은이들이 성적 유혹을 이겨내는 것이 마치 역사적인 영웅적인 행동과도 같이 위대한 일이라는 의미일 것이다.

잠언

7장

1 내 아들아, 내 말을 지키고,
내 계명들을 간직하라.
2 내 계명들을 지키라. 그리하면 살리라.
내 법을 네 눈동자처럼 지키라.
3 그것들을 네 손가락에 묶으며
네 마음판에 새기라.
4 지혜에게 말하기를 "너는 내 누이라." 하며,
명철을 네 친척이라 부르라.
5 그리하면 그것들이 너를 타국 여인으로부터,
말로써 아첨하는 타국 여인으로부터 지켜 주리라.

6 내가 내 집의 창문에서
창살을 통해 내다보다가,
7 우매한 자들 가운데,
내가 보아 젊은이들 가운데
명철이 없는 한 청년을 찾아냈는데,
8 그가 거리를 지나 그녀의 모퉁이 가까이 이르러
그녀의 집을 향해 길을 가더라.
9 땅거미가 지는 저녁 무렵,
어둡고 캄캄한 밤이었는데,

10 보라, 창녀의 옷을 입고 간교한 마음을 지닌
한 여자가 그를 맞으니
11 (그녀는 수다스럽고 고집스러워서
발이 집에 머물러 있지 아니하며

12 때로는 밖에서, 때로는 거리에서,
또 모든 길모퉁이에서 숨어 기다리는도다.)
13 그리하여 그녀가 그를 붙잡고 그에게 입맞추며
뻔뻔한 얼굴로 그에게 말하기를
14 "내가 화목제를 드려서
오늘 내 서원을 이루었도다.
15 그러므로 내가 너를 맞으려고 나와서
네 얼굴을 부지런히 찾다가 너를 만났도다.
16 내가 내 침상을
이집트의 비단천에 수놓은 채색 이불로 폈고
17 내 침상에다 몰약과
알로에와 계피향을 뿌렸노라.
18 오라, 우리가 아침까지 사랑으로 가득 채우며,
사랑으로 서로 위안하자.
19 이는 남편이 집에 없음이니,
그가 먼 여행을 떠났느니라.
20 그에게는 돈주머니가 있으므로
만월 때에나 집에 오리라." 하였노라.

21 그녀가 여러 가지 달콤한 말로 그를 홀리고
아첨하는 입술로 그를 꾀므로
22 그가 곧장 그녀를 따라가니,
수소가 도살장으로 가는 것 같고
어리석은 자가 징계받으러 가는 것 같으니
23 결국 화살이 그의 간을 꿰뚫을 것이요,
마치 새가 자기 목숨을 잃는 줄도 모르고
급히 덫으로 들어가는 것과 같으니라.

24 그러므로, 오 너희 자녀들아,이제 내게 경청하고

내 입의 말들에 주의를 기울이라.
25 네 마음이 그녀의 길들로 기울어지지 않게 하며
그녀의 행로들로 그릇되이 가지 않게 하라.
26 이는 그녀가 많은 사람들을 상처내어 쓰러뜨렸음이니,
정녕, 많은 강한 자들이 그녀로 인하여 죽임을 당하였느니라.
27 그녀의 집은 지옥으로 가는 길이며
죽음의 방들로 내려가는 길이니라.

2. 전도서(Ecclesiastes)

전체 12장, 222절의 전도서는 한 편집자가(12.9-14) 자신을 전도자라고 부르는 이스라엘 왕의 교훈과 잠언들을 편찬한 것이다. 전도자란 회중-하나님의 백성들(12.9)-에게 지혜를 가르치는 교사의 역할을 암시하는 호칭으로 알려지고 있다. Herman Melville은 전도서를 "모든 책들 중 가장 진실한 책"으로 불렀으며, 그의 추종자인 미국의 소설가 Tomas Wolfe는 전도서를 시, 웅변, 그리고 진리의 가장 높은 꽃으로 묘사했다. 전통적으로 성경학자들과 여러 사람들이 그 책을 해결이 어렵고 난해한 것으로 얘기하고 있음에도 불구하구, 궁극적으로 그것은 읽기 쉽고 이해하기 쉬운 책이다. 저자에 의해서 지지된 견해는 사실상 성경적 세계관의 요약이다. 즉, 중심에서 하나님과 함께 하는 삶이 가득 채우는 반면에, 전적으로 인간에 의해서 영위된 삶과 세속적인 삶은 텅 비어 있다는 점이다. 저자는 책의 말미에서(12.9-10) 전도자가 어떻게 그의 과업에 열중했는가를 정확하게 우리에게 이야기한다. 그리고 같은 페이지에서 전도자의 자기-인물묘사를 제시하고 있는데, 그는 교사이며, 잠언들의 수집가이고 신중한 기록자이다. 또 명문가이며 언어의 연금술사로 진리의 탐구자이다. 전도서는 성경 속에서 가장 당대적이거나 현대적이라고 불리기에 충분하다.

전도서가 잠언들의 모음집이라 할지라도, 그것은 전형적인 잠언들의 모음집같이 읽히지 않는다. 이것은 잠언들이 집단적인 의미의 틀로 형성되고, 더욱이 구성단위들을 함께 묶는 통일적인 구성 줄거리가 있기 때문이다. 구성단위들은 회상, 반성, 그리고 마음 상태의 세 범주로 나눠진다. 이 모든 것들은, 실제로 삶 속에서 만족을 발견하기 위해서 그의 탐구의 스토리를 이야기 하는 한 명의 화자에 의해서 표현된다. 이러한 그의 탐구는 탐구가 만족스럽게 끝난 누군가의 안전한 관점을 바탕으로 해서 재확립된다. 구성단위들 사이의 전이는 종종 관점에서의 탐구를 지속한다. 즉, "그래서 내가 돌이켜 생각해 보니", "내가 다시 살펴보니", "내가 또 본 즉" 등이 그러한 어구들이다. 표현된 탐구를 관찰할 때, 우리는 지속적으로 화자의 현재 견해와 과거에 취해졌던 풍부한 탐구 사이의 불일치를 의식한다. 실제로, 화자는 그가 추구했던 막다른 곳의 미로를 회상한다. 그리고 충만한 생생함으로, 그러나 그것을 그의 성숙한 견해로 표현하지 않고 그의 불안한 과거를 재창조한다. 이야기의 공통된 주제와 함께, 제재의 많은 부분에 대한 관찰적인 형식은 전도서를 사색적으로 만든다.

성경 중에서 가장 잘못 이해되고 있는 책 중 하나인 전도서는, 두 가지 주제로 인해 전체가 통일되는 그런 패턴으로 잘 짜여져 있다. 다시 말해서, 전도서는 두 개의 관점 사이의 대조의 변증법적 원리로 조직된다. 그 한 가지 주제는 탐구의 주제이다. 화자가 인생에서 의미를 찾고자 하는 그의 추구를 회고할 때, 독자인 우리는 그 화자와 많은 공감을 느끼게 된다. 주인공은 이 탐구를 자세히 설명하면서 그가 추구했던 헛된 삶의 결말과 다른 목적 즉, 하나님 중심적인 삶에 대해서 묘사한다. 삶의 공간에 있어서 주제는 해 아래의 삶 즉, 단순히 인간과 세속적인 가치에 의해서 영위되는 삶의 비어 있음이다. 서로 뒤엉키고 끝내 해결되지 않는, 해 아래 삶의 상대방은 세속적인 수준의 삶에 대한 대안을 주장한다. 우리는 그것을 해 위의 삶이라고 부를 수 있을 것이다. 그것은 세속적인 공간에서 의미를 발견하는 것을 향해 개방적인 하나님 중심의 관점이다.

전도서는 긍정과 부정의 섹션들 사이에서 앞뒤로 반복적으로 움직이고 있다. 전도서의 여러 부분들을 해석하는 데에서의 핵심은 정확하게 한 단락이 두 가지 상황에 속하는 것을 주목하는 것이다. 작가 스스로 우리에게 이러한 관점에서 많은 암시를 주고 있다. 전도서에서 "해 아래" 어구나 그것의 상당 어구는 31회 이상 나타나는데, 부정적인 섹션에서 두드러지게 나타난다. 부정적인 부분들 보다 더욱 간략한, 긍정적인 섹션들(신선한 공기의 호흡과 같은)은 두드러지게 하나님을 언급한다. 부정적인 단락들은 우리에게 긍정적인 섹션들처럼 철저하게 진리를 말한다. 즉, 그들은 우리에게 하나님 없는 삶에 관한 진리를 이야기한다.

저자가 우리에게 해 아래 삶의 헛됨과 해 위의 삶의 영광을 설득하려고 하기 때문에, 전도서는 강력한 설득적 경향을 지니고 있다. 그러나, 이러한 주장을 하는 히브리 방법은 일련의 논리적인 방법이 아니다. 대신, 전도서의 저자는 너무 자주 그의 주장을 반복해서 우리가 그에 동의에 이르도록 한다. 그의 호소는 관찰 가능한 인간 경험에 대한 것이고, 그의 설득의 목적은 우리가 그의 관점의 진실성을 느끼도록 함으로 해서 획득된다.

잠언은 전도서의 기초적인 건축 벽돌이다. 전도서가 본질적으로 스토리처럼 구성되지 않았을지라도, 근본적인 탐구 모티프는 1인칭 화자의 계속적인 존재에 의해서 전도서에 강화된 내러티브 효과를 준다. 해 아래 단락들의 많은 부정적인 이야기가 하나의 항의로써 들리고, 그래서 저항 문학의 장르는 작용하기 시작한다. 모든 지혜문학이 대구법의 운문 형식을 포함해서 시의 자원을 사용하는 경향이 있으나, 전도서는 보통의 지혜문학보다 더 많이 그것의 시적인 매개적 사용을 과시한다. 저자는 이미지, 은유, 그리고 직유에 정통한 사람이다.

전도서의 개별 단락들은 전체로서의 책의 변증법적 구조의 관점에서 읽혀질 필요가 있다. 저자는 부정적인 "해 아래" 라는 구절과 긍정적인 "해 위에서"의 구절들을 번갈아 가며 사용한다. 이러한 변증법적 원리는 전도서에서 보여 주는 모순을 설명해 준다. 저자가 "해 아래" 서의 삶-인본주의적이고 세상적 가치 기준으로 사는 삶의 무익함을 묘사할 때, 그는 그 삶에 대한 마지막 판단은 제시하지 않는다. 문학 양식을 통해서 저자는 그러한 무익한 삶을 살지 말아야 한다는 그의 관찰을 독자들과 나누고 있다. 전도서는 부분적으로 형식에서 관찰적이고 묘사적이다. 저자가 묘사하는 현상에 대한 우리 자신의 경험을 숙고하면서, 우리는 사색적인 방식으로 그와 같은 단락들에 접근할 필요가 있다. 전도서는 또한 매우 감정을 표현하고 있기 때문에 우리는 그것이 서서히 스며들기를 모색하는 수용적인 기분이 될 필요가 있다. 잠언들은 그들의 최상의 맥락으로 실제 삶에 의지한다. 그래서 우리는 우리 자신의 관찰과 경험으로부터 그러한 맥락을 설명해줄 필요가 있다. 첨부해서, 우리는 오직 그것이 암시하는 시적인 매개항에 대해 수용적이라면, 전도서를 올바로 평가할 기본자세를 갖추는 것이 될 것이다.

성경의 주요 이야기의 목적은 독자를 최후의 희생으로서의 그리스도와 하나님을 믿도록 인도하는 것이다. 성경의 66권 각 권의 특별한 입장이 어떠하든지 전반적인 목적은 동일하다. 전도서는 진공의 그리스도-형상이라고 불린다. 성경의 이야기 줄거리에 대한 전도서의 공헌은, 만족을 찾기 위한 인간 영혼에 대한 열망과 그리스도-중심 삶의 경험 속에서, 그 열망의 만족을 위해서 우리에게 가르치는 인간 영혼의 열망을 기록하는 것이다. 예수님은 삶의 의미이고, 그가 우리의 일상의 경험의 중심에 있지 않으면, 우리는 오직 무익하고 좌절감을 발견할 뿐이다.

이해와 감상 Tip

서언[1.1-3]. 저자의 솔직함(솔로몬 왕으로서 확인된)은 그의 가장 매력적인 성격 특징들 중의 하나이다. 그는 우리에게 그가 누구이고 그의 책의 요지를 한 번에 이야기한다. "헛됨"으로 번역된 단어가 책에서 31회 나타나고, 원래의 히브리어에서 그 단어는 증기나 호흡과 같은 구체적인 이미지이다. 우리는 그러한 은유를 세밀하게 살펴서 그것이 어떻게 전도서의 전반적인 효과에 관련되는 가를 알기 위해, 빛 속의 프리즘같이 회전시킬 필요가 있다.

1 예루살렘에 있는 왕, 다윗의 아들 전도자의 말씀이라.

2 전도자가 말하노라.
헛되고 헛되며 헛되고 헛되니 모든 것이 헛되도다.
3 사람이 해 아래서 하는 그의 모든 수고에서
무슨 유익을 갖겠는가?

이해와 감상 Tip

삶의 헛된 순환에 대한 생각[1.4-11]. 해 아래 삶의 비어 있음에 대한 저자의 첫 번째 생각은 자연의 순환(4-7)과 인간 경험 속에서 상응하는 순환에 대한 실례를 든 후, 그가 설명한 예는 마음 상태 구획이다. 묘사되는 순환의 모든 것에서의 공분모는 반복이 있으나 전진이 없다는 것이다. 시의 전반부는 대조의 조직이다-변화하는 세대들과 변화하지 않는 땅 사이, 뜨는 해와 지는 해(동쪽 대 서쪽) 사이, 남으로 부는 바람과 북으로 부는(정반대) 그러나 항상 되돌아가는 바람 사이, 그리고 바다로 흐르는 강과 그러나 발원한 곳으로 다시 돌아오는 강 사이. 시의 두 부분들 사이의 중심축은 주제에 대한 설명을 상징 한다: "만물은 수고로 가득 찬다"(8). 그 다음에 시인은, 여전히 우리를 삶속에서 반복되는 우리의 행동들이 얼마나 헛된가를 느끼도록 하는 관점으로, 초점을 자연으로부터 사람으로 바꾼다. 그는 실패에 대한 길고 지루한 설명을 한다-보고 듣는 데서의 만족을 찾는 실패(8), 인간 역사에 진정한 발전이나 변화를 도입하는 것의 실패(9-10), 개인에 대한 잊혀진 상태를 빚어내는 기억의 실패 등의 예를 든다(11). 8절은 "만족되지 않는" 이라는 공식을 사용한다, 그리고 전도서의 차별되는 특징들 중의 하나는 만족되지 않은 욕망의 소리가 강하게 흐른다는 것이다.

4 한 세대가 지나가고 또 다른 세대가 오나
땅은 영원히 남아 있으며
5 또한 해도 뜨고 지며
그 떴던 자리로 급히 돌아가는도다.
6 바람은 남으로 불다가
북으로 돌이키며,
계속해서 돌며 불다가
그 순환을 따라 다시 돌아 가는도다.
7 모든 강물은 바다로 흘러가나
바다는 여전히 채워지지 않으며,
강물들은 발원한 곳으로
다시 돌아가는도다.
8 만물은 수고로 가득 찼으나
사람이 그것을 표현할 수 없으니,
눈은 보는 것으로 만족하지 못하며
귀는 듣는 것으로 채워지지 않는도다.
9 이미 있었던 것이 앞으로 있을 것이며
이미 된 것이 앞으로도 될 것이니,
해 아래 새 것이 없도다.
10 어떤 것을 가리켜
"보라, 새 것이라!" 고 할 만한 것이 있느냐?
그것은 우리 앞에 있었던
옛 시대에 이미 있었던 것이라.

11 이전 것들을 기억함이 없으니
장래 일들도
후에 올 사람들에게
아무것도 기억되지 않으리라.

이해와 감상 Tip

지식에서 의미를 발견하기 위한 헛된 모색[1.12-18]. 이 단락은 하나의 작은 이야기이다-화자가 스스로를 찾고 탐구하고(13), 모든 것을 보고(14), 많은 지혜를 얻는(16) 그의 마음을 집중시키는 것(13,17)에 대해 이야기 하는 원형적인 탐구자로서 묘사하는 단축된 탐구 이야기이다. 우리는 탐구에 대한 다음 사항들을 주목해야만 한다. (1)그것은 화자가 혼자서 떠맡았던 인간적인 탐구였다(13,16,17), (2)그것은 광범한 탐구였다(13,14,16), (4)그것은 자기-중심적인 탐구였다. 이 단락은 화자가 삶의 의미를 발견하기 위한 이러한 탐구 속에서 추구했던 막다른 곳의 하나를 기록하고 있다.

12 나 전도자는 예루살렘에서 이스라엘을 다스리는 왕이었노라.
13 내가 하늘 아래서 행해지는 모든 일들에 관하여 내 마음을 다하
여 지혜로 찾고 탐구하였는데, 이 심한 노고는 하나님께서 사람의
아들들에게 주사 더불어 수고하게 하신 것이라. 14 내가 해 아래서
행해지는 모든 일들을 보았는데, 보라, 모든 것이 헛되며 영의 고
통이라.

15 구부러진 것을 반듯하게 할 수 없고
부족한 것은 셀 수도 없도다.

16내가 내 마음에 숙고하여 말하기를 "보라, 내가 위대하게 되어
나보다 먼저 예루살렘에 있었던 모든 자들보다 더 많은 지혜를 얻
었노라." 하였나니, 정녕, 내 마음이 지혜와 지식의 큰 경험을 하
였도다. 17내가 지혜를 알고 미친 것과 어리석은 것을 알기 위하여
내 마음을 썼으나, 이것 역시 영의 고통임을 알았도다.

18지혜가 많으면 슬픔도 많으니,
지식을 늘리는 사람은 슬픔을 늘리는 것이라.

이해와 감상 Tip

시간의 대한 주제에 대한 세계의 가장 유명한 시[3.1-8]. 시간에 대한 시는 참뜻의 시적 여행이다. 주제는 현세가 그것을 불렀던 것같이, 시간에 대한 문제이다. 시가 모든 것에는 때가 있다고 주장할 때, 주제(해석적 경향)는 최초에 선언된다. 그것은 성경에서 가장 미사여구를 나열한 단락들 중의 하나이며, 특별한 기교들은 다음을 포함한다. 시행들 안에서의 엄격한 대구법, 따라서 두 번째 행이 첫 번째 행 속의 그것에 유사한 경험의 실례를 든다(예를 들어서, 2절에서 태어나서 어떤 것을 심는 것), 대조(4절에서 울고 웃는 것과 같은, 반대되는 것의 짝), 각각의 행에 대한 동일한 문법 구조, (a) "~에 대한 시간" 공식, (b)인간의 행동을 명명, (c) "~와 시간에 대한"이라는 대조하는 공식, 그리고 (d)첫 번째 행동에 대해 대조적인 두 번째 인간 행동을 명명하기, 기초적, 보편적인 인간 경험의 환기, 구체성(실례들이 축적하기 때문에 시간이 추상 관념이 되는 것을 멈춘다). 단락에는 전반적인 진전이 없으나, 일반적으로 각 절의 두 행은 유사한 경험을 다루고, 절들은 처음에 긍정적인 경험을 명명하는(2절에서 태어나고 심는 것) 것과 처음에 부정적인 경험(3절에서 죽이는 것과 허는 것)을 명명하는 것 사이에서 번갈아 등장한다. 시는 히브리 시의 끊임없이 마음에

떠오르고 점증하는 효과를 설명한다. 시를 끝낼 즈음에는, 우리는 참으로, 모든 것에 때가 있다는 것을 감정적으로 확신하게 된다. 전도서의 리듬에 관해서, 시는 긍정적인 무드이다. 우리가 삶의 사건들을 조정할 수 없다는 것을 염두에 둔다면, 시는 (a)삶은 나쁜 만큼 좋다는 것을 함축한다, (b)인간 삶의 시간 구속 성격에 관해서 항의 보다는 오히려 조용한 감수의 정신을 구체화 한다, (c)인간 삶에 대한 질서를 단언하고, (d)시의 적절함에 대한 긍정적인 주제를 주장한다(우리가 시간을 조정할 수 없다면, 우리는 그것의 흐름 속으로 플러그를 꽂을 수 있다). 첨부해서, "모든 것에 때가 있다"의 주제에 대한 나중의 세 가지 설명들은 생각을 강렬하게 긍정적인 의미로 설명한다(3.11, 17, 7.14).

3 하늘 아래 모든 것에는 시기가 있고, 모든 목적에는 때가 있으니,

2 태어날 때와 죽을 때,
심을 때와 심긴 것을 뽑을 때며
3 죽일 때와 치유시켜 줄 때,
헐 때와 지을 때요
4 울 때와 웃을 때,
애도할 때와 춤출 때며
5 돌들을 던져 버릴 때와 돌들을 함께 모을 때,
안을 때와 안는 것을 그만둘 때요
6 얻을 때와 잃을 때,
간수할 때와 버릴 때며
7 찢을 때와 꿰맬 때,
침묵을 지킬 때와 말할 때요
8 사랑할 때와 미워할 때,
전쟁의 때와 평화의 때라.

이해와 감상 Tip

시간에 대한 하나님의 관점[3.9-22]. 여기는 이해하기 어려운 단락이지만, 그것은 앞서의 1장에서 소개되었던 시간의 주제에 대한 그 이상의 변이형들을 우리에게 주는 것으로서 바라본다면 앞뒤가 맞을 것이다. "모든 것의 때"에 대한 시는 시간을 인간적인 관점에서 바라보지만, 장의 나머지는 시간을 초월적인 관점에서 바라본다. 계속해서, 단락에서 설명되는 주장들이 여기에 있다. 하나님은 시간과 생명을 주시는 유일한 분이시다(9-10). 일어나는 모든 것은 하나님의 아름다운 질서의 부분이다(11a). 사람들은 초월-시간을 넘어서는 어떤 것을 향한(11b) 능력을 가지고 있다. 우리는 시간을 즐겨져야 할 하나님의 선물로써 받아들여야만 한다(12-13). 하나님은 사람들을 시간의 제약 아래 놓아서 그들은 그를 우러러 존경할 것이다(14). 하나님은 인간의 관점으로부터 시간의 상실된 것들을 구할 수 있다(15). 시간은 하나님이 사람들을 시험하시는 영역이다(16-17). 하나님은 시간을 지배하신다(18). 시간의 제약 때문에, 사람들은 그들이 그것을 가지고 있는 동안 그것의 최선을 해야만 한다(20-22).

9 일하는 사람이 자기의 수고하는 것에서 무슨 이익을 얻으리
요? 10 나는 하나님께서 사람들의 아들들에게 주사 그 속에서 애쓰
게 하신 노고를 보았노라. 11 그는 모든 것을 그의 때에 아름답게
지으시고 또한 그 세상을 그들의 마음속에 두시어, 하나님께서 지
으신 일을 처음부터 마지막까지 사람이 찾아낼 수 없게 하셨도다.
12 사람이 기뻐하는 것과 그의 생애 속에서 선을 행하는 것 말고는
그것들 중에 선이 없음을 내가 아노라. 13 모든 사람이 먹고 마시며
자기의 모든 수고의 유익을 누려야 함을 또한 아노니 이것은 하나
님의 선물이라.

14 내가 아는 것은 하나님께서 하신 것은 무엇이나 영원히 있을

것이라는 것이라. 아무것도 거기에 첨가될 수 없고 또 아무것도 거기서 뺄 수도 없으니 하나님께서 그것을 행하심은 사람들이 그 분 앞에서 두려워하게 하려 하심이라. 15 전에 있었던 것이 지금 있고 앞으로 있을 것이 이미 있었으니, 하나님께서는 지난 것을 요구하시는도다.

16 내가 해 아래서 또 보았는데 재판의 자리에 사악함이 있고 의의 자리에 죄악이 있도다. 17 내가 내 마음속에 말하기를 "하나님께서 의인과 악인을 심판하시리라. 이는 모든 목적과 모든 일의 때가 거기 있음이라." 하였도다. 18 내가 사람들의 아들들의 지위에 관하여 내 마음속에 말하기를 "하나님께서 그들을 드러내사 그들로 자신들이 짐승들이라는 것을 보게 하소서." 하였도다. 19 이는 사람들의 아들들에게 닥치는 일이 짐승들에게도 닥침이니, 곧 한 가지 일이 그들에게 닥치는도다. 하나가 죽는 것처럼 다른 것도 죽으니, 정녕, 그들 모두가 한 호흡을 가졌도다. 그러므로 사람이 짐승보다 월등함이 없으니, 이는 모든 것이 헛됨이라. 20 모두가 한 곳으로 가나니, 모두가 흙에서 왔고 모두가 흙으로 다시 돌아가도다. 21 사람의 영은 위로 올라가고 짐승의 영은 땅 아래로 내려가는 것을 누가 알리요? 22 그러므로 사람이 자기 자신의 일을 기뻐하는 것보다 더 좋은 일이 없음을 내가 알았나니, 이는 그것이 그의 몫임이라. 그의 뒤에 있을 일을 보게 하려고 누가 그를 데려오리요?

이해와 감상 Tip

죽음에 대한 저항[9.1-6]. 전도서가 현대의 감성에 친근한 것처럼 보이는 하나의 이유는 그것의 많은 것이 현대 문학의 주요한 양식인, 저항 문학의 양식으로 나타난다는 것이다. 죽음이 어떻게 의로운 자와 악한 자에게 동등하게 다가오며, 그것이 사람들을 잊혀진 상태로 데려가는 가에 대한 강조와 함께, 9장의 첫 번째 단락은 죽음에 대한 은유적인 저항이다(5-6).

9이 모든 것을 내가 내 마음에 생각하고 이 모든 것을 선포하였
나니, 곧 의인과 현명한 사람과 그들의 일이 하나님의 손 안에
있다는 것이라. 사람은 아무도 그들 앞에 있는 모든 것으로 인
해 사랑도 미움도 알지 못하느니라. 2 모든 것이 모든 사람에게
똑같이 임하나니 의인과 악인에게며, 선하고 깨끗한 자와 불결
한 자에게며, 희생제를 드리는 자와 희생제를 드리지 않는 자에
게 한 가지 일이 있으니, 선인과 죄인이 마찬가지며 맹세하는 자
와 맹세하기를 두려워하는 자가 마찬가지라. 3 해 아래서 행해지
는 모든 것들 가운데 이것이 한 가지 악이니, 곧 모든 사람에게
한 가지 일이 있다는 것이며, 또 정녕, 사람들의 아들들의 마음
이 악으로 가득 찼으며 그들이 살아 있는 동안에 미친 마음을 품
다가 후에는 죽은 자에게로 간다는 것이라. 4 살아 있는 모든 자
에게 참여하는 자에게는 소망이 있나니, 이는 살아 있는 개가 죽
은 사자보다 나음이라. 5 살아 있는 자들은 그들이 죽을 것을 알
지만 죽은 자는 아무것도 모르며 그들은 더 이상 상도 받지 못하
나니, 이는 그들에 대한 기억이 잊혀짐이라. 6 뿐만 아니라 그들
의 사랑과 그들의 증오와, 그들의 시기도 이제 사라지고 해 아래
서 행해지는 어떤 것에서 더 이상의 몫을 영원히 얻지 못하느니
라.

이해와 감상Tip

계몽된 향락주의에 대한 긍정[9.7-10]. 우리가 해 아래 삶에 대한 언뜻 보기에 끝없는 탐구로부터 질식감을 느낄 때, 작가는 그의 특유의 긍정적인 단락의 하나와 함께 겉으로 나타난다. 그것은 지상적 삶을 열심히 즐기라는 명령의 신속한 순서이다. 8절은 이러한 정신을 즐거움의 전통적인 이미지들로 구체화 한다(흰 옷과 향기로운 기름). 죽음은 모든 이들에게 임하는 확실한 것이며, 비

록 그 결과를 예측할 수 없고 종종 불행한 것이라 하더라도 (11-12) 어떤 인생이든지 하나님께서 주신 것으로 받아들이고 즐기는 것에서 그 의미를 찾을 수 있다(7-10).

[7]너는 가서 기쁨으로 네 빵을 먹고 즐거운 마음으로 네 포도주
를 마시라. 이는 하나님께서 지금 너의 일을 받으심이라.
[8]네 의복을 항상 희게 하고 네 머리에 향유가 부족하지 않게 하
라.
[9]네 헛된 평생의 모든 날, 그분이 해 아래서 네게 주신 헛된 모
든 날에 네가 사랑하는 아내와 즐겁게 살지어다. 이는 이 생애에
서 네가 수고로 해 아래서 얻은 네 몫이니라. [10]네 손이 찾은 할 일
은 무엇이든 힘을 다하여 할지어다. 이는 네가 가는 음부에는 일
도 없고 계획도 없고 지식도 없고 지혜도 없음이라.

이해와 감상 Tip

여전히 더욱 비관적인 전망[9.11-18]. 탐구 모티프는 "다시 나는 보았다"(11)와 "나는 또한 보았다"(13) 라는 공식으로 계속된다. 이 단락에 대한 특별한 관찰은 다음 사항을 포함한다. 삶에서 뛰어난 재능과 성공 사이의 원인-결과 관계의 결핍(11), 갑작스런 재난에 대한 사람들의 민감함(12), 현명한 사람들에 대한 보상의 결핍(13-15). 그런데도 단락은 그것이 삶에서 보상되지 않을 때에도 지혜에 대한 역설적인 긍정으로 끝난다(16-18).

[11]내가 돌이켜 해 아래서 보니 경주가 빠른 자에게 주어지는 것
이 아니고, 전쟁이 힘센 자에게 오는 것도 아니며, 먹을 것이 현명

한 자에게 오는 것도 아니고, 재물이 명철한 자에게 오는 것도 아
니며, 은총이 재주 있는 자에게 주어지는 것도 아니니, 때와 기회
가 그들 모두에게 일어나는도다. 12사람도 자기의 때를 모르나니,
마치 물고기들이 재앙의 그물에 걸리고 새들이 덫에 잡힘과 같이
사람들의 아들들도 재앙이 갑자기 그들에게 닥치면 재앙의 때에
덫에 걸리는도다.

13내가 또한 해 아래서 이 지혜를 보았노니 내게는 대단한 것처
럼 보였도다. 14작은 성읍이 있어 그 안에는 사람이 별로 없었는
데, 한 큰 왕이 그 성읍을 향해 와서 포위하고 그것을 향해 큰 보
루를 쌓았도다. 15그런데 그 성읍에는 한 가난한 현명한 사람이 있
어 그가 그의 지혜로 그 성읍을 구하였으나, 아무도 그 가난한 사
람을 기억하는 자가 없었도다. 16그러므로 내가 말하기를 "지혜가
힘보다 낫지만 가난한 자의 지혜는 멸시를 받고 그의 말들은 경청
되지 않는도다." 하였노라.

17조용한 가운데 들리는 현명한 사람들의 말이 어리석은 자들
가운데서 다스리는 사람의 외침보다 나으니라. 18지혜가 전쟁의
무기들보다 나으나 한 명의 죄인이 많은 선을 파괴시키느니라.

12 너는 이제 너의 젊은 날에 곧 재앙의 날이 이르지 않고 "나에
게는 즐거움이 없다." 고 말할 해가 가까워 오기 전에 너의 창조주
를 기억하라. 2해나 빛, 달이나 별들이 어두워지지 않은 때, 비 뒤
에 구름이 다시 돌아오지 않은 때에 그리하라. 3그 날에는 집을 지
키는 자들이 떨겠고 건장한 남자들이 스스로 굴복할 것이며 그들
의 수가 적으므로 맷돌질하는 자들이 그칠 것이라. 또 창문 밖에
보이는 것들이 어두워질 것이며 4거리의 문들이 닫혀지겠고 맷돌
질 소리가 낮아질 것이요, 새소리로 인하여 그가 일어날 것이며
음악하는 모든 딸들이 조용하게 되리라. 5또한 그때에 그들은 높
은 데 있는 것을 두려워하겠고 두려움이 길에 있을 것이며, 아몬
드 나무가 번성할 것이요 메뚜기도 짐이 되며 욕구도 없어지리니,

이는 사람이 자기의 영원한 집으로 가며 애곡하는 사람들이 거리
들을 이리저리 다니기 때문이라. 6또한 은줄이 풀리고 금그릇이
깨지고 바가지가 우물에서 깨지고 수레바퀴가 저수지에서 깨지리
로다. 7그때에 흙은 예전에 있던 대로 땅으로 돌아가고 영은 그것
을 주셨던 하나님께로 돌아가리라. 8헛되고 헛되도다. 전도자가
말하노니, 모든 것이 헛되도다.

이해와 감상 Tip

결론에 대한 약간의 문학적 의식의 제정[12.9-14]. 마지막에, 화자는 개인적인 탐구의 서술자로서의 그의 역할에서 물러나고 뒤에 서서 그가 창조한 문학 작품을 바라본다. 요컨대, 그는 그의 독자들과 노변담화를 하고, 우리를 그의 신뢰 속으로 데려 간다(저자와 인터뷰하는 현대 장르에 상응하는고대의 장르). 전체 성경에서 권위적인 의도의 가장 완전한 설명에서, 저자는 약간의 자기-성격묘사와 목적에 대한 설명에 열중한다(9-10). 그 다음에, 그는 그가 창작한 문학의 종류, 즉, 잠언들의 모음((11)의 가치에 관해 언급한다. 그는 또한 그가 그의 선택된 주제를 창작한 것에 대한 적절성을 주장하고, 창작하는 삶의 노력에 관해 그의 독자들의 어깨 넘어로 소리친다(12). 따라서, 우리가 충분히 의식하고 있는 탐구 주제로, 작가는 깜작 놀라게 하는 말에 기여하는 "일의 결론"(13a) 이미지로 그가 공유한 탐구의 목표를 주장한다. 독자에게 마지막 메모로써 선과 악 사이의 선택에 대한 분명한 의미를 남겨둔 채, 작가는 그의 탐구의 목적을 요약함으로써 끝낸다(13b-14). 이것이 전도서가 바로 시작부터 지향했던 결론이다.

9더군다나 전도자가 현명하므로 백성들에게 여전히 지식을 가
르쳤으니, 곧 그가 주의를 기울이고 탐구하여 많은 잠언을 정리하

였도다. 10 전도자가 합당한 말들을 찾아내려 애썼으니 여기 기록
된 것이요, 정직하며 진리의 말씀들이라.
11 현명한 자의 말들은 찌르는 막대기들 같고, 집회의 선생들에
의해 박힌 못들 같으니, 한 목자에게서 받은 것이라. 12 내 아들아,
이것들로 더욱 각성하라. 많은 책을 만드는 것은 끝이 없고, 많은
공부는 몸을 피곤케 하느니라.
13 전체 일의 결론을 들을지니, 하나님을 두려워하고, 그의 계명
들을 지키라. 이것이 사람의 모든 의무니, 14 이는 하나님께서 선이
든 악이든 모든 행위와 모든 은밀한 것들을 심판하실 것임이라.

Ⅳ. 희곡

욥(Job)

세계적인 문학적 유산 중 하나로 평가받는 욥기는 총 42장, 1070절로, 크게 두 부분으로 이루어져 있다(3-27장, 29장-42.6). 이들 각 부분들은 세 개의 연설 단원으로 구성되어 있는데, 1부는 주로 일련의 대화들이며, 욥의 탄식(3장)과 마무리 담화(27장)로 구성되어 있다. 이 안의 대화들은 3주기(three-cycle) 유형, 즉 엘리바스, 빌닷, 소발의 변론과 각 변론에 대한 욥의 대응으로 배열되어 있다. 그들은 의견이 대립되어 감에 따라 새롭게 말할 거리가 줄어들므로 대화의 주기가 매번 1/3씩 줄어든다. 2부는 세 개의 독백, 즉 욥의 독백(29-31장), 엘리후의 독백(32-37장), 논쟁에 종지부를 찍으시는 하나님(38-41장)의 독백으로 구성되어 있다. 욥기의 이야기 형식의 뼈대를 제외하고 이 모든 것이 수려한 시로 표현되어 있다.

욥기의 통일적인 구조는 다음과 같이 요약될 수 있다. ①시작-중간-끝의 일반적인 서사적 특징을 가지고 있는 스토리의 개요, 해결로 이끄는 인물들 속의 갈등, 그리고 전개, 탐구, 시험, 그리고 결말부에서의 신의 顯現의 순간(폭풍 속으로부터의 음성과 욥의 응답 속에서 얻게 되는 통찰). ②체계적으로 배열된 담화들의 주기. ③독자로서 우리가 천국회의에 설정된 서론의 기초 위에서 알고 있는 것과, 등장인물들에 의해서 이야기된 의미들 사이의 이율배반적인 차이. ④욥이 성취해 가는 진전에 대해 靜的인 배경과 같은 친구들의 둔감함. ⑤욥의 지적이고 영적인 진전. ⑥의로운 자의 고통을 어떻게 이해할 것인가에 대한 철학적, 지적인 문제

욥기는 성경에서, 그리고 그것을 초월해서 인간이 받는 부당한 고난의 문제를 다루는 고전에 대한 탐구이다. 그것은 단순하게 사람들이 살아가면서 일반적으로 무엇 때문에 고난을 받는 가에 대한 것은 물론, 특히 의로운 자들이 왜 아무 이유도 없이 고난 받아야만 하는가 하는 의문을 제기한다. 철학자들과 신학자들은 이것을 "죄의 문제"로 인식하고, '神義論(theodicy; 인간이 하나님을 고발하고 그의 행위에 대한 설명을 요구하는 것)' 이라고 불리는 문제에 대한 만족할 만한 해결책을 제시하려고 노력한다. 이것은 부당하게 겪는 인간의 고통과 전능하고 공의로우신 하나님을 어떻게 조화시킬 수 있는지의 문제이다. 그러나 문학적인 층위에서, 욥기는 고난에 대한 인간의 경험에 정직해질 것을 목적으로 한다. 욥기가 작용하는 두 번째 문학적 층위는 다양한 등장인물들이 욥의 예외적인 재난과 고통의 참상에 대한 그들의 관점을 제시하도록 하는 것이다. 거기에는 또한 담화의 논쟁 층위가 있는데, 즉 구약 성경의 이스라엘 민족의 사상에서(그리고 실제로 그 관점이 영구적이다), 선한 행동과 번영 사이에 자동적인 일치가 존재한다. 그런가 하면, 욥기는 결정적으로 잘못 없는 사람이 크게 고난 받는 것에 대한 묘사로 반론을 제기하는 관점이 존재한다. 그러나 최종적으로는, 폭풍 속에서 들려오는 목소리 속에서 욥과 상호 교통하는 하나님의 형식을 취한, 인간의 고통에 대한 신의 관점-인간은 하나님의 피조적 한계 안에서 살아야 한다는-이 존재한다.

스토리는 작가가 주인공인 욥의 추락에 대한 이야기와 회복을 이야기하는 내러티브의 틀로 시작하고 끝난다. 하지만, 그러한 서사구조의 본래적인 형식은 희곡이다. 그런 반면 우리가 욥기의 이야기 속에서 인물들의 연설과 대화를 듣게 될 때, 이들 담화들이 표현되는 형식은 시이다. 긴 시적 연설들은 수사적 언사의 실례들이다. 너무 많은 제재들은, 욥기가 때때로 지혜문학의 모범으로 이야기되는 경구적인 잠언들의 형식으로 표현되기도 한다. 그러나 전체적으로 U-형태의 이야기 경향은 욥기를 문학적인 희극으로 다루도록 한다. 따라서 욥기가 순수한 비극이 아니라 할지라도, 그것은 문학적인 비극의 어떤 모습들과 일치한다-예외적인 재난 이야기, 비정상적인 고통의 스펙타클, 번영으로부터의 커다란 추락을 경험한 영웅에 대한 찬양, 영웅에게 닥친 특별한 장애들, 비극적 사건들을 접하게 되는 순간과 고통을 통한 지혜의 깨달음에 대한 주제 등이 바로 그러하다. 욥기는 또한 문제극으로 알려진 현대 드라마의 형식과 유사하다. 문제극에서, 어떤 문제가 진술되고(욥기의 경우, 의로운 자가 왜 고통 받는가), 그 후에 다양한 인물들이 해결책을 찾으려는 노력 속에서 그 문제를 토론한다.

그러나 욥기의 정확한 장르를 따지기 보다는, 일단 그것이 신학적인 교리서뿐만 아니라 문학 작품으로서도 손색이 없다는 것을 우리가 안 이상, 욥기를 좀 더 감동적으로 읽고 이해할 수 있는 방법을 모색하는 것이 중요하다. 이에 대해 그동안의 논의를 정리해 보면 다음과 같다. ①우리는 욥기의 히브리시(이미지들과 대구법을 포함하는)를 음미할 필요가 있다. 그리고 이것이 만들어 내는 완만한 속도를 존중할 필요가 있다. ②욥기의 가장 두르러진 문학적 표현방법의 하나인 극적 아이러니를 이해할 필요가 있다. 예를 들어 보자면, 친구들의 정통파적 신념은 욥이 처한 상황에 정확하게 적용되지 않으며, 천국회의의 서론으로부터 욥에 대해 알려진 것이 사실이 아니라는 수많은 의견을(하나님을 거역하는 고발을 포함하는)호소하는 욥의 반항은 아이러니이다. ③친구들이 몇 가지 생각들(고통은 징벌적이다, 하나님은 정의로우시다, 욥은 그의 잘못을 고백할 필요가 있으며, 그러면 하나님은 그를 회복시켜 주실 것이다)을 반복하고, 욥은 주로 그의 정직함과 하나님의 불공평하심에 대해 항의하기 때문에, 논쟁의 줄거리는 복잡하거나 디테일하지 않고 단순하다. 그 형태는 철학적인 탐구가 아니고, 인물들이 상호간에 더욱 더 분노하게 되는 드라마이다.

우리는 또한 이러한 욥기의 문학적 읽기에서 오해의 소지가 있는 반항적인 욥이라는 인물에 대한 정확한 이해와 평가가 필요하다. 산문으로 된 서론(1-2장)에서 욥의 태도가 모범적일지라도, 그 후에 그의 태도는 하나님을 향한 대담한 반항으로 타락한다. 이것은 폭풍 가운데 하나님의 연설에서의 욥에 대한 그의 질책에 의해서 증명된다. 그리고 똑같이 폭풍 가운데의 하나님의 목소리에 대한 욥의 두 번째의 대답에 대한 하나님의 질책에 의해서 증명될 수 있다. 첫 번째 대답에서(40.1-3), 욥은 하나님의 질책을 그 자신에게로 돌리고, 그 자신을 낮추고, 대답하길 중단하기로 작정한다(그리고 우리는 그것은 반항적인 욥의 연설로 그 자신이 견지해 왔던 욥의 말이라는 것을 주목해야 한다). 두 번째 대답에서(42. 1-6), 욥은 다시 하나님의 질책을 그 자신에게로 돌리며 거짓말 한 것을 시인하고, 그의 잘못에 대해서 회개한다. 이러한 모든 구성요소는 우리가 욥기의 처음 두 장 이후의 욥의 행동을 이상화 시켜서는 안 된다는 것을 증명한다.

성경의 탁월한 이야기는 우리에게 하나님이 무엇과 같은지를 그리고 사람들이 그와 어떻게 관련되는 지를 이야기 한다. 욥기는 특별한 실례를 통해서 그들의 고통을 수단으로 사람들이 어떻게 하나님과 관계되어야만 하는가를 보여주면서, 그 목적에 대한 특별한 접근을 취한다.

이해와 감상 Tip

서론1부[1장]. 처음 두 장, 즉 1, 2장은 천국회의가 무대로 설정된 욥기에 대한 서론 부분으로 동일한 이야기가 이어지고 있다. 각각의 장들의 두 가지 흐름 속에서 비슷한 사건들이 펼쳐지고 있다. 두 장둘을 함께 고려한다면, 우리는 이어지는 연설들의 특징이 얼마나 폭넓은 지를 가늠하는 내용의 뼈대로 기여하는 중요한 것들을 알게 된다. 1장의 이들 중요한 표현 속에는 다음과 같은 사항들이 내포되어 있다. 하나님은 욥의 고난을 인정하시나 원인이 되시지는 않는다. 하나님은 욥의 인생에 대한 그의 섭리적 지배를 단념치 않으신다(12). 욥은 잘못이 없으며, 그의 고난의 원인이 될 수 있는 어떤 죄에도 무죄이다(1, 5, 8, 22). 욥의 고난은 그의 죄에 대한 벌이 아니라, 그의 믿음에 대한 시험이다. 그리고, 1장은 다음 장면을 따라서 펼쳐진다. 구약성경 신앙인들이 그것을 상상했던 것 같은 선한 삶에 대한 서론의 묘사(1-5). 하나님은 사탄의 원형적인 내기와 도전을 받아들인다(6-12). 그의 자식들과 재산을 빼앗긴 것과 같은 예외적인 재난이 욥에 닥친다(13-19). 욥은 모범적인 인내와 信心으로 이에 대답한다(20-22).

1 우스 땅에 욥이라는 사람이 살고 있었다. 그는 진실하고 정직
하며 하나님을 두려운 마음으로 섬기고 악을 멀리하는 사람이었
다. 2 그에게는 일곱 아들과 세 딸이 있었으며 3 그의 소유는 양
7,000마리, 낙타 3,000마리, 소 1,000마리, 암나귀 500마리였다.
그리고 그는 많은 종도 거느리고 있어서 사실 동방에서 제일가는
부자였다. 4 욥의 아들들은 각자 생일이 돌아오면 자기 집에 잔치
를 베풀고 형제들과 누이들을 모두 초대하여 함께 먹고 마시며 즐
겼다. 5 그 잔치가 끝날 때마다 욥은 그의 자녀들을 불러다가 그들
을 성결하게 하고 아침 일찍 일어나 자녀수대로 불에 태워 바치는
번제를 드렸다. 이것은 그가 "혹시 내 아들들이 범죄하여 마음으
로라도 하나님을 떠나지 않았을까?" 하고 생각했기 때문이었다.
6 어느 날 천사들이 여호와 앞에 나와 섰을 때 고소자인 사탄도
그들 가운데 와 있었다. 7 그때 여호와께서 사탄에게 물었다. "네
가 어디서 왔느냐?" "땅을 두루 돌아다니다가 왔습니다." 8 "네가
내 종 욥을 주의하여 보았느냐? 그처럼 진실하고 정직하며 나를
두려운 마음으로 섬기고 악을 멀리하는 사람은 세상에 없다." 9

"욥이 하나님을 두려운 마음으로 섬기는 데에 어찌 이유가 없겠습
니까? 10주께서는 항상 그와 그 가정과 그의 재산을 보호하고 그가
하는 모든 일에 축복해 주셔서 그의 가축이 온 땅을 덮을 만큼 부
자가 되게 하셨습니다. 11그러나 그가 소유한 모든 것을 한번 빼앗
아 보십시오. 그러면 당장 그가 정면으로 주를 저주할 것입니다."
12"좋다. 네가 그의 소유를 네 마음대로 하여라. 그러나 그의 몸에
는 손을 대지 말아라." 그래서 사탄은 곧 여호와 앞에서 물러갔다.
13하루는 욥의 자녀들이 맏형의 집에 모여 식사를 같이하며 포도
주를 마시고 있었다. 14이때 한 종이 욥에게 달려와서 말하였다.
"우리는 소로 밭을 갈고 있었고 나귀는 주변 목초지에서 풀을 뜯
어 먹고 있었습니다. 그런데 15갑자기 스바 사람들이 우리를 기습
하여 소와 나귀를 다 빼앗아 가고 종들을 죽였습니다. 그래서 나
만 이렇게 간신히 살아나와 주인께 보고하러 왔습니다." 16그의 말
이 미처 끝나기도 전에 또 한 종이 와서 말하였다. "하나님의 불이
하늘에서 내려와 양떼와 종들을 모조리 태워 죽였습니다. 그래서
나만 이렇게 간신히 살아나와 주인께 보고하러 왔습니다."

17그의 말이 미처 끝나기도 전에 또 한 종이 와서 말하였다. "갈
대아 사람들이 갑자기 우리를 기습하여 종들을 죽이고 낙타를 모
조리 끌어갔습니다. 그래서 나만 이렇게 간신히 살아나와 주인께
보고하러 왔습니다." 18그의 말이 미처 끝나기도 전에 또 다른 한
종이 와서 말하였다. "주인의 자녀들이 맏아들의 집에서 식사를
같이하며 포도주를 마시고 있었는데 19갑자기 사막에서 태풍이 불
어와 집 네 모퉁이가 무너져 내려 그들이 다 죽고 말았습니다. 그
래서 나만 이렇게 간신히 살아나와주인께 보고하러 왔습니다."

20그러자 욥은 일어나 자기 옷을 찢고 머리털을 밀고 땅에 엎드
려 여호와께 경배하며 21이렇게 말하였다. "내가 태어날 때 아무것
도 가져온 것 없었으니 죽을 때에도 아무것도 가져가지 못하리라.
주신 자도 여호와시요 가져가신 자도 여호와시니 여호와의 이름
이 찬양을 받으시기 원하노라."

22 이 모든 일을 당하고도 욥은 범죄하거나 하나님을 원망하지 않았다.

이해와 감상 Tip

서론 2부[2장]. 2장은 동일한 모티프를 다른 형식으로 반복한다는 것을 의미하는 "다름 속의 동일함"의 예술적인 원칙 위에 구성된, 1장의 또 다른 부분이다. 이와 같은 문학적 반복의 효과는 표현되는 모든 문제들을 강조하는 데 있다. 이 경우, 욥의 완전한 정직함, 그의 재난에 대한 예외적인 성격, 그리고 욥의 고난에서 하나님과 사탄의 각자 역할들이 그러한 반복효과를 구성하는 핵심요소들이다. 배경의 전제조건들이 재확인 된다. 즉, 하나님은 욥의 고난을 허락하시지만 원인이 되지는 않는다. 하나님은 욥의 인생에 대한 그의 섭리적인 지배를 단념치 않는다(6). 욥은 잘못이 없고, 그의 고난을 설명할 수 있는 어떤 죄에 대해서도 무죄이다(3,10). 욥의 고난은 그의 죄에 대한 벌이 아니고 그의 믿음에 대한 시험이다. 인물들의 행동조차도 마치 재상영되는 것 같다. 1장과 동일한 천국회의 장면(1-2)이 펼쳐진다. 또 하나님은 사탄의 내기의 조건을 받아들이고(3-6), 욥은 악성종양에 시달린다(7-8). 욥은 모범적인 인내와 경건을 내보인다(9-10). 극적 효과를 고양시키는 것은 욥의 세 친구들의 도착과 침묵이다(11-13).

2 어느 날 또 여호와의 천사들이 여호와 앞에 나와 섰을 때 사탄
도 그들 가운데 와 있었다. 2 그때 여호와께서 사탄에게 물었다.
"네가 어디서 왔느냐?" "땅을 두루 돌아다니다가 왔습니다." 3 "네
가 내 종 욥을 주의하여 보았느냐? 그처럼 진실하고 정직하며 나
를 두려운 마음으로 섬기고 악을 멀리하는 사람은 세상에 없다.
네가 나를 자극하여 아무 이유 없이 그를 해치게 하였으나 그는

여전히 진실을 간직하고 있다." [4]"가죽은 가죽으로 바꾸는 법입니
다. 사람이 자기 생명을 구하기 위해서는 무엇이든지 포기할 것입
니다. [5]이제 주의 손을 펴서 그의 살과 뼈를 한번 쳐 보십시오. 그
러면 당장 그가 정면으로 주를 저주할 것입니다." [6]좋다. 네가 그
를 네 마음대로 하여라. 그러나 그의 생명만은 해하지 말아라."
[7]그래서 사탄은 여호와 앞에서 물러가 욥을 쳐서 그의 발바닥
에서부터 머리끝까지 악성 종기가 나게 하였다. [8]욥이 재 가운데
앉아서 기와 조각을 가져다가 자기 몸을 긁고 있는데
[9]그의 아내가 와서 말하였다. "당신이 이래도 진실을 고수할 셈
이오? 하나님이나 저주하고 죽으시오." [10]그러나 욥은 이렇게 대
답하였다. "당신의 말은 어리석은 여자의 말과 같소. 우리가 하나
님께 복도 받았는데 재난을 당하지 말라는 법이 있겠소?" 이 모든
일을 당하고서도 욥은 입술로 하나님께 범죄하지 않았다.
[11]그때 욥의 세 친구들은 욥이 당한 모든 일을 듣고 서로 연락하
여 그를 찾아보고 위로하고자 각자 자기 집에서 출발했다. 그들은
데만 사람 엘리바스와 수아 사람 빌닷과 나아마 사람 소발이었다.
[12]그들은 멀리서 욥을 바라보고 알아볼 수 없을 만큼 그가 변한 것
을 보자 소리 높여 울며 슬픔에 못 이겨 자기들의 옷을 찢고 하늘
을 향해 티끌을 날려 자기들의 머리에 뿌렸다. [13]그러고서 그들은
밤낮 7일을 꼬박 그와 함께 땅바닥에 앉아 있었으나 욥의 고통이
너무 큰 것을 보았기 때문에 말 한마디 하는 자가 없었다.

이해와 감상 Tip

욥의 비탄[3장]. 욥은 지금 인내를 완전히 상실 모습으로, 갑작스러운 추락을 겪고 있다. 그러나 욥의 행동의 아이러니는, 하나님이 욥에 대한 사탄의 고난계획에 동의했을 때, 그것은 하나님이 의도했던 것이 아니라는 것이다. 욥의 절망으로부터의 하강은 다

음의 패턴을 따라 펼쳐진다. 욥이 창조의 질서를 역전시키려고 하는 것과 같이, 또 빛을 대체하는 어둠에 대한 소망으로 표현된 것과 같이, 욥은 그의 탄생의 날에 공식적인 저주를 토해 낸다(1-10). 욥은 죽음에 대한 소망을 표현하고(11-23), 그가 맞고 있는 새로운 상태를 슬퍼한다(24-26). 문학은 인간 경험의 목소리이며, 이 장에서 우리는 그러한 인간의 고난의 목소리를 욥을 통해서 생생하게 듣고 있다.

3 드디어 욥은 침묵을 깨뜨리고 입을 열어 자기가 태어난 날을
저주하며 2 이렇게 외쳤다.
3 내가 태어난 날이여, 저주를 받아라.
내가 임신이 되던 그 밤도 저주를 받아라.
4 그 날이여, 영원히 자취를 감추어 버리고
하나님의 기억에서 사라져 버려라.
빛이여, 다시는 그 위에 비치지 말아다오.
5 흑암아, 사망의 그늘아, 그 날을 너의 것이라고 주장하여라.
구름아, 그 위를 덮어 빛이 비치지 않게 하여라.
6 그 밤이여, 짙은 어두움에 휩싸여 버리고
달력에서도 삭제되어
그 해의 달과 일수에 계산되지 말아라.
7 차라리 그 밤이 적적하고
기쁨의 소리가 들리지 않았더라면 더 좋을 뻔하였다.
8 날을 저주하는 데 익숙한 자들아,
그 밤을 저주하여라.
9 그 날 밤은 새벽 별도 빛을 내지 말고
기다리던 빛도 나타나지 말며
아침 동녘도 보이지 않았더라면 좋았을 걸.
10 나를 태어나게 하여 이처럼 큰 슬픔을 당하게 한

그 날을 저주하고 싶구나!

11 "내가 어머니 뱃속에서 태어날 때
차라리 죽었더라면 좋았을 걸!
12 어째서 어머니가 나를 무릎에 받아
젖을 빨게 하였는가?
13 내가 그때 죽었더라면
지금쯤은 평안히 잠들어 쉬고 있을 텐데.
14 그것도 으리으리한
궁전을 짓고 살던 고대 왕들과 고관들,
15 그리고 금은 보화로 집을 채운
황태자들과 함께 있을 것이 아니겠는가!
16 내가 그때 죽었더라면
죽어서 나와 세상 빛을 보지 못한 아이처럼
땅 속에 묻혀 있을 것이 아니겠는가!
17 그 곳은 악한 자들이 말썽을 부리지 못하고
피곤한 자들이 쉴 수 있는 곳,
18 죄수들까지도 평안을 누리고
포학한 간수들의 간섭을 받지 않는 곳,
19 그 곳은 높고 낮은 자의 차별이 없고
종이 주인에게서 해방되는 곳이다.

20 "어째서 고난당한 자에게 빛을 주고,
마음이 괴로운 자에게 생명을 주었는가?
21 이런 자들은 죽기를 기다리고
감추인 보화를 찾는 것보다 더 간절히
죽음을 찾아도 그것이 오지 않는구나!
22 이들은 죽어서 땅 속에 묻혀야만
행복한 사람들이 아닌가?

23 하나님에게 둘러싸여
앞날이 아득한 사람에게 어째서 생명이 주어졌는가?
24 먹기도 전에 탄식이 먼저 나오고
물같이 쏟아지는 신음 소리는 막을 길이 없구나!
25 내가 두려워하고 무서워하던 것이 결국
나에게 닥치고 말았으니
26 평안도 없고 안식도 없이
나에게 남은 것은 오직 고난뿐이구나!"

이해와 감상 Tip

엘리바스의 첫 번째 연설[4-5장]. 이제 연설들의 첫 번째 사이클이 시작된다. 엘리바스는 욥에게 점잖게 이야기를 시작한다(4.1-6). 그리고 그 다음에, 그는 그가 좋아하는 설교주제- 사람들은 그들이 뿌린대로 거둔다-에 대해서 자세히 설명한다(4.7-21). 사람들이 고난을 받는다면 이것은 그들의 죄악의 증거이다(5.1-7). 그의 보좌 위의 하나님과 세상에 대한 모든 것의 정당함(5.8-16)과, 욥이 회개한다면 하나님은 그를 축복하실 것이다(5.17-27)라는 것들이 그러한 설교의 주제들이다. 그러나 엘리바스의 연설에 대한 판단은 다음과 같은 것이 틀림없다. 그는 이론적인 진리를 이야기 했으며, 너그러운 책망의 정신으로 이야기 했다. 그러나 그것들은 욥의 상황에 맞지 않기 때문에, 엘리바스의 이론적 진리와 의도된 책망들은 타당성이 결여되어 있다. 왜냐하면, 욥은 엘리바스의 지적과 같이 잘못을 저질렀기 때문에 고난 받는 것이 아니기 때문이다. 욥은 오히려 그와 정반대의 원인, 다시 말해 그가 의롭기 때문에 고난당하고 있기 때문이다.

4 그때 데만 사람 엘리바스가 이렇게 말하였다.

2 "내가 이런 말을 하면 넌 더욱 마음이 괴롭겠지?
하지만 이대로 가만히 있을 수는 없어.
3 너는 많은 사람을 가르쳤고
손이 연약한 자를 강하게 하였으며
4 넘어진 자를 격려하여 일어나게 하고
무릎이 약한 자에게 힘을 주지 않았는가!
5 그러나 어려움에 부딪히자
이젠 네가 오히려 낙심하고 당황하는구나.
6 네가 자신 만만해 하는 것은 너의 경건이 아니냐?
너에게 희망이 있다면 너의 흠 없는 생활이 아니냐?
7 한번 생각해 보아라. 죄 없이 벌 받는 자가 누구인가?
정직한 자가 망한 적이 어디 있는가?
8 사람들이 죄악의 밭을 갈아 악을 씨 뿌리듯 하지만
결국 그들은 심은 대로 거둔다.
9 그들은 다 하나님의 입김에 멸망당할 것이며
그의 분노의 기운에 사라지고 말 것이다.
10 그들이 비록 힘 센 사자처럼 사나울지라도
하나님은 그들을 꺾어 버릴 것이니
11 그들은 힘없는 늙은 사자처럼 굶어서 죽고
그들의 자녀들은 흩어질 것이다.

12 "한번은 나에게 무슨 말이 은은하게 들렸는데
그 소리는 너무 작아서 간신히 들릴 정도였다.
13 사람들이 깊이 잠든 밤에
나는 환상을 보고 마음이 뒤숭숭한 가운데
14 갑자기 무서운 공포에 사로잡혀
벌벌 떨고 있었다.

15 그때 한 영이 내 앞을 스쳐 지나갔다.
그 순간 나는 너무 놀라 머리털이 쭈뼛쭈뼛 서는 것 같았다.
16 이윽고 그 영은 멈춰 섰다.
나는 그것이 어떻게 생겼는지 알 수가 없었다.
그러나 한 형체가 내 앞에 서 있는 것만은 사실이었다.
그러자 조용한 가운데 이런 소리가 들렸다.
17 '사람이 하나님보다 의로울 수 있느냐?
사람이 자기를 창조하신 이 보다 성결할 수 있느냐?'
18 "하나님은 자기 종들도 믿지 않으시고
그의 천사들에게까지도 허물을 찾으시는데
19 하물며 하루살이처럼
쉽게 짓눌려 죽을 수밖에 없는
흙으로 만든 사람이겠느냐?
20 사람은 아침에 살아 있다가도 미처 저녁이 되기도 전에
말없이 죽어 영원히 사라지는 법인데
21 어찌 육체의 줄이 끊어져 죽지 않겠느냐?
인생은 죽어도 지혜 없이 죽고 말 것이다."

5 "너는 한번 부르짖어 보아라. 너에게 응답할 자가 있겠느냐?
네가 천사들 중 누구에게 부르짖겠느냐?
2 분노는 미련한 자를 죽이고
질투는 어리석은 자를 죽이는 법이다.
3 나는 미련한 자가 잠시 성공하다가도
그의 집안이 저주를 받아 일순간에 무너지는 것을 보았다.
4 그의 자녀들은 한시도 평안할 날이 없고
법정에서 시달림을 당해도
그들을 변호해 줄 자가없다.
5 굶주린 자들이 그가 추수한 것을
가시밭에서 자란 것까지 모조리 빼앗아 먹고

목마른 자들이 그의 재산을 노리고 있다.
6 불행은 흙에서 나온 것이 아니며
고난도 땅에서 싹튼 것이 아니다.
7 불에서 불티가 날아오르는 것처럼
인생은 스스로 불행을 초래하고 있다.

8 "내가 만일 너 같으면 나는 하나님을 찾아
나의 모든 문제를 그분에게 맡기겠다.
9 하나님은 우리가 이해할 수 없는 놀라운 일을 행하시고
기적도 수없이 행하시며
10 땅에 비를 내리시고
밭에 물을 보내신다.
11 그리고 겸손한 자를 높이시고
슬퍼하는 자를 안전한 곳으로 인도하시는 분도 하나님이시다.
12 하나님은 교활한 자들의 계획을 뒤엎고
그들이 성공하지 못하게 하시며
13 약삭빠른 자를 자기 꾀에 빠지게 하셔서
그들이 아무것도 이루지 못하게 하신다.
14 그들은 대낮에도 밤과 같이
어두움 속에서 더듬고 다닌다.
15 하나님은 가난한 자를 칼날과 같은 그들의 입과
강한 자의 손에서 구출하시기 때문에
16 결국 가난한 자들에게는 희망이 있고
악한 자들은 벙어리가 되고 만다.

17 하나님이 잘못을 고쳐 주는 자는 행복한 사람이다.
그러므로 너는 전능하신 분의 징계를 업신여기지 말아라.
18 하나님은 아픔도 주시지만 그 상처를 싸매시고
치료해 주시는 분이기 때문에

19 어떤 불행과 재난에서도 너를 구해 주실 것이며
아무 해도 너에게 미치지 못하게 하실 것이다.

20 하나님은 흉년이 닥쳐도 너를 죽지 않게 하실 것이며
전쟁의 칼날에서도 너를 구출하실 것이다.
21 너는 비방을 받아도 피할 길이 있을 것이며
멸망이 와도 두려워할 필요가 없을 것이다.
22 그러므로 너는 멸망과 흉년을 비웃게 될 것이며
들짐승을 두려워하지 않을 것이다.
23 이것은 네가 일구는 밭에 돌이 없고
들짐승이 너를 해치지 않을 것이기 때문이다.
24 너는 집을 비워 두어도 걱정할 것이 없을 것이며
집 안을 살펴보아도 도둑맞은 것이 없을 것이다.
25 너는 또 네 자녀들이 많아질 것과
네 후손이 땅의 풀처럼 번성할 것을 알게 될 것이다.
26 때가 되면 곡식 단을 거둬들이는 것처럼
너도 수명이 다하면 무덤으로 들어갈 것이다.
27 나는 오랜 연구 끝에 이 모든 것이 사실임을 알게 되었다.
내 충고를 귀담아 두면 너에게 유익이 될 것이다."

이해와 감상 Tip

욥의 엘리바스에 대한 대답[6-7장]. 엘리바스에 대한 그의 통렬한 반박으로 욥의 비이상적인 행동이 계속된다. 하나님이 잔인한 것을 좋아하신다고 책망하면서, 그는 하나님에 대항해서 무례한 고발을 한다(예. 6.4, 9. 7.17-21). 이러한 무분별한 고발들은 자기-연민의 의미있는 쓴 약이고(7.1-10), 인간 고통의 목소리이다.

6 그래서 욥이 이렇게 대답하였다.

2 "나의 고통과 슬픔을
저울에 달 수 있다면
3 바다의 모래보다 무거울 것이다.
그러고 보니 내 말이 경솔했던 것 같다.
4 전능하신 분의 화살이 내 몸에 박혀 있으니
나의 심령이 그 독을 마시게 되었구나.
하나님의 두려움은 물밀듯이 나에게 엄습해 오고 있다.
5 들나귀가 먹을 풀이 있을 때 울겠느냐?
소가 꼴이 있는데 무엇 때문에 울겠느냐?
6 소금을 치지 않은 싱거운 음식을 먹을 수 있겠느냐?
달걀 흰자위가 무슨 맛이 있겠느냐?
7 이런 것은 보기만 해도 입맛이 떨어지고
먹을 것을 생각하면 구역질이 날 지경이다.

8 "내가 구하고 사모하는 것을
하나님이 주셨으면 얼마나 좋을까!
9 하나님이 내 생명을 끊어
나를 기꺼이 죽여 주셨으면 좋으련만!
10 그러나 내가 거룩하신 분의 말씀을 거역하지 않았으니
나는 하나님의 손에 죽어도 위로를 받고,
견딜 수 없는 고통 가운데서도 기뻐할 수 있을 것이다.
11 내가 무슨 기력이 있어서 이 삶을 지탱하며
내가 무슨 희망이 있어서 참고 기다리겠는가?
12 내가 바위 같은 힘을 가진 줄 아느냐?
내 몸이 놋쇠로 만들어진 줄 아느냐?
13 나는 이제 아무런 희망도 없이
완전히 무력한 자가 되고 말았다.

14 "하나님을 저버렸건 저버리지 않았건
나같이 이런 어려움에 빠진 사람은 신실한 친구가 필요한데
15 너희들은 내 친구이면서도
비가 오지 않으면 당장 말라 버리는 시냇물처럼 신실하지 못하
구나.
16 그런 시냇물은
눈과 얼음이 녹으면 불었다가도
17 조금만 가물면 물이 점점 줄어들어
마침내 바닥까지 완전히 드러내고 만다.
18 대상들이 물을 찾아
이리저리 헤매다가 사막에서 죽고
19 데마의 대상들과
스바의 상인들도 물을 찾아 헤매다가
20 바싹 마른 시냇가에 와서는
기대가 무너져 낙심하고 만다.
21 이와 같이 너희도 나에게 그런 시내와 같은 자들이다.
너희가 두려운 일을 보고 겁이 나서 나를 멀리하는구나.
22 내가 너희에게 무엇을 달라고 한 적이 있느냐?
내가 너희 재물로 나를 위해 뇌물을 주라고 부탁한 적이 있느냐?
23 내가 너희에게 원수나 폭군의 손에서
나를 구해 달라고 사정한 적이 있느냐?
24 "너희는 나를 가르치고 내 잘못이 무엇인지 알게 하라.
그러면 내가 침묵을 지키겠다.
25 진실한 말은 설득력이 있는 법이다.
너희 비난은 도대체 어디에 근거한 것이냐?
26 너희는 내가 절망 가운데서
몇 마디 한 말을 책잡으려고 하느냐?
27 너희는 불쌍한 고아를 이용하려고 제비 뽑고
친구까지도 팔아먹을 자들이구나.

28 나를 잘 보아라.
내가 너희에게 거짓말할 것 같으냐?
29 너희는 태도를 바꾸고 부당한 비판을 하지 말아라.
내게는 아무 잘못도 없다.
30 내 입술에 악한 것이 있느냐?
내가 어찌 옳고 그른 것을 분별하지 못하겠느냐?"

7 "인생은 전쟁을 하는 것 같고
그 사는 날이 품팔이꾼의 생활과 같다.
2 종이 해만 지기를 바라고
품팔이꾼이 품삯만 기다리는 것처럼
3 내가 여러 달째 고통을 받으며
이 길고 지친 밤을 외롭게 보내야만 하는구나.
4 내가 누울 때는 '언제나 일어날까?' 하고 생각하며
새벽까지 긴긴 밤을
엎치락뒤치락 하다가 보낸다.
5 내 피부는 전신에 구더기와 부스럼으로 뒤덮여 있고
내 살은 곪아 터지고 있다.
6 내 날이 베틀의 북보다 빨라
희망 없이 그저 지나가 버리는구나.
7 "나의 하나님이시여, 생명이 단 한 번의 호흡에 불과한 것을 기
억하소서.
내가 행복한 날을 다시 볼 수 없게 되었습니다.
8 나를 보는 눈이 다시는 나를 보지 못할 것이며
주께서 나를 찾아도 내가 이 세상에 없을 것입니다.
9 구름이 사라져 없어지듯
사람이 한번 죽으면 영원히 사라지고 말 것입니다.
10 죽은 자는 다시 자기 집으로 돌아가지 못할 것이며
그가 살던 곳도 다시 그를 기억하지 않을 것입니다.

11 그러므로 내가 침묵을 지키지 않고
내 괴로움을 말하며
내 영혼의 슬픔을 털어 놓아야겠습니다.
12 "하나님, 내가 바다 괴물입니까?
어째서 나를 지키십니까?
13 내가 잠자리에서나마
내 고통을 잊어 보려고 해도
14 주께서는 악몽으로 나를 놀라게 하시고
환상으로 나를 두렵게 하십니다.
15 내가 이런 몸으로 삶을 계속하느니보다
차라리 숨이 막혀 죽기를 원합니다.
16 이젠 사는 것도 싫어졌습니다. 내가 더 이상 살고 싶지 않으니
나를 내버려 두십시오. 내 삶은 무의미합니다.
17 "사람이 무엇이기에 주께서 그처럼
소중히 여기셔서 많은 관심을 쏟으시고
18 아침마다 살피시며
매순간마다 시험하십니까?
19 주께서는 어째서 잠시 동안도 내게서 눈을 떼지 않으시고
침 삼킬 동안도 나를 내버려 두지 않으십니까?
20 사람을 살피시는 주여, 내가 범죄 하였다고 해도 그것이 주께
무슨 해가 됩니까?
어째서 나를 과녁으로 삼으셨습니까?
내가 그처럼 주께 부담이 됩니까?
21 어째서 주는 내 허물을 용서하지 않으시고
내 죄를 씻어 주시지 않으십니까?
나는 곧 죽어 흙에 눕게 될 것입니다.
그땐 주께서 나를 찾아도 내가 이미 사라지고 없을 것입니다."

이해와 감상 Tip

빌닷의 첫 번째 연설[8장]. 여기서 시작해서, 연설들의 도입부는 너그러움이 아무것도 없는 엘리바스의 계속되는 연설처럼 보이는, 빌닷의 시작하는 말이 지속된다(4.1-6). 빌닷은 무례하고, 또 욥을 향해서 비난을 퍼 붇는다. 그의 연설은 엘리바스가 이미 주장했던 논쟁을 반복한다. 하나님은 정의로우시며, 욥은 그에 대한 하나님의 축복의 전제 조건으로 회개해야만 한다. 악인은 망할 것이다. 그러나 이 모든 논쟁들의 아이러니는 그것이 욥의 상황에 맞지 않는다는 것이다.

8 그때 수아 사람 빌닷이 이렇게 말하였다.

2 "네가 언제까지 그런 말만 하고 있겠느냐?
마치 네 말은 세차게 몰아치는 바람과도 같구나.
3 하나님이 잘못 심판하실 리가 있겠느냐?
그처럼 전능하신 분이 어떻게 옳은 일을 그르칠 수 있겠느냐?
4 너의 자녀들은 하나님께 범죄한 것이 틀림없다.
그래서 주께서는 그들에게 마땅히 받아야할 벌을 주신 것이다.
5 그러나 너는 지금이라도 돌이켜서
전능하신 하나님을 찾아 빌어 보아라.
6 만일 네가 깨끗하고 정직하다면
하나님은 너의 기도를 듣고
네 가정을 다시 축복해 주실 것이다.
7 네가 처음엔 보잘것없었지만
나중에는 크게 번창할 것이다.
8 "너는 옛날 사람들에게 물어 보고
우리 조상들이 터득한 진리를 배워라.

9 우리는 어제 태어난 사람과 같아서 아무것도 아는 것이 없고
우리가 세상에 사는 날은 그림자와 같다.
10 그러나 옛날 현인들의 말에는 배울 점이 있지 않겠느냐?
너는 그들의 말에 귀를 기울여라.

11 왕골이 늪지대가 아닌 곳에서 나겠느냐?
갈대가 물 없이 자랄 수 있겠느냐?
12 이런 것은 푸르게 자라다가도
물이 마르면 다른 풀보다 먼저 시들고 만다.
13 하나님을 잊어버린 경건치 못한 사람들도 이런 갈대와 같아서
그들의 희망은 완전히 사라지고 만다.
14 그들이 의지하는 것은 거미줄과 같아서
쉽게 끊어질 것이며
15 또 그들이 거미줄을 잡고 기댄다고 해도
그것이 지탱해 내지 못할 것이다.
16 그들은 마치 식물과도 같다. 식물이 햇빛을 잘 받아 싱싱하게
자라며
그 가지를 뻗고
17 뿌리를 돌 사이에 박아
튼튼하게 돌무더기에 엉겨 있을지라도
18 그 뿌리가 일단 거기서 뽑히기만 하면
그 곳도 내가 언제 너를 보았느냐는 듯이 못 본 척 한다.
19 그렇게 되면 그 식물은 시들어 버리고 다른 것이 거기서 자라
날 수밖에 없다.
악한 자들의 향락이란 다 이와 같은 것들이다.

20 "그러나 하나님은 흠 없고 정직한 사람을 버리지 않으실 것이며
또 악한 자를 도와주지도 않으실 것이다.
21 하나님은 네 입에 웃음을 채워 주시고

네 입술에 기쁨의 소리를 채워 주실 것이다.
22 그러나 너를 미워하는 자는 수치를 당할 것이며
악한 사람은 망하고 말 것이다."

이해와 감상 Tip

욥의 빌닷에 대한 대답[9-10장]. 9장에서 욥은 하나님의 초월과 전지의 주제에 대해 자세하게 설명한다. 그러나 찬양의 시편들에서와 같이, 이것은 재확신에 대한 이유가 되는 대신에, 욥은 그것을 절망에 대한 이유로써 제시한다-하나님은 지상적이고 인간적인 장면에 대해 너무 탁월하셔서 그는 그것에 아무런 관심도 없다. 10장은 고통 속에 있는 욥의 절망을 재설명을 한다.

9 그러자 욥이 대답하였다.

2 "그래, 나도 그것이 사실임을 알고 있다.
하지만 사람이 어떻게 하나님 앞에 의로울 수 있겠느냐?
3 사람이 하나님과 논쟁한다고 해도
천 마디 묻는 말에 단 한 마디도 대답할 수가 없다.
4 하나님은 그처럼 지혜로우시고 능력이 많으신데
누가 감히 그를 대적하고 무시할 수 있겠느냐?
5 그는 갑자기 산을 옮기시며
분노로 그것을 무너뜨리시고
6 땅에 지진을 일으켜
그 터전이 흔들리게 하시며
7 그가 명령만 하면 해가 뜨지 못하고
별들도 빛을 내지 못한다.
8 하나님만이 하늘을 펴시고

바다 물결을 밟으신다.
9 그는 또 북두칠성과 삼성과 묘성,
그리고 남쪽 하늘의 뭇별들을 만드신 분이시다.
10 하나님은 측량할 수 없는 신비스러운 일과
이루 헤아릴 수 없는 많은 기적을 행하신다.
11 그가 내 앞을 지나가셔도 내가 보지 못하며
그가 내 앞에서 움직이셔도 내가 깨닫지 못한다.
12 하나님이 빼앗으면 누가 막을 수 있으며
'무엇을 하십니까?' 하고 물을 수 있는 자가 그 누구이겠는가?

13 "하나님이 분노를 돌이키지 않으시므로
악한 존재들도 그 앞에서 굴복하고 마는데
14 내가 감히 어떻게 전능하신 하나님과 논쟁하며
무슨 말로 그에게 대답하겠느냐?
15 내가 만일 죄가 없다고 해도 나를 심판하실 그에게 나는 아무 할 말이 없고
다만 자비를 구할 수밖에 없다.
16 내가 만일 그를 불러 그가 대답하셨다고 해도
나는 그가 내 기도를 들으셨다고는 믿지 않는다.
17 그가 폭풍으로 나를 꺾으시고
아무런 이유 없이 나에게 많은 상처를 주시며,
18 나로 숨을 쉬지 못하게 하시고
괴로운 슬픔으로 내게 채우시는구나.
19 힘으로 말하면 하나님보다 강한 자가 없고
심판으로 말하면 하나님보다 공정한 자가 없다.
20 "내가 의롭다고 해도 내 입이 나를 죄 있는 자로 단정할 것이며
내가 흠 없이 온전하다고 해도 하나님이 나의 악함을 입증하실 것이다.
21 사실 나에게 아무 죄도 없지만

나는 그런 것에 관심이 없다.
22 나는 다만 내 생명을 천하게 여길 뿐이다.
하나님은 죄가 있건 없건 우리 모두를 멸망시키실 것이다.
23 뜻하지 않은 재앙으로 죽음이 휩쓸고 지나갈 때
하나님은 죄 없는 자의 고난을 비웃으실 것이다.
24 온 세상이 악인의 손아귀에 들어가 있고
재판관들의 눈은 가리어져 있다.
하나님이 그렇게 하시지 않았다면 누가 그렇게 했겠느냐?

25 "내 날이 화살처럼 빠르게 지나가니
즐거운 것을 볼 수가 없구나.
26 그 빠르기가 빠른 배 같고
먹이를 보고 잽싸게 내리 덮치는 독수리와도 같다.
27 나는 내 원통함을 잊고 얼굴빛을 고쳐
즐거운 표정을 짓겠다고 말하면서도
28 오히려 내가 당할 모든 고통을 두려워하는 것은
하나님이 나를 죄없는 자로 인정하지 않으실 것을 내가 알기 때문이다.
29 내가 어차피 죄 있는 자로 단정될 바에야
쓸데없이 헛수고를 할 필요가 무엇이겠는가?
30 내가 비록 가장 깨끗한 물로 몸을 씻고
비눗물로 내 손을 문지를지라도
31 하나님은 나를 더러운 개천에 빠뜨려
내 옷이 오히려 나를 싫어하도록 하실 것이다.
32 "하나님은 나처럼 사람이 아니시므로 내가 그에게 대답할 수도 없고
우리가 법정에서 서로 맞설 수도 없다.
33 만일 우리 사이에 손을 얹고
중재할 자가 있다면,

34 내가 하나님에 대한 두려움으로 더 이상 놀라지 않도록
내게서 그분의 채찍을 거둬줄 자가 있다면,
35 아무 두려움 없이 내가 본래 그런 자가 아니라고 담대히 말할 수 있겠는데
지금으로서는 어쩔 수 없구나."

10 "나는 삶에 지쳐 버렸다.
마음껏 불평도 해 보고
내 영혼의 괴로움을 털어놓아야겠다.
2 내가 하나님께 말하리라. '하나님이시여, 나를 죄인으로 단정하지 마시고
무엇 때문에 나를 죄인 취급하시는지 말씀해 주소서.
3 주의 손으로 직접 만드신 나는
학대하시고 멸시하시면서
악인의 책략을 너그럽게 보시는 것이 옳은 일이십니까?
4 주께서는 육신의 눈을 가지셨습니까?
어째서 사람이 보듯이 보십니까?
5 주의 날이 인생의 날처럼 짧습니까?
6 무엇 때문에 주께서는 내 허물을 찾고
내 죄를 꼬치꼬치 밝혀내시려고 하십니까?
7 주는 나에게 죄가 없는 것도 아시고
주의 손에서 나를 벗어나게 할 자도 없다는 것을 잘 알고 계시지 않습니까?
8 "주의 손으로 나를 빚어 만드시고
이제는 오히려 나를 없애 버릴 작정이십니까?
9 주여, 나를 흙으로 만드신 것을 기억하소서.
주께서는 나를 다시 티끌로 돌려보내시려고 하십니까?
10 주는 나를 우유처럼 쏟아 부으시고
치즈처럼 굳게 하셨습니다.

11 그러고서 나를 살과 가죽으로 입히시고
뼈와 힘줄로 얽어 매셨으며
12 나에게 생명을 주시고 사랑을 베푸셔서
주의 보살핌으로 내 영을 지키셨습니다.
13 "그러나 나는 주께서 나를 지켜보시다가
만일 내가 범죄하면
14 나를 죄인으로 인정하여
용서하지 않으실 것을 알고 있습니다.
15 내가 만일 악하다면 나에게 화가 미칠 것이지만
죄가 없다고 해도 내가 머리를 들 수 없는 것은
내가 수치감에 빠져
내 고통을 의식하기 때문입니다.
16 내가 머리를 치켜들면 주께서는 사자처럼 나를 덮쳐
무서운 위력을 다시 나타내십니다.
17 주께서 증인을 번갈아 세워 나를 괴롭게 하시며
나에게 대한 분노를 점점 더하시니
군대가 번갈아 나를 치는 것 같습니다.

18 "그런데 주께서는 무엇 때문에 나를 태어나게 하셨습니까?
내가 차라리 아무도 보기 전에 죽었으면 좋을 뻔하였습니다.
19 그랬더라면 내가 생기지 않은 것과 같이 되어
태에서 바로 무덤으로 가고 말았을 것입니다.
20 나의 짧은 생이 거의 끝나지 않았습니까?
제발 좀 내버려 두십시오. 나는 잠시라도 평안한 시간을 갖고 싶습니다.
21 나는 곧 다시 돌아올 수 없는 곳으로
가게 될 것입니다.
22 그 곳은 어둡고 음산하며 죽음의 그늘이 져서 무질서하고
광명도 흑암과 같은 곳입니다.'"

이해와 감상 Tip

소발의 첫 번째 연설[11장]. 소발이 욥을 공격함으로써 분노의 온도는 계속 높아간다(1-6). 그런 다음에 그는 그의 친구들이 앞에서 말했던 것과 동일한 생각을 반복해서 이야기 한다-"하나님은 가치없는 인간"을 심판한다(11). 욥이 회개한다면, 하나님은 그를 축복하실 것이다.

11 그때 나아마 사람 소발이 이렇게 말하였다.

2 "이런 말을 듣고도 대답하지 않을 사람이 있겠느냐?
그와 같이 말이 많다고 해서 옳다는 인정을 받겠느냐?
3 네가 자랑할 때 나는 잠자코 있어야만 하겠느냐?
네가 비웃으면 너를 부끄럽게 할 자가 없겠느냐?
4 너는 네가 믿고 생각하는 것이 옳다고 여기며
하나님 앞에서도 네가 순결하다고 주장하는구나!
5 하나님이 입을 열어
너에게 대답하시며
6 지혜의 비밀을 너에게 알려 주시기 원한다!
지혜에는 인간이 이해하기에 너무 심오한 면이 있기 때문이다.
너는 하나님이 너에게 주신 벌이
네가 마땅히 받아야 할 것에 비해서 오히려 가벼운 것임을 알아야 한다.

7 "네가 전능하신 하나님의 위대하심과 능력에 대한
깊이와 한계를 감히 측량할 수 있겠느냐?
8 그것이 하늘보다 높으니 네가 어찌하겠으며
지옥보다 깊으니 네가 어떻게 알겠느냐?

9 하나님의 위대하심은 땅보다도 넓고
바다보다도 깊다.
10 만일 하나님이 사람을 잡아 가두시고
재판을 하기 위해 법정을 여신다면 누가 감히 그를 막을 수 있겠
느냐?
11 하나님은 거짓된 사람을 아시므로
일일이 살피지 않고서도 악한 자들의 행동을 다 보고 계신다.
12 들나귀 새끼가 사람으로 태어날 수 있다면
어리석은 사람도 지혜롭게 될 수 있을 것이다.

13 "네가 마음가짐을 바로하고
주를 향해 손을 들 때
14 네 손에 있는 죄를 떨어 버리고
네 집에 악이 머물지 못하게 하라.
15 그러면 네가 부끄럽지 않게 얼굴을 들고
굳게 서서 두려워하지 않을 것이다.
16 그때 너의 모든 괴로움은
빨리 흘러가는 물처럼 네 기억에서 사라질 것이다.
17 그리고 너의 삶은 대낮보다 더 밝고
어두움도 아침과 같을 것이다.
18 그렇게 되면 너는 희망이 있기 때문에 든든할 것이며
자신을 보살피면서 안전하게 쉴 수 있을 것이다.
19 또 네가 누워도 너를 두렵게 할 자가 없을 것이며
많은 사람이 도와 달라고 너를 찾아올 것이다.
20 그러나 악한 자들은 눈이 어두워
도망갈 곳을 찾지 못할 것이니
그들의 희망은 목숨이 끊어지는 것 바로 그것이다."

이해와 감상 Tip

소발에 대한 욥의 대답[12장]. 연설들의 첫 번째 사이클은, 욥에 의해서 세 개의 장들에 걸쳐 지속된 긴 연설로 끝난다. 12장은 성경에서 풍자에 대한 명작 중의 하나로 시작된다(2). 그 후, 욥은 소발에게 예리하게 반박하는데, 그러한 반박의 핵심 단락은 13-25행들이다. 이들 행들은 하나님의 주권적 행위들의 목록이다. 찬양 시편들에서와 같이, 뒤틀림 목록의 모든 하나님의 행위들은 재난의 행위들이라는 것이다. 이것은 잔인한 것을 좋아하는하나님을 찬양하는 비통한 사람의 신념이다.

12 그래서 욥이 이렇게 대답하였다.

2 "참으로 너희들만 사람인 체하는데
너희들이 죽으면 지혜도 함께 죽고 말겠구나!
3 하지만 나에게도 너희 못지않은 지각이 있다.
내가 너희보다 못한 것이 무엇인가?
너희가 말한 그 정도는 누구든지 다 아는 사실이다.
4 하나님께 부르짖어 응답받은 내가
내 친구들에게 웃음거리가 되고 말았구나.
너희는 의롭고 흠 없는 나를 지금 비웃고 있다.
5 평안하게 사는 자는 재앙당한 자를 멸시하고
재앙은 곧 넘어지려는 자를 기다리고 있구나.
6 강도가 번영을 누리며 살고
하나님을 노하게 하는 자가 무사하나
그들은 자기들의 힘을 신으로 삼는 자들이다.

7 "이제 짐승들에게 물어 보아라. 그것들이 가르쳐 줄 것이다.

공중의 새들에게 물어 보아라. 그것들이 말해 줄 것이다.
8 땅에게 말해 보아라. 그것이 가르쳐 줄 것이며
바다의 고기도 일러 줄 말이 있을 것이다.
9 이것들 중에 그 어느 것이
여호와의 손이 행하신 일을 모르겠느냐?
10 만물의 생명과 전 인류의 호흡이
하나님의 손에 달려 있다.
11 입으로 음식 맛을 알듯이
귀로 말을 들으면 깨닫지 못하겠느냐?
12 늙은 자에게는 지혜가 있고
장수하는 자에게는 통찰력이 있다.

13 그러나 참된 지혜와 능력은 하나님의 것이며
예지와 통찰력도 그의 것이다.
14 "하나님이 헐면 누가 세울 수 있으며
하나님이 가두신 자를 누가 풀어 놓을 수 있겠는가?
15 하나님이 비를 내리지 않으시면 땅이 곧 메마르고
폭우를 보내시면 땅이 물난리를 겪는다.
16 그에게는 능력과 지혜가 있고
속이고 속는 자도 그에게 속하였다.
17 하나님은 지혜로운 자들의 지혜를 빼앗아 가시며
재판관들을 어리석은 자로 만드시고
18 왕들이 백성들에게 채운 쇠고랑을 풀어
그들의 허리에 채우시며
19 제사장들이 맨몸으로 끌려가게 하시고
권력 있는 자들을 뒤엎어 버리시며
20 신뢰받는 자들의 말문을 막으시고
늙은 자들의 지혜를 빼앗아 가신다.
21 그는 또 귀족들을 멸시하시며

강한 자들을 약하게 하시고
22 어두운 가운데서 은밀한 것을 드러내시며
죽음의 그늘도 빛 가운데로 이끌어내신다.
23 그는 나라를 흥하게도 하시고 망하게도 하시며
광대하게도 하시고 아주 사라지게도 하신다.
24 하나님은 세상 통치자들의 총명을 빼앗으시고
그들을 길 없는 거친 들에서 방황하게 하시며
25 빛 없이 어두운 곳을 더듬게 하시고
술 취한 사람같이 비틀거리게 하신다."

이해와 감상 Tip

욥의 자신에 대한 옹호[13장]. 첫 번째 사이클에 있는 욥의 마지막 연설의 중간인 이 場은 그의 조언자들에 대한 거절하는 말로 시작한다(1-12). 그러나 그 이후에, 초점은 자신의 정직성과 순진함에 대한 욥의 옹호로 바뀐다(13-28).

13 "너희가 말한 그 모든 것은
내가 전에 다 듣고 보았으며 또 깨달아 알고 있다.
2 너희가 아는 것은 나도 알고 있으며
내가 너희보다 못한 것은 아무것도 없다.
3 나는 차라리 전능하신 하나님께 직접 말씀드리고
내 문제를 그분과 의논하고 싶다.
4 너희는 거짓말을 지어내는 자요
아무 데도 쓸모없는 돌팔이 의사에 불과하다.
5 제발 너희는 조용히 해 다오.
그것이 오히려 너희에게 지혜가 될지 모른다.

6 "이제 너희는 내 주장과
변명을 들어 보아라.
7 너희가 어째서 거짓말을 하느냐?
너희 거짓말이 하나님에게 유익을 주리라고 생각하느냐?
8 너희가 하나님을 변호하려고 하느냐?
그를 위해 논쟁하려고 하느냐?
9 하나님이 너희를 세밀하게 살피신다면 너희에게서 선한 것을 찾
을 수 있겠느냐?
너희는 사람을 속이듯이 하나님을 속일 수 있다고 생각하느냐?
10 만일 너희가 하나님을 돕기 위해서 거짓말을 한다고 해도
하나님은 너희를 책망하실 것이다.
11 그의 위엄이 두렵지도 않느냐?
너희가 어떻게 감히 이런 짓을 할 수 있느냐?
12 너희 격언은 재와 같이 아무 데도 쓸데없고
너희 변호는 무너지기 쉬운 흙더미에 불과하다.

13 "너희는 조용히 하고 나에게 말할 기회를 달라.
무슨 일이 일어나든지 그것은 내가 당하겠다.
14 나는 그 어떤 위험도 무릅쓸
각오가 되어 있다.
15 비록 하나님이 나를 죽이실지라도 나는 그를 신뢰할 것이다.
그렇지만 나는 그분 앞에서 내 행위를 변명해야겠다.
16 어쩌면 이것이 나의 구원이 될지도 모른다.
경건치 않은 자는 감히 하나님 앞에 나아갈 수 없기 때문이다.
17 너희는 내가 하는 말에
귀를 기울이고 잘 들어 보아라.
18 나는 내가 옳다는 것을 알고 있기 때문에
내 사정을 말하려고 한다.
19 이 문제에 대해서 나와 논쟁할 자가 누구냐?

너희가 만일 내 잘못을 입증할 수 있다면 나는 조용히 죽고 말겠
다.
20 "하나님이시여, 나에게 두 가지 부탁만 들어주소서.
그러면 내가 주를 피하여 숨지 않겠습니다.
21 내게서 주의 손을 거두시고
주의 두려움으로 나를 놀라게 하지 마소서!
22 그런 다음에 나를 부르소서. 내가 대답하겠습니다.
그러지 않으려면 나에게 먼저 말하게 하시고 주께서 대답해 주
소서.
23 내가 얼마나 많은 죄와 잘못을 범했습니까?
나의 허물과 죄를 지적해 주소서.
24 주께서는 왜 내게서 얼굴을 돌리시고
나를 원수같이 여기십니까?
25 주는 바람에 날리는 낙엽 같은 나를 놀라게 할 작정이십니까?
어째서 마른 지푸라기 같은 존재를 추격하십니까?
26 주께서 신랄하게 나를 비난하시며
내가 어릴 때 지은 죄까지 들추어내시고
27 내 발에 쇠고랑을 채우시며
나의 모든 걸음을 지켜보시고
나의 발자국까지 살피시므로
28 내가 이렇게 썩어 자빠진 나무 같으며
좀먹은 의복같이 되었습니다."

이해와 감상 Tip

욥의 불평[14장]. 욥기의 연설들은 정확한 하나의 주제를 다루고 있지 않지만, 어느 정도 그들의 추이에 있어서 의식의 흐름이 작용한다. 이 방법은, 어떤 사람이 하나의 문제를 통해서 생각하고

있을 때, 그들이 실제로 나타나는 것같이 생각을 추구하는 것이다. 14장의 일반적인 주제는 그의 고난과 좌절된 꿈에 관한 욥의 슬픔이다. 우리가 이와 같이 연설들의 첫 번째 사이클을 끝낼 때, 우리는 다음과 같이 연설 과정에서 일어난 것을 요약할 수 있다. ①욥의 조언자들은 하나님은 공평하시고, 욥이 유죄라는 것을 주장했다. ②욥은 그가 정직하고 하나님이 불공평하시다는 것을 주장한다. 우리가 천국에 배경이 설정된 서론으로부터 아는 바와 같이, 이 모든 관점들은 정확한 것이 아니다.

14 "여인에게서 난 사람은
사는 날이 적고 괴로움이 가득하며
2 꽃처럼 잠시 있다가 시들어지고 빠르게 지나가는 그림자 같아서
이 세상에 오래 머물지 않습니다.
3 주는 이와 같은 자를 감시하시고
끌어내어 심문하려고 하십니까?
4 어떻게 더러운 것에서 깨끗한 것이 나올 수 있겠습니까?
그렇게 할 수 있는 자는 아무도 없습니다.
5 주께서는 인생의 사는 날과 달 수를 미리 정하시고
아무도 그 이상은 더 살지 못하도록
수명의 한계를 정해 놓으셨습니다.
6 그러므로 그에게서 주의 눈길을 돌이키시고 그를 내버려 두어
잠시라도 품꾼과 같은 고달픈 삶을 쉬게 하소서.

7 "차라리 나무라면 희망이 있겠습니다.
그것은 찍혀도 다시 움이 트고 싹이 나서
연한 가지를 내며
8 그 뿌리가 땅 속에서 늙고
줄기가 땅에서 죽을지라도

9 물기만 있으면 다시 움이 돋고
싹이 나서 새로 심은 묘목처럼 됩니다.
10 그러나 사람은 죽으면 그것으로 끝장입니다.
그가 죽으면 어디로 가겠습니까?
11 바닷물이 증발하여 줄어들고
강물이 말라 없어지듯이
12 사람이 죽어 누우면 다시 일어나지 못하고
하늘이 없어지기까지 눈을 뜨지 못하며
잠에서 깨어나지 못합니다.
13 주여, 나를 죽은 자들과 함께 감추어 주시고
주의 분노가 그칠 때까지 나를 숨겨 주시며
시간을 정하시고 나를 다시 기억하소서.
14 사람이 죽으면 어떻게 다시 살아날 수 있겠습니까?
나는 이 고통스러운 시련이 끝날 때까지
참고 기다리겠습니다.
15 그 후에는 주께서 나를 부르실 것이요 나는 대답할 것이며
주께서는 주의 손으로 만드신 나를 그리워할 것입니다.
16 그 때는 주께서 나의 걸음을 세셔도
내 죄는 들추어내지 않으시고
17 그 모든 것을 덮어 주시며
용서해 주실 것입니다.
18 "산이 침식되어 무너지고
바위가 그 자리에서 옮겨지며
19 물이 돌을 닳게 하고 급류가 땅의 흙을 씻어 내려가듯이
주께서는 사람의 희망을 꺾어 버리십니다.
20 주께서 사람을 이기시고 그를 영원히 떠나게 하여
그의 얼굴빛이 변하게 하시므로
21 그의 아들들이 존귀해도 그가 그것을 알지 못하며
그들이 천하게 되어도 그 사실을 깨닫지 못합니다.

22 그에게는 오직 고통과
슬픔만이 있을 따름입니다."

이해와 감상 Tip

그의 조언자들에 대한 욥의 마지막 대답[27장]. 27장에서 욥은 그의 친구들과의 의견교환에서 자신과 친구들 사이에 경계를 명시한다. 욥은 줄곧 내내 그의 친구들의 결론에 저항했으며, 그는 여기서 다시 그렇게 한다. 그는 그가 유죄라는 그의 친구들의 반복된 주장에 동의하길 거부함으로 해서 연설을 시작한다(1-6). 그런 후 욥은, 반복된 묘사에서 그의 조언자들이 악한 자를 기다리는 멸망을 묘사했다는 것을 발견한다(7-23). 그리고 그의 적들이 그와 같을 지도 모른다는 소망을 표현한다(7). 어떤 사람은 이 점으로 해서, 욥이 그의 조언자들을 그의 적들의 목록 속에 있을 것으로 생각하고 있는 것이 아닌지를 의심한다.

27 욥은 다시 말을 이었다.

2 "나의 의로움을 부정하신 살아 계신 하나님,
내 영혼을 괴롭게 하신 전능하신 그분 앞에 내가 맹세하지만,
3 내 안에 아직 생명이 있고
내 코에 하나님의 숨결이 있는 한
4 절대로 내 입술이 악을 말하지 않을 것이며
내 혀가 거짓말을 하지 않을 것이다.
5 나는 결코 너희가 옳다는 것을 인정하지 않을 것이며
죽기 전에는 내가 순결하다는 생각을 버리지 않을 것이다.
6 내가 거듭 말하지만 나에게는 아무 잘못도 없으며
내 양심은 깨끗하다.

7 나를 대적하는 자들과 나를 치는 자들은
악인들과 죄인들처럼 벌 받기를 원한다.
8 하나님이 경건치 않은 자의 생명을 끊어 버릴 때
그에게 무슨 희망이 있겠느냐?
9 어려움이 그에게 닥칠 때
하나님이 그의 부르짖음을 들으시겠느냐?
10 그는 전능하신 분에게서 기쁨을 찾지도 않고
어려울 때가 아니면 하나님께 기도하지도 않는다.
11 "내가 너희에게 하나님의 능력에 관해서 가르치고
전능하신 분의 뜻을 숨기지 않겠다.
12 너희는 이것을 다 보았으면서도
어째서 그처럼 쓸데없는 말을 지껄이느냐?

13 "악하고 폭군처럼 무자비한 자가
전능하신 하나님께 받아야 할 형벌은 이렇다.
14 그에게는 자녀가 많을지라도 모두 칼날에 죽거나
굶어 죽을 것이다.
15 살아남은 자들은 병으로 죽을 것이며
그들의 아내들도 그들의 죽음을 슬퍼하지 않을 것이다.
16 그가 비록 돈을 산더미처럼 쌓고
벽장을 옷으로 가득 채워 넣을지라도
17 의로운 자들이 그 옷을 입을 것이며
죄 없는 자들이 그 돈을 나눠 가질 것이다.
18 그가 짓는 집마다 거미집같이
허술하고 초막처럼 엉성할 것이다.
19 그가 잠자리에 들 때는 부자로 눕지만 눈을 떴을 때는 모든 재
산이 없어져
그가 다시는 부자로 잠자리에 드는 일이 없을 것이다.
20 두려움이 물밀듯이 그에게 밀어닥칠 것이며

밤의 폭풍이 그를 앗아가고
21 동풍이 그를 휩쓸어
자기 처소에서 날려 보낼 것이다.
22 바람이 사정없이 세차게 몰아치므로
그가 죽을 힘을 다하나 피하기가 어려울 것이다.
23 사람들이 그를 보고 손뼉을 치며 비웃고
그를 자기 처소에서 몰아낼 것이다."

이해와 감상 Tip

지혜의 찬양에서의 시[28장]. 친구들과의 담화 사이클 밖에서 독백처럼 행한 욥의 연설과 똑같이(3장), 여기 결말에서 우리는 또 욥으로부터 그들의 일부가 되는 대신, 일정한 거리를 유지한 채 사이클을 계속하는 연설을 듣는다. 이 구성단위에서, 욥의 모든 연설들은 웅변조의 걸작들이다. 28장은 지혜 찬양에서 하나의 송가(ode)로, 그것은 세 개의 커다란 흐름으로 표현된다. 땅 속에서 광물과 보석을 발견하는 능력에 의해서 상징화 된 것 같이(1-11), 모든 비밀한 것들을 발견할 수 있는 인간의 기술이나 지혜의 놀라움이다. 그러나 지혜가 어디서 발견될 수 있는가의 질문에 대한 대답에서(12), 시는 다음으로, 인간의 창의력이 발견할 수 없는-지혜-한 가지가 있다는 것을 주장한다(13-22). 그 문제에 대한 해결은, 하나님은 지혜에 이르는 길을 이해하신다는 것이다(23-28). 시가 이렇게 하나님의 뛰어난 지혜의 찬양에서 한편의 독립해 있는 시로서 읽힐 수 있는 동안, 우리가 그것을 욥기의 더 커다란 맥락 속에 놓으면, 우리는 그것을 인간 존재에 대한 궁극적인 신비(고난의 문제와 같은)와 인간의 지식에 반대되는 것으로서의 초월에 대한 새로운 인식에 대답하기 위해 욥의 입장에서 새로운 겸손을 표현하는 것으로 볼 수 있다. 그것은 폭풍으로부터의 목소리를 예시하는지도 모른다.

28 "은은 채굴하는 광산이 있고
금은 제련하는 제련소가 있으며
2 철은 땅에서 파내고
구리는 광석을 녹여서 얻는다.
3 사람들은 광맥을 찾기 위해
땅을 깊이 파고
아주 어두운 곳을 조사한다.
4 그들은 사람이 사는 곳에서 멀리 떨어져 갱 속에서
인적이 끊어진 곳에 갱도를 깊이 파고
밧줄로 몸을 묶어 흔들거리면서 외롭게 일하고 있다.
5 지면에서는 먹을 것이 나오지만
지하에서는 땅이 불로 뒤집힌다.
6 광석에는 청옥도 있고
사금도 있다.

7 그런 보화를 캐내는 길은 솔개도 모르고
매의 눈도 그것을 보지 못하며
8 사자나
다른 사나운 짐승도 밟아 보지 못한다.
9 사람들은 아주 단단한 바위를 쪼개고
산을 파서 그 뿌리까지 드러내며
10 바위를 뚫어 굴을 내고
보석을 찾아내며
11 강의 자원을 찾아서
감추인 것을 드러낸다.

12 "그러나 지혜는 어디서 찾을 수 있으며
깊은 깨달음은 어디서 얻을 수 있는가?
13 이 세상에서는 참 지혜를 찾을 수 없으므로

사람들이 그 가치를 모른다.
14 대양이 '그것은 내 속에 없다'고 말하며
바다도 '그것은 나에게 없다'고 말한다.
15 그것은 금이나
은으로 살 수 없고
16 청옥과 마노와 같은 값진 보석으로도
그 값을 치를 수가 없다.
17 지혜는 황금이나 유리와 비교가 안 되고
순금으로 장식한 보석으로도 살 수 없으며
18 산호나 수정이나 홍옥도
그 가치에 미치지 못하며
19 에티오피아의 황옥이나 순금도
지혜의 값을 따를 수 없다.

20 그렇다면 그 지혜를
어디서 얻을 수 있는가?
21 그것은 모든 생물의 눈에 숨겨져 있고
공중의 새도 그것을 보지 못하며
22 멸망과 사망까지도
그것을 소문으로만 들었을 뿐이라고 말한다.

23 "하나님만이
지혜가 있는 곳을 아신다.
24 이것은 그가 땅 끝까지 살피시며
천하에 있는 모든 것을 보고 계시기 때문이다.
25 하나님이 바람의 힘을 조절하시고
물의 분량을 측정하시며
26 비의 법칙과
번개가 다니는 길을 정하셨을 때에

27 지혜를 보시고
그 가치를 시험하여 인정하셨다.
28 그러고서 하나님은 모든 인류에게 이렇게 말씀하셨다.
'나 여호와를 두려운 마음으로 섬기는 것이 참 지혜요
악에서 떠나는 것이 진정한 깨달음이다.'"

이해와 감상 Tip

욥의 자기-초상: 과거의 번영[29장]. 29-30장에서 욥은 그의 상황에 대한 견적을 낸다. 그 구성단위(29장)의 처음의 절반에서, 그는 그의 고난이 그에게 닥치기 전의 그의 인생에 대한 이상화 된 초상을 그린다. 그것은 세계의 정상 위에 있는 유명한 남자에 대한 그림이다.

29 욥은 다시 말을 이었다.

2 하나님이 나를 돌보시던 옛날의 생활로
내가 되돌아갈 수 있으면 얼마나 좋을까?
3 그 때는 하나님이 항상 나와 함께 계셨고
내가 흑암으로 걸어갈 때 나에게 빛을 주셨다.
4 내 인생의 전성기에는
하나님의 따뜻한 손길이 우리 가정을 지켜 주셨고
5 전능하신 하나님이 나와 함께하셨으며
나는 내 자녀들에게 둘러싸여 있었고
6 광나의 가축은 젖을 많이 내며
바위산에 있는 감람나무까지 잘 자라 기름을 물 쓰듯이 하였다.
7 "그 때는 내가 성문 광장으로 가서

성의 어른들과 자리를 같이하기도 하였다.
8 젊은 사람들이 나를 보면 길을 비켜 서고
내가 가면 노인들이 일어섰으며
9 백성의 지도자들도 하던 말을 멈추고
손으로 입을 가리고
10 귀족들도 조용히
말문을 닫았으며
11 나에 관해서 듣거나
나를 보는 자들이 다 나를 칭찬하였다.
12 가난한 자들이 부르짖으면 내가 그들을 도와주고
의지할 데 없는 고아들을 볼 때도 나는 그들을 도와주었다.
13 또 거의 망하게 된 자들도 나를 위해 복을 빌어 주었으며
나 때문에 과부들도 기뻐서 노래를 불렀다.
14 나는 의로움을 내 옷으로 삼고
언제나 바르고 정직하게 살았으며
15 소경의 눈이 되고
절뚝발이의 발이 되었으며
16 가난한 자에게는 아버지와 같았고
낯선 사람의 문제도 처리해 주었다.
17 또 나는 악하고 잔인한 사람들의 세력을 꺾고
그들의 희생자들을 구출해 내었다.
18 "나는 가끔 혼자 이런 생각을 해본다.
'나는 오래오래 잘 살다가 편안하게 죽을 것이며
19 뿌리가 물에 뻗어 있고
그 가지는 밤새도록 이슬에 젖어 있는 나무와 같을 것이며
20 내 영광은 날로 새로워지고
내 힘은 점점 더 왕성해질 것이다.'

21 "사람들은 내 말을 듣고 내 충고를 소중히 여기며

내가 말할 때까지 조용히 기다렸다가
22 내가 말한 후에는 더 이상 말을 하지 않았다.
이것은 그들이 내 충고를 만족스럽게 여겼기 때문이었다.
23 그들은 가뭄 때 비를 기다리는 심정으로
내가 말하기를 기다렸다.
24 그들이 낙심할 때 내가 웃어 주면
나의 밝은 표정을 보고 그들은 용기를 얻었다.
25 나는 그들의 길을 결정해 주고 그들의 지도자로 앉아
그들에게 왕처럼 군림했으며 그들이 어려움을 당할 때마다
초상당한 자를 위로하듯이 내가 그들을 위로해 주었다."

이해와 감상 Tip

욥의 자기-초상: 고난과 실추[30장]. 욥은 이제 과거로부터 현실로 돌아와 있기 때문에, 그가 지금 경험하고 있는 실추는 그의 초창기 성공처럼이나 강조되고 있다. 인간의 고난과 고립의 목소리가 이렇게 절대적으로 통렬하게 들린 적이 없다.

30 "그러나 이제는 나보다 젊은 자들이
나를 조롱하는구나!
그들의 아비들은
내 양을 지키는 만큼도 못한 자들이다.
2 그들은 아무 기력도 없는 자들인데
그 손의 힘이 나에게 무슨 소용이 있겠는가?
3 그들은 제대로 먹지 못해 수척한 얼굴로
굶주린 배를 움켜쥐고 밤이면 거친 들을 방황하면서 마른 풀 뿌리를 씹으며

4 아무 맛도 없는
대싸리 뿌리까지 뽑아 먹는다.
5 사람들은 도둑을 내어 쫓듯이
고함을 질러 그들을 쫓아 버렸다.
6 그래서 그들은 지금 음산한 골짜기와
동굴과 바위틈에서 살고 있으며
7 떨기나무 가운데서 짐승처럼 소리를 지르고
가시나무 아래 모여 있다.
8 이들은 어리석고 무식한 천민의 자식들로
자기 땅에서 쫓겨난 자들이다.

9 "이제는 그들이 와서 나를 비웃고 있으니
내가 조롱거리가 되었구나.
10 그들은 나를 경멸하고 멀리하며
주저하지 않고 내 얼굴에 침을 뱉는다.
11 하나님이 나를 무력하게 하시고 나를 곤경에 빠뜨리셨으므로
이 젊은 자들이 내 앞에서 굴레 벗은 송아지처럼 날뛰고 있다.

12 이 형편없는 자들이 일어나
나를 대적하고 나를 넘어뜨리기 위해
내 앞에 함정을 파고 있다.
13 그들이 내 길을 막아
나를 파멸시키려고 하는데
그들을 막을 자가 없구나.
14 뚫린 성벽으로 밀어닥치는 적군처럼
그들이 무섭게 달려들고 있으니
15 내가 두려움에 압도당하는구나.
이제 내 위엄은 바람처럼 날아가 버렸고
내 행복은 구름처럼 사라져 버렸다.

16 내 생명은 점점 시들어 가는데
나를 사로잡고 있는 것은 고통의 날 들뿐이다.
17 밤이 되면 내 뼈가 쑤시고 아프며
그 고통이 끊이지 않는다.
18 밤새도록 엎치락뒤치락하다 보면 마치 하나님이
내 옷깃을 잡아 빙빙 돌려놓은 것처럼 내 몸이 옷에 둘둘 말려 있다.
19 하나님이 나를 진흙 가운데 던지셨으므로
내가 티끌과 재 같은 존재가 되고 말았다.
20 "하나님이시여, 내가 주께 부르짖어도 주는 나에게 대답하지 않으시며
내가 주 앞에 섰으나 주께서는 아무 관심도 없이 그저 나를 바라보고만 계십니다.
21 주는 나를 잔인하게 다루시고
주의 힘으로 나를 핍박하시며
22 나를 들어 바람에 날려가게 하시고
나를 태풍 속에 던져 넣으셨습니다
23 나는 압니다. 주는 나를 죽게 하여
모든 생물을 위해 예비된 곳으로 나를 끌어가실 것입니다.

24 그러나 사람이 넘어질 때 어찌 손을 펴지 않겠으며
재앙을 만날 때 어찌 도와 달라고 부르짖지 않겠습니까?
25 "내가 고생하는 자를 위해 울지 않았던가?
내가 가난한 자를 위해 근심하지 않았던가?
26 그러나 복이 오기를 기다린 나에게 화가 왔고
빛이 오기를 기다린 나에게 흑암이 오고 말았다.
27 내 마음이 번거로워 쉬지 못하는구나.
고통의 물결은 끊임없이 나에게 밀어닥치고 있다.
28 내가 햇빛도 없는 음침한 곳을 거닐며

대중 앞에 서서 도와 달라고 부르짖고 있으니
29 이리의 형제요
타조의 친구처럼 되고 말았다.
30 내 피부는 검어져서 껍질이 벗겨졌고
내 뼈는 열기로 타고 있으며
31 한때는 수금과 피리 소리를 듣던 내가
이제는 탄식과 통곡의 소리만 듣게 되었구나."

이해와 감상 Tip

욥의 정직함에 대한 위대한 맹세[31장]. 이제 정직함에 대한 위대한 맹세로, 욥은 웅변적인 감정을 분출시킨다. 열다섯 번 반복되는 수사적인 형식은, 부도덕한 행동을 거론하는 내용이 뒤따르는 조건절 "만일 내가… 면" 이라는 공식이다. 그런 다음 욥은, 만일 그가 방금 거론된 습관에 범죄 하였다면 저주받았을 것이라는 것을 덧붙인다. 그가 조건으로 하는 저주들은 강하고 폭력적이기도 하다. 따라서 그가 가상적으로 환기시키는 악에 대한 그의 결백함에서 욥의 신뢰를 확대하는 효과가 발생되고 있다.

31 "내가 내 눈과 서약하였으니
어찌 처녀를 정욕의 눈으로 볼 수 있겠는가?
2 내가 만일 그렇게 한다면
위에 계신 전능하신 하나님에게 무엇을 기대할 수 있겠는가?
3 의롭지 못하고 악을 행하는 자에게는
하나님이 재앙을 내려 벌하실 것이 아니겠는가?
4 하나님은 내가 행하는 모든 일을 다 보고 계시며
내 걸음을 일일이 헤아리신다.

5 "나는 거짓말을 한 적도 없고
다른 사람을 속인 일도 없다.
6 (만일 하나님이 나를 정직한 저울에 달아 보시면
나의 진실을 아실 것이다!)
7 내가 만일 바른 길에서 벗어났다던가 아니면
눈으로 본 것에 마음이 끌려 죄를 범했다던가
또 내 손이 죄로 더럽혀졌다면
8 내가 심은 것을 다른 사람이 먹고
내가 기른 농작물이 뿌리째 뽑혀 못 쓰게 되어도 할 말이 없을 것이다.
9 "내가 만일 어떤 여자에게 마음이 끌려서
그녀의 문 밖에 숨어 그녀를 엿본 적이 있다면
10 내 아내가 다른 사람의 집에서 맷돌질을 하고
다른 사람의 침실에서 잠을 자도 마땅하다.
11 이런 죄는 반드시 형벌을 받아야 할
무서운 악이며
12 내가 가진 모든 것을 송두리째 삼켜 버리는
파괴적인 지옥 불과도 같은 것이다.

13 내 종들이 나에게 불만을 말할 때에도
나는 그들의 말을 듣고 그들에게 정당한 대우를 해주었다.
14 내가 만일 그렇게 하지 않았다면 내가 어떻게 하나님을 대할 수 있으며
하나님이 나에게 그 일을 따지실 때 내가 무엇이라고 대답할 수 있겠는가?
15 나를 만드신 하나님은
내 종들도 만드신 분이시다.

16 "나는 가난한 자의 소원을 거절하거나

과부를 실망시킨 적이 없으며
17 나는 배불리 먹으면서
불쌍한 고아를 굶겨 본 적도 없다.
18 (사실 나는 젊었을 때부터 고아들을 친자식처럼 돌보아 주었고
과부들을 보살펴 주었다.)
19 나는 또 너무 가난해서 입을 것이나
덮을 것이 없는 사람을 보면
20 양털로 옷을 지어 입혔고
그들은 나에게 정성껏 복을 빌어 주었다.
21 만일 내가 법정에서 나를 도와줄 자가 있음을 알고
고아를 등쳐먹었다면
22 내 팔이 부러지고
어깻죽지에서 떨어져 나가도 할 말이 없을 것이다.
23 나는 하나님의 형벌을 무서워할 뿐만 아니라
그의 위엄이 두려워서도 감히 그런 짓을 할 수가 없다.

24 "나는 돈을 신뢰하거나
25 재산이 많다고 기뻐한 적이 없으며
26 또 하늘에 빛나는 태양이나
은빛 길을 걷는 달을 보고
27 은근히 마음이 끌려
손을 모아 그것들을 숭배해 본 적도 없다.
28 내가 만일 그런 짓을 했다면 이것 역시 재판을 받아야 할 죄이다.
그것은 내가 위에 계신 하나님을 배반한 셈이 되기 때문이다.
29 "나는 나를 미워하는 자가 망하는 것을 보고 기뻐하거나
재앙을 만나 고통당하는 것을 보고 흐뭇한 표정을 지어 본 적도
없다.
30 (사실 나는 어떤 사람을 죽으라고 저주하여
내 입술로 범죄한 적이 없다.)

31 내 고기로 배를 채우지 않은 사람이 없다는 것은
내 집에서 일하는 자들도 다 아는 사실이다.
32 (나는 나그네를 길거리에서 자게 한 일이 없으며
길 가는 사람들을 위해 내 집 문을 항상 열어 두었다.)

33 나는 다른 사람들처럼 내 죄를 숨겨 본 일도 없고
사람들이 하는 말을 두려워하지도 않았으며
34 내가 그들의 비웃음을 무서워하여
할 말을 못하거나 바깥출입을 하지 못하고
집 안에만 틀어박혀 있은 적도 없었다.
35 "누구든지 내가 하는 말을 들어라.
(내가 하는 변명에는 조금도 거짓이 없다. 나는 전능하신 하나님
이 내 말에 대답해 주시기를 원하고 있다.)
만일 내 대적이 내가 인정할 만한 소송장을 나에게 제시할 수 있
었다면!
36 내가 그것을 어깨에 메기도 하고
면류관처럼 머리에 쓰기도 했을 것이며
37 또 내가 행한 일을 일일이 다 그에게 말하고
내가 그를 왕족처럼 가까이했을 것이다.

38 "내 토지가 나를 향해 부르짖고
그 이랑이 눈물로 젖은 일이 있는가?
39 내가 만일 값을 지불하지 않고 그 농산물을 먹거나
소작인들을 굶어 죽게 한 일이 있다면
40 그 땅에 밀 대신 찔레가 나고
보리 대신 잡초가 나도 할 말이 없을 것이다."

이렇게 해서 욥의 말이 끝났다.

이해와 감상 Tip

엘리후의 도착[32장]. 엘리후는 성경 속에서 매력 없는 사소한 등장인물 중의 하나이다. 우리가 어떻게든 그의 부정적 성격들을 완화시켜 말해도, 그는 오만한 젊은 남자이다. 하지만, 진행되는 이야기 속에서 엘리후는 새로운 에너지를 욥과 그의 친구들의 이야기 속에 불어 넣는다. 이 에너지는 이야기를 진행하게 만들며 그동안 부풀어 있던 열기를 식힌다(1). 엘리후는 갈등의 주체로서 초기 대화에 참여한 욥과 그의 세 친구 모두에 대하여 동의하지 않는다(2-3). 32장은 엘리후가 행동하기까지의 공식적인 소개이고, 그가 했던 모든 말을 고려하면 우리에게 주어진 것은 자화상이다. 중요 부분들은 다음과 같다. 엘리후는 전형적인 화난 젊은 남자이다(4-10). 그는 욥의 세 친구들이 지혜에 관하여 표현한 것이 실패했음을 정확하게 관찰했다(11-15). 주로 그는 "말이 가득하다"(18), 그리고 "시원함을 찾기 위해" 말해야 한다(20) 같은 데서 볼 수 있듯이, 그는 지금까지의 연설들이 비교적 효과적이지 못했다는 이유들로 대화에 참여하길 원했다(16-22). 이 이야기의 시작의 효과는, 엘리후가 다른 세 명의 친구들이 성취해낸 것 보다 더 성취해낼 수 있는지 궁금증을 자아내게 하는데서 형성되는 긴장감이 있다.

32 욥이 죄가 없음을 한결같이 주장하기 때문에 그 세 사람은
더 이상 대답을 하고 싶지 않아 말문을 닫았다. 2그러자 람 집안의
부스 사람 바라겔의 아들인 엘리후가 참다 못해 화를 내고 나섰
다. 이것은 욥이 하나님보다 자기를 더 의롭게 여기고 있기 때문
이었다. 3그리고 그는 욥의 세 친구들이 욥의 말에 대답도 못하면
서 그를 죄인으로 단정하기 때문에 화가 나서 그들도 못마땅하게
생각하였다. 4엘리후는 그들이 자기보다 나이가 많기 때문에 그
들의 말이 끝날 때까지 기다렸던 것이다. 5그러나 그는 그 세 사람

이 더 이상 대답하지 못하는 것을 보고 화를 내며 6 이렇게 말하였
다.

"나는 젊고
당신들은 나이가 많기 때문에
사실 내가 참고 지금까지
내 의견을 말하지 않았소.
7 나는 나이 많은 자가 말을 하고
지식을 가르쳐야 할 것이라고 생각했으나
8 사실 사람을 지혜롭게 하는 것은
나이가 아니라
9 사람에게 지혜를 주시는
전능하신 하나님의 성령인 것 같소.
10 이제 내 말을 들어 보시오.
도 내 의견을 말해 보겠소.

11 "내가 지금까지 기다리면서
당신들이 하는 말에
귀를 기울여 보았으나
12 당신들 가운데는
욥의 말을
반박할 사람이 아무도 없소.
13 당신들은 '우리가 지혜를 깨달았다.
그를 이길 자는 사람이 아니라 하나님이시다!' 하고 말하지 마시오.
14 만일 욥이 나와 논쟁을 했다고 하면
나는 당신들처럼 그런 논리로 대답하지는 않았을 것이오.

15 이제 당신들은 당황하여
아무 대답도 못하고 있소.

16 당신들이 아무 말도 못하고 가만히 있으니
내가 어찌 보고만 있을 수 있겠소?
17 나도 내 생각을 한번
말해 봐야겠습니다.
18 내게도 할 말이 많은데
더 이상 참을 수 없군요.
19 내가 이대로 있다가는 내 가슴이 봉해 놓은 포도주나
새 가죽 부대처럼 터져 버리고 말 것 같소.
20 아무래도 내가 말을 해야 속이 후련할 것 같으니
내가 대답하겠소.
21 나는 이 마당에 누구를 편들거나
누구에게 아첨하지 않을 것이오.
22 사실 나는 아첨할 줄도 모르는 사람이오.
내가 만일 그렇게 한다면 하나님이 즉시 나를 벌하실 것이오."

이해와 감상 Tip

데쟈부[33]. 엘리후가 토론을 새로운 단계로 이끌어 갔는지에 관한 긴장감은, 그가 세 친구들의 생각을 일찍이 무시했음에도 그들의 주장을 반복하는 것에서 답을 찾을 수 있다. 일련의 엘리후의 논점은 다음과 같다. 엘리후가 대단히 인상적임에도 불구하고, 엘리후가 욥과 같은 피조물이기에, 욥이 그를 두려워할 필요가 없다는 이율배반적인 재확인으로 끝나는 욥에 대한 과장된 연설(1-7). 욥이 그의 결백을 주장함이 틀렸다는 것(8-12a). 하나님은 인간을 초월하신다는 것(12b-14). 하나님께서 인간의 고난을 경고와 훈련의 목적으로 사람에게 주시어, 괴로워하는 사람들이 그들의 죄를 하나님 앞에 자백하게 하시려는 것(15-30). 욥이 엘리후 앞에서 회개해야해야만 한다는 것(31-33). 이 모든 생각들은 이미 여러 차례 진행되었었다. 친구들처럼, 엘리후는 하나님

의 정의로움을 주장하였지만 그것이 욥의 상황에 적용된다는 것을 보이기에 실패했고, 고난은 사람이 간과한 죄악에 대한 벌이라는 것. 그 목적이 하나님께서 스스로를 사람의 고통 안에서 나타내시기를 원하시는 것으로 대신될 수도 있다는 것을 그가 무시한 죄에 대한 벌이, 고난이라고 엘리후는 선언했다.

33 "욥, 이제 너는
내 말을 들어라.
2 내가 입을 여니
내 혀가 입 속에서 말을 하는구나.
3 내가 아는 것을
정직하고 진실하게 말하겠다.
4 하나님의 성령이 나를 만드셨고
전능하신 분의 숨결이 나에게 생명을 주셨다.
5 네가 내 말에 대답할 수 있으면 준비했다가
나에게 대답하고 반박하여라.
6 하나님 앞에서는 너와 내가 마찬가지이다.
우리는 모두 흙으로 창조된 자들이다.
7 그러므로 너는 나를 두려워할 이유가 없다.
나는 너를 억누르지 않을 것이다.

8 "나는 네가 계속 이렇게
말하는 것을 들었다.
9 '나는 깨끗하며 죄가 없고
허물도 없으며 잘못한 것이 아무것도 없다.
10 그런데도 하나님은 나를 칠 구실을 찾고
나를 원수처럼 대하시며
11 내 발에 쇠고랑을 채우시고

나의 모든 행동을 일일이 감시하신다.'

12 "그러나 내가 너에게 말하고 싶은 것은 네가 그런 식으로
하나님께 말하는 그 자체가 잘못되었다는 것이다.
하나님은 사람보다 더 위대하신 분이시다.
13 하나님이 사람의 말에 대답하지 않는다고
어째서 네가 그에게 불평하느냐?
14 하나님이 여러 가지 방법으로 계속 말씀하셔도
사람이 그의 말에 귀를 기울이지 않는다.
15 하나님은 사람이 밤에
깊이 잠들 때에도
꿈과 환상 가운데서 말씀하시며
16 그들의 귀를 열어 그 말씀을 듣게 하시고
경고하여 그들을 놀라게 하신다.
17 하나님이 이렇게 하시는 것은 사람을 잘못된 데서 돌이키시고
그들이 교만하지 않게 하기위해서이다.
18 하나님은 사람이 멸망하도록 내버려 두지 않으시고
그 생명을 죽음에서 구해 내신다.

19 또 하나님은 사람을 깨우치기 위해서
그에게 질병과 고통을 주시는 때도 있다.
20 이럴 경우 사람은 입맛을 잃어
아무리 맛있는 음식이라도 쳐다보기가 싫어지며
21 그의 몸은 점점 쇠약해져서
뼈와 가죽만 남게 되고
22 결국 그는
죽음 직전에 이르게 된다.
23 "만일 이때 하나님의 수많은 천사 중 하나가
그 사람의 중재자로 나타나서

그에게 옳은 길을 보여 준다면
24 하나님은 그를 불쌍히 여겨 천사에게
'그를 살려 주어라. 그를 죽게 해서는 안 된다.
내가 그의 몸값을 찾았다' 하고 말씀하실 것이다.
25 그러면 그의 몸이 젊은 시절과 마찬가지로
다시 회복될 것이다.
26 그리고 그가 하나님께 기도하면 하나님은 그의 기도를 듣고
그를 기쁘게 받아들일 것이며
그는 또 기쁨으로 하나님을 뵈올 수 있고
하나님도 그와의 의로운 관계를 회복시킬 것이다.
27 그러면 그는
'내가 범죄하였으나'
'하나님은 나를 살려 주셨다.
28 그가 나를 죽지 않게 하셨으므로
내가 다시 살아 빛을 보게 되었구나' 하고 사람들에게 말하게 될 것이다.

29 "하나님이 사람에게 이런 일을
두 번 세 번 거듭 되풀이하시는 이유는
30 그 영혼을 구원하여
그를 생명의 빛 가운데서 살게 하기 위해서이다.
31 욥, 너는 내가 하는 말에 조용히 귀를 기울여라.
내가 좀 더 말하겠다.
32 만일 네가 할 말이 있거든 하여라.
나는 너의 의로운 점을 인정해 주고 싶다.
33 그러나 할 말이 없으면 조용히 내 말을 들어라.
내가 너에게 지혜를 가르치겠다."

이해와 감상 Tip

엘리후의 추가공격[34-35]. 엘리후가 욥에게 그가 속에 말이 가득하다고 경고했을 때, 그는 진실로 그러했다(32.18). 그는 외형상 새로운 것을 말하지만 별로 새롭지는 못했다. 욥을 포기하는 가운데, 엘리후는"무엇이 선한 것인지 우리끼리 알아"보기 위해서(34.1-4) 세 친구들과 함께 위원회를 만들어서 이 장을 시작한다. 욥에 대한 공격은 이 장에서 격렬해지지만, 또한 이런 비슷한 악감정을 우리는 일찍이 친구들의 말속에서 보았었다. 실제로 다뤄진 논점은 고리타분했다. 하나님은 군주이시며 고난은 형벌이고 욥은 유죄이다. 그러나 다음 문장들을, 사탄이 그를 괴롭히기 전의 욥의 영적 상태를 나타내는 것이라고 해석하지 않고 대신, 그의 최초의 설명 이후의 욥의 반항적 말로 해석한다면 새로운 점을 볼 수 있을 것이다. "그가 그의 죄악에 반항을 더한다", 그리고 "하나님을 거역하는 말을 많이 하는도다"(34.37). "그가 지식없는 말을 많이 한다"(35.16).

34 엘리후는 다시 말을 이었다.

2 "지혜 있는 자들이여, 내 말을 들으시오.
지식 있는 자들이여, 내 말에 귀를 기울이시오.
3 좋은 음식은 맛을 보면 알듯이
지혜 있는 말도 들어 보면 압니다.
4 무엇이 옳고 무엇이 선한 것인지
우리 함께 알아보도록 합시다.
5 욥은 이런 말을 했습니다. '나는 죄가 없으나
하나님은 그것을 인정하지 않으신다.
6 내가 잘못이 없는데도 거짓말쟁이처럼 되었고
내가 죄도 짓지 않았는데 내 상처는 낫지 않는구나.'

7 "여러분은 이 욥과 같은 자를 본 일이 있습니까?
욥은 비웃는 일을 물마시듯 하고 있습니다.
8 그는 악한 자들과 사귀며
그들과 함께 다니고 있을 뿐만 아니라
9 사람이 하나님을 기쁘게 하려고 해도
아무 소용이 없다고 말합니다.

10 그러니 총명한 자들이여, 내 말을 들으시오.
전능하신 하나님은 악을 행하는 일도 없으시고
그릇된 일을 행하는 일도 없으십니다.
11 그는 사람이 행한 대로
갚아 주시는 분이십니다.
12 그러므로 전능하신 하나님이 악을 행하시고
공정치 못하다는 것은 감히 생각할 수도 없는 일이오.
13 누가 그에게 땅을 다스리는 권세를 주었으며
온 세계를 그에게 맡겼습니까?
14 만일 하나님이
그의 영과 숨을 거두어 가신다면
15 모든 생명체는 사라질 것이며
사람은 다시 흙으로 돌아갈 것입니다.

16 "여러분이 지혜 있는 사람들이라면
이제 내 말을 들으시오.
17 만일 하나님이 정의를 미워하는 분이시라면 어떻게 다스릴 수 있겠습니까?
의롭고 전능하신 분을 죄인으로 단정할 수 있겠습니까?
18 하나님은 왕과 귀족들이라도 악하고
무가치하다고 말씀하시는 분이십니다.
19 또 그는 왕족이라고 해서 더 많은 관심을 가지시거나

부자라고 해서 가난한 자보다 더 낫게 여기시는 것이 아닙니다.
이들은 다 그의 손으로 만든 피조물이기 때문입니다.
20 사람은 밤중에 갑자기 죽을 수도 있습니다.
사람의 손 하나 대지 않아도
권세 있는 자가 순식간에 죽어 사라집니다.

21 "하나님은 모든 사람의 행동을
세심히 지켜보고 계시기 때문에
22 악을 행하는 자가 숨을 만한
흑암이나 그늘이 있을 수 없습니다.
23 하나님은 사람을 심판하시는 데
오래 생각하실 필요가 없는 분이십니다.
24 그는 조사할 것도 없이 세력 있는 자를 꺾고
그 자리에 다른 사람을 앉히기도 합니다.
25 이와 같이 하나님은 사람들이 행하는 것을 다 아시기 때문에
그들을 하룻밤 사이에 뒤엎어 파멸시킵니다.
26 그가 모든 사람이 보는 가운데
악한 자들을 벌하시는 이유는
27 그들이 자기를 떠나고
그의 모든 명령을 무시하였기 때문입니다.
28 그들이 가난한 자들을 억울하게 하여 하나님께 부르짖지 않을 수 없도록 하였으므로
하나님은 그 고통당하는 자들의 부르짖음을 들으셨습니다.
29 하나님이 침묵을 지키신다고 해서 누가 감히 그를 비난할 수 있겠습니까?
또 하나님이 그의 얼굴을 가리시면 누가 그를 볼 수 있겠습니까?
그가 사람이나 나라를 다 같이 살피시는 것은
30 악한 자가 정권을 잡아
백성을 괴롭히지 못하게 하기 위해서입니다.

31 "욥, 너는 하나님께 이런 말을 하였다.
내가 징계를 받았으니 다시는 죄를 짓지 않겠습니다.
32 내가 깨닫지 못하는 것을 가르쳐 주소서.
만일 내가 잘못한 것이 있으면 다시는 그렇게 하지 않겠습니다.'
33 네가 하나님의 형벌을 거절한다고 해서
하나님이 네 조건대로 하시겠느냐?
이것은 어디까지나 네가 대답할 문제이다.
이제 네 생각을 나에게 말하여라.
34 조금이라도 식별력이 있고
지혜가 있는 사람이라면
35 네가 하는 말을 듣고
'욥의 말은 무식하고 지혜가 없다' 할 것이다.
36 네가 하나님께 말하는 태도가 악한 자와 같으므로
끝까지 시련을 겪어야 하겠다.
37 이것은 네가 이미 지은 죄에 거역하는 죄까지 더하여
우리 앞에서 손뼉을 치며 하나님을 비웃고 있기 때문이다."

35 엘리후는 말을 계속하였다.

2 "욥, 너는 하나님 앞에 죄가 없다고 말하며
'내가 죄를 짓지 않는다고 해서
3 그것이 나에게 무슨 유익이 있습니까?'하고
묻는 것이 옳다고 생각하느냐?
4 내가 너와
네 친구들에게 대답해 주겠다.
5 너는 하늘을 우러러보고
네 위에 높이 걸려 있는 구름을 바라보아라.
6 네가 범죄한다고 하나님이 해를 입겠느냐?
네 죄가 많다고 한들 그것이 하나님께 무슨 영향을 미치겠느냐?

7 네가 의롭다고 해서 그것이 하나님께 무슨 유익을 줄 수 있겠느냐?
하나님이 너에게서 필요로 하는 것은 아무것도 없다.
8 네 죄 때문에 해를 입을 자는 너와 같은 사람뿐이며
너의 의로움으로 유익을 얻을 자도 사람뿐이다.

9 "사람들은 학대를 받으면 부르짖고
누가 와서 도와주기를 호소한다.
10 그러나 '밤중에도 노래를 주시며
땅의 짐승보다 우리에게 더 많은 것을 가르치시고
11 공중의 새보다 우리를 더 지혜롭게 하시는
나의 창조주 하나님이 어디 계신가?' 하고 말하는 자는 하나도
없구나.
12 사람들이 부르짖을 때 하나님이 듣지 않으시는 것은
그들이 교만하고 악하기 때문이다.
13 전능하신 하나님은 그들의 헛된 부르짖음에
귀를 기울이시지도 않고 듣지도 않으신다.
14 그런데 하나님은 볼 수 없고 네 문제는 그분 앞에 있으니
기다릴 수밖에 없다고 말하는 너에게 하나님이 어떻게 응답하시
겠느냐?
15 너는 하나님이 벌을 주시지 않으며
죄에 대해서도 별로 관심을 갖지 않으신다고 생각하고 있다.
16 그래서 네가 입을 열어 헛된 말을 많이 지껄이지만
너는 네가 하는 말도 깨닫지 못하고 있다."

이해와 감상 Tip

엘리후로부터 여전히 더 나오는 말들[36.1-21]. 엘리후는 정말로 말하기에 지치지 않아 보인다. 그가 "하나님 편에서" 우쭐대며 말하

기 시작할 때(2), 이제는 닳고 헤진 논점-하나님은 전능하시다는 것을 잘 설명한다. 즉, 하나님은 선을 사랑하시고 사악함을 벌하신다는 것. 고난 받는 사람들은 회개해야 한다는 것을 잘 설명한다. 우리가 이러한 반복의 효과를 깊이 생각할 때쯤, 우리는 정확하게 독자로서의 우리의 좌절이 전환점에 도달했다고 결론내릴 수 있다. 이는 사실상, 폭풍 속에서 들려오는 하나님의 반대진술을 위해 준비하는 방법이다.

36 엘리후는 다시 말을 이었다.

2 "너는 좀 더 참고 내 말을 들어라. 내가 말하는 참뜻을 보여 주겠다.
나는 아직도 하나님을 위해서 할 말이 있다.
3 나는 광범위하게 습득한 내 지식을 총동원하여
나를 지으신 하나님이 의로우신 분임을 너에게 설명해 주겠다.
4 내가 하는 말에는 하나도 거짓이 없다.
너는 참으로 지혜 있는 사람을 네 눈앞에서 보고 있다.

5 "하나님은 전능하시지만 아무도 멸시하지 않으신다.
그분은 모르는 것이 아무것도 없다.
6 그는 악인이 그대로 살아가도록 내버려 두지 않으시고
가난한 자를 언제나 정당하게 대우하시며
7 의롭게 사는 자들을 보호하시고
그들을 왕과 같이 높여
영원히 존귀하게 하신다.
8 사람들이 고통의 사슬과
환난의 줄에 매이면
9 하나님은 그들이 교만하게 행한 일과
그들의 잘못을 보여 주시고

10 그들에게 경고의 말씀을 듣게 하여
죄악에서 돌아서게 하신다.
11 만일 그들이 하나님께 순종하고 그를 섬기면
그들의 여생을 행복하고 즐겁게 보낼 수 있을 것이며
12 만일 그들이 순종하지 않으면
그들은 칼날에 망하고 무지 가운데서 죽을 것이다.
13 경건치 않은 자들은 하나님께 벌을 받아도 마음에 분노를 품고
하나님께 도와 달라고 부르짖지 않는다.
14 그들은 창녀처럼 방탕하게 살다가
젊은 나이에 죽고 만다.
15 그러나 하나님은 고통당하는 자들을 구하시고
그들이 고통 중에 있을 때 그들의 귀를 여신다.
16 하나님이 너를 위험한 가운데서 이끌어내어
안전하게 살게 하셨으므로
네 상에는 언제나 기름진 음식이 떨어지지 않았다.

17 그러나 이제는 네가 마땅히 받아야 할
벌을 받고 있다.
18 너는 다른 사람에게 화를 내다가 하나님을 조소하는 일이 없도
록 조심하고
네가 고통을 당한다고 해서 너를 구원하실 분을 대적하지 말아라.
19 너의 부나 세력이 고통당하는 너에게
유익을 줄 수 있다고 생각하느냐?
20 너는 사람을 그 있던 곳에서 끌어가는
밤을 사모하지 말아라.
21 너는 악으로 치우치지 않도록 조심하라.
네가 환난보다 악을 더 좋아하고 있다.

이해와 감상 Tip

하나님의 초월을 찬양하는 시[36.22-37.24]. 엘리후는 하나님의 초월적인 힘과 전능하심을 찬양하는 시를 마무리하면서 그에 대한 우리의 평가를 조금이나마 만회한다. 엘리후는 하나님의 권능에 대한 증거로 자연의 힘을 제시하고, 이것을 통해서 38-41장에 나오는 폭풍 속에서의 말씀을 예시한다. 그러나 엘리후의 일면적인 억측은 스스로를 죄인으로 만든다. 하나님께서는 "스스로를 지혜롭다 하는 모든 자를 무시 하느니라"(37.24) 하셨다.

22 "하나님의 능력이 얼마나 위대한지 보아라.
누가 그분처럼 가르칠 수 있겠느냐?
23 그의 길을 결정해 줄자가 어디 있으며
그가 행하시는 일이 잘못되었다고 말할 자가 누구인가?
24 하나님이 하시는 일은 언제나 찬양을 받았다.
그러므로 너도 그를 찬양하여라.
25 모든 사람은 하나님이 하시는 일을 보지만
다 멀리서 바라볼 뿐이다.
26 하나님은 너무 위대하시기 때문에 우리가 그를 알 수 없고
그의 연수도 헤아릴 수가 없다.
27 그가 물을 끌어올리시자
그것이 수증기가 되어
28 공중에 떠돌아다니다가
빗방울이 되어 사람 위에 쏟아진다.
29 하나님이 어떻게 구름을 펼치시며
천둥소리가 나게 하시는지 누가 알겠느냐?
30 그는 자기 주위를 번개 빛으로 두르시며
바다 밑을 가리신다.

31 하나님은 이와 같은 자연의 신비스러운 힘을 통해 사람들을 벌
하기도 하시고
풍성한 식물을 공급해 주시기도 하신다.
32 그는 번갯불을 손으로 싸서
목표물에 던져 그것을 맞추신다.
33 그가 천둥으로 폭풍이 다가옴을 알리시면
짐승까지도 그것이 접근해 오는 것을 알게 된다."

37 "이것 때문에 내 마음이
떨리는구나.
2 하나님의 음성,
곧 그 입에서 나오는 천둥소리를 들어라.
3 그는 먼저 번개를 쳐서
그 빛이 땅 끝까지 이르게 하시고
4 그 후에
그의 위엄 있는 음성으로
계속 우레 소리를 발하신다.
5 하나님은 신기한 방법으로 음성을 발하시고
우리가 이해할 수 없는 놀라운 일을 행하신다.
6 그는 명령 한마디로 땅에 눈이 내리게 하시며
소나기와 폭우도 쏟아지게 하신다.
7 이렇게 해서 하나님이 사람들의 일손을 멈추게 하는 이유는
그가 지으신 모든 사람들이 그가 하시는 일을 깨달아 알도록 하
기 위해서이다.
8 이때 짐승들은 숨을 곳을 찾아
거기서 머물게 된다.
9 남쪽에서 폭풍이 불고
북쪽에서 찬바람이 불며
10 그 하나님의 입 기운에

물이 얼음으로 변한다.
11 그가 구름에 습기를 잔뜩 실어
그것을 사방 흩으시므로
12 그 구름은 하나님이 인도하는 대로
온 세상을 떠돌아다니면서
그가 명령하시는 것을 이 땅에 이행한다.

13 하나님은 그 구름으로 사람을 벌하기도 하시고
땅에 비를 내려 그의 사랑을 보여 주기도 하신다.

14 "욥, 너는 이것을 듣고
가만히 서서 하나님이 행하시는 신기한 일을 한번 생각해 보아라.
15 너는 하나님이 어떻게 명령을 내려
구름에서 번개가 번쩍번쩍하게 하시는지 알고 있느냐?
16 너는 구름이 균형을 잃지 않고 떠다니는 것과
완전한 지식을 가지신 분이 행하시는 놀라운 일을 이해할 수 있겠느냐?
17 남풍이 불어 땅이 고요할 때에
네가 더운 이유를 아느냐?
18 너 같으면 하늘을 펴서
하나의 거대한 놋거울처럼 단단하게 할 수 있겠느냐?
19 "너는 우리가 하나님께 할 말을 가르쳐다오.
우리는 마음이 어두워서 무슨 말을 해야할지 모르겠다.
20 내가 말하고 싶은 것을 어떻게 하나님께 말할 수 있겠느냐?
내가 무엇 때문에 그가 나를 삼켜 버리기를 바라겠느냐?
21 바람이 하늘의 구름을 말끔히 씻어 가면
우리는 광채 때문에 태양을 제대로 볼 수가 없다.
22 마찬가지로 하나님이 금빛 찬란한 광채로 북쪽에서 나타나시면
우리는 그의 두려운 위엄 때문에 감히 그를 바라볼 수가 없다.

23 우리는 전능하신 하나님을 측량할 수가 없다.
그는 능력이 크고
모든 일에 의롭고 공정하신 분이시다.
24 그래서 사람들은 그를 두렵게 여기고 있다.
하나님은 마음에 스스로 지혜롭다고 생각하는 자를 무시하신다."

이해와 감상 Tip

하나님께서 폭풍 속에서의 그의 첫 번째 연설을 시작하신다[38장]. 폭풍으로부터 나온 두 음성은 욥기의 클라이맥스이다. 완전하게 대답을 받지는 못했다 하더라도, 결백한 자의 고난에 대한 질문이 마침내 해결된다. 역전극의 플롯모티프는 다음과 같은 방법 속에서 충분히 명료해 진다. 욥과 그의 상담자들의 모든 토의 과정에서 침묵하셨던 하나님께서 마침내 말씀하신다. 욥이 하나님께 질문하려 했고, 지금은 하나님께서 욥에게 질문하신다. 하나님께서 욥의 질문에 대답하시는 대신, 연속되는 반박질문을 하신다. 하나님께서 말씀하셨지만(우리가 예상했던 대로), 그는 욥의 질문에 대답하지 않으신다.

우리가 하나님의 첫 번째 연설을 읽기 시작할 때, 우리는 하나님께로부터 쏟아져 나오는 형언할 수 없는 힘에 압도되어진다. 마치 하나님께서 욥에게(그리고 우리에게) 끊임없어 보이는 수사의문문(정보보다는 오히려 동의를 이끌어 내기 위한 질문) 세례를 보내시는 것 같다. 모든 질문들은 다양한 자연현상의 근원과 그것들을 이끄시고 다스리시는 신의 섭리라는 두 영역의 미스테리에 집중되어져 있다. 질문에 대한 암시적인 대답은 오직 하나님께서만 아시기 때문에, 질문들의 목록은 하나님의 초월적인 지혜와 힘을 나타낸다.

38 그때 여호와께서 폭풍 가운데서 욥에게 말씀하셨다.

2 "무식한 말로 내 뜻을 흐리게 하는 자가 누구냐?
3 이제 너는 남자답게 일어나
내가 묻는 말에 대답하라.

4 내가 땅의 기초를 놓을 때에 너는 어디 있었느냐?
네가 그렇게 많이 알면 한번 말해 보아라.
5 누가 그 크기를 정하였으며
누가 그 위에 측량줄을 대어 보았는지 너는 알고 있느냐?
6 땅의 기초를 받치고 있는 것이 무엇이냐?
새벽 별들이 함께 노래하며
7 하늘의 천사들이 기뻐 외치는 가운데
땅의 모퉁잇돌을 놓은 자가 누구냐?

8 "바닷물이 깊은 곳에서 쏟아져 나올 때
누가 그 물을 막아 바다의 한계를 정하였느냐?
9 그때 구름으로 바다를 덮고
흑암으로 그것을 감싸며
10 해안으로 그 한계를 정하여
'네가 여기까지만 오고 그 이상은 넘어가지 못한다.
11 너 교만한 물결은 여기서 멈춰라'
하고 말한 자는 바로 나였다.

12 네가 지금까지 한 번이라도 아침이 되라고 명령하여
동이 트게 한 적이 있느냐?
13 네가 땅 끝까지 새벽빛이 비치게 하여
악인들이 악을 멈추게 한 일이 있느냐?
14 동이 트자 땅이 진흙에 도장을 친 것처럼 나타나고

그 모양은 주름 잡힌 옷과 같으며
15 그 빛은 악인들에게 너무 밝아
그들의 폭행을 저지한다.
16 "네가 바다 근원에 들어가 보았느냐?
네가 바다 밑바닥을 걸어 다녀 보았느냐?
17 죽음의 문이 너에게 나타난 적이 있으며
네가 사망의 그늘진 문을 본 적이 있느냐?
18 땅이 얼마나 넓은지 네가 이해할 수 있겠느냐?
네가 알면 나에게 말해 보아라.

19 빛은 어디서 오며
어두움의 근원은 무엇인지 네가 알고 있느냐?
20 너는 빛과 어두움의 범위가 얼마나 되는지 알고 있으며
그 근원까지 가는 길을 아느냐?
21 네가 나이를 많이 먹었으니
알고 있을지도 모르겠다.

22 "너는 눈 창고에 가 본 일이 있으며
우박 창고를 본 일이 있느냐?
23 나는 이것들을 환난 때나
전쟁시를 위해서 저장해 놓았다.
24 너는 빛이 확산되는 지점과
동풍이 땅으로 흩어지는 지점에 가 본 일이 있느냐?

25 폭우가 흘러내려가는 골짜기 길을 누가 만들었으며
번개가 다니는 길을 누가 만들었느냐?
26 누가 사람이 살지 않는 곳에
비를 내리며
27 메마른 땅을 축축하게 하여

풀이 나게 하는가?

28 비에게도 아비가 있느냐?
이슬방울은 누가 낳았느냐?
29 얼음과 서리의 어미는 누구냐?
30 이것 때문에 물이 돌같이 굳어지고
해면이 얼게 된다.

31 "네가 묘성을 한데 묶어 놓을 수 있으며
오리온 별자리의 띠를 풀어 놓을 수 있겠느냐?
32 네가 계절마다 제때에 별을 이끌어낼 수 있으며
곰자리를 인도할 수 있겠느냐?
33 네가 하늘의 법칙을 알고
그 법칙이 땅에 적용될 수 있도록 하겠느냐?
34 너는 구름에게 큰 소리로 명령하여
그것이 비가 되어 네 위에 내리게 할 수 있겠느냐?
35 네가 번개를 보내 그것으로
네가 가리키는 곳을 치게 할 수 있느냐?
36 누가 마음에 지혜와
깨닫는 마음을 주었느냐?
37 구름을 셀 수 있을 만큼 지혜로운 자가 누구며
하늘의 물병을 쏟아
38 먼지나 티끌이 덩어리가 되게
할 수 있는 자가 누구냐?

39 너는 사자들이 굴에 엎드려 있거나
숲속에 누워 기다리고 있을 때
40 그들의 먹이를 사냥하여
그 새끼들의 굶주린 배를 채워 줄 수 있겠느냐?

41 까마귀 새끼가 배가 고파 버둥거리며
나를 향해 부르짖을 때
그것들을 위해서 먹을 것을 마련해 주는 자가 누구냐?"

이해와 감상 Tip

하나님께서 그의 첫 번째 연설을 끝내시고 욥이 대답함[39.1-40.5]. 하나님께서 계속해서 말씀하신, 고차원적 과학 퀴즈는 인간의 고난에 대한 질문에 상관없어 보인다. 그래서 우리는 비록 간접적인 주제 접근방법이지만, 하나님의 그 연설이 이미 알려진 주제와 관련되는 것으로 보도록 강요된다. 38-39장의 내용을 풀어내는 동안 몇 가지 명심해야 할 훌륭한 요점들이 여기에 있다. (1)만약, 욥이 생물시험조차 통과하지 못하면, 그가 어떻게 의로운 자의 고난이라는 그와 같은 궁극적인 문제를 풀 희망을 가질 수 있겠는가? (2)질문들이 그를 그렇게 행하게 하시는 것으로 그리고 있는 것처럼, 오직 하나님만이 분명하게 자연을 지배하실 수 있기 때문에, 표면상으로는 하나님의 연설이 하나님의 초월적인 힘과 지혜를 나타낸다. 그러나 질문들이 하나님과 그의 피조물과의 긴밀함을 보여주기 때문에, 그들은 또한 하나님의 내재성(피조물 가운데 임하시는 하나님의 속성)을 증명한다. (4)더 더욱, 하나님의 연설은 아주 조그만 자연의 일부에 대해서도 믿기 어려운 경영과 섭리를 증명해 보이신다. 따라서 만약 하나님께서 자연의 비인간적인 힘에 대해 친밀하게 관심을 가지시는 이러한 것이라면, 하나님께서 과연 그의 인간 피조물들에 대해 자연보다 덜 신경 쓰시겠는가? 하나님의 연설에 대한 욥의 대답은(40.1-5) 하나님의 초월적인 지혜와 권능에 대한 그의 항복을 보여준다.

39 "산에 사는 염소가 언제 새끼를 낳는지 네가 알고 있느냐?
너는 암사슴이 새끼 낳는 것을 지켜 본 적이 있느냐?

2 그것들이 얼마 동안 새끼를 뱃속에 넣어 다니며
또 새끼를 낳는 때는 언제인지 네가 알고 있느냐?
3 그것들이 몸을 구푸리고 일단 새끼를 낳으면
그 고통은 끝나 버리고
4 그 새끼들은 빈들에서 건강하게 자라다가
어미 곁을 떠나 다시는 돌아오지 않는다.

5 "누가 들나귀에게 자유를 주었으며
누가 그것을 풀어 놓아 마음대로 다니게 하였느냐?
6 내가 그것들에게 들을 주어 집을 삼게 하고
그것들로 염분이 많은 땅에 살도록 하였다.
7 들나귀는 도시의 떠들썩한 소리를 싫어하며
몰이꾼들이 외쳐대는 소리도 들으려 하지 않는다.
8 그것들에게는 산이 목장과 같아서
거기서 푸른 것을 찾는다.

9 "들소가 너에게 순종하며
너의 외양간에서 머물겠느냐?
10 네가 줄로 들소를 매어 밭을 갈고
써레질을 하게 할 수 있겠느냐?
11 그것이 힘이 세다고 해서
너의 힘든 일을 덜어 주리라고 생각하느냐?
12 네가 그것을 보내 곡식을 집으로 실어 오게 하고
곡식 단을 타작마당으로 모으게 할 수 있느냐?

13 "타조는 웅장하게 날개를 치지마는
그 깃과 털에서 어미의 사랑을 찾아볼 수가 없다.
14 그것은 알을 땅에 그대로 버려 두어
땅의 열로 더워지게 하고

15 누가 발로 밟아 그것을 깨뜨리거나
들짐승이 해칠 것을 생각지 못하며
16 자기 새끼도 마치 제 새끼가 아닌 것처럼 무정하게 대하고
수고하고 애쓴 보람이 없어져도 그것에 별로 관심이 없다.
17 이것은 내가 타조를 어리석게 하고
지혜를 주지 않았기 때문이다.
18 그러나 타조가 날개를 펼치고 뛰어갈 때는
말과 기수를 우습게 본다.
19 "네가 말에게 힘을 주고
휼날리는 갈기를 그 목에 입혔느냐?
20 네가 말을 메뚜기처럼 뛰게 하였느냐?
그 위엄 있는 콧소리는 두려움마저 느끼게 한다.
21 말은 앞발로 땅을 힘 있게 차며
전쟁터로 달려가면서도
22 두려움을 모르고
칼과 맞서도 피하지 않는다.
23 그 위에서는 화살통이 덜커덩거리고
긴 창과 작은 창이 햇빛에 번쩍거린다.
24 그것은 나팔 소리가 나면
미칠 듯이 앞발로 땅을 차고 달려 나가며
25 나팔 소리가 날 때마다 콧소리를 내고
멀리서도 전쟁 기미를 알아차리며
싸우는 소리와 지휘관들이 명령하는 소리를 다 듣는다.

26 "매가 하늘 높이 솟아올라 남쪽을 향해 날개를 펴고 나는 것이
네게서 배운 지혜 때문이냐?
27 독수리가 높은 곳에 집을 짓는 것이
네 명령 때문이냐?
28 그것은 높은 절벽에 집을 짓고 살며

험한 바위산이 그의 요새이다.
29 독수리는 거기서 먹을 것을 찾아
멀리까지 살핀다.
30 시체가 있는 곳에는 독수리가 모이며
그 새끼들도 거기서 피를 빨아먹는다."

40 여호와께서는 계속해서 욥에게 말씀하셨다.

2 "네가 아직도 전능한 자와 다투겠느냐?
나 하나님을 책망하는 너는 이제 대답하라."

3 그러자 욥이 이렇게 대답하였다.

4 "나같이 보잘것없는 자가 주께 무엇이라고 대답하겠습니까?
다만 손으로 내 입을 가릴 뿐입니다.
5 나는 이미 너무 많은 말을 하였습니다."

이해와 감상 Tip

폭풍 속의 하나님의 두 번째 말씀[40.6-42.6]. 하나님께서 그의 담화의 주제로 계속해서 자연에 대해 말씀하시나, 광범위한 관점을 이야기하시는 대신 이젠, 그의 두 가지 경이로운 창조물들에 집중하신다. 두 가지 것들의 그림은 창의적인 걸작들이다. 첫 번째로 하나님은 은연중에 욥이 이전에 하나님의 성품을 거역한 것을 꾸짖으신다(40.6-14). 그런 다음에, 베헤모스(Behemoth)에 대한 강화된 묘사를 하신다(40.15-24). 아마도 상상적으로 수식된 하마의 모습일 것이다. 그 후에 좀 더 과장된 리비아탄(Leviathan)의 모습이 뒤따르는데, 이는 아마도 악어의 신화적인 버전일 것이다(41장). 41장의 일반적인 흐름은 이러하다. 일반적인 짐승의 놀라운 힘과 공포심에 대한 해설(41.1-12). 짐승의 머리, 이빨 그리고 뚫을 수 없는 비늘 갑옷에 대한 묘사(41.13-24). 짐승의 기상과 휩쓰는 듯한 공격, 그리고 적의 몰살(41.25-32). 짐승의 至高의 패기와 힘에 대한 마지막 설명(41.33-34). 폭풍 속의 첫 번째 연설에 대한 대답에서, 욥은 얘기하는 것을 멈추길 결심했다(40.4-5). 그러나, 지금의 욥의 대답은(42.1-6) 그것을 훌륭하게 넘어서 있다. 왜냐하면, 욥은 그가 이전에 말했던 것을 철회하고, 하나님의 성품에 관해서 잘못 말한 것을 회개하고 있기 때문이다. 그러나 여기서도 역시, 우리는 인간의 고난에 대한 질문에 간접적인 파생의미를 볼 수 있다. 즉, 의로운 자가 왜 고난당해야 하는 것에 대한 지적인 문제가 대답되어지지 않았음에도, 고난자 욥은 그의 고난이 좀 더 완전한 방법으로 하나님에 대한 그의 관계의 수단이 되기 때문에 영적으로 성장했다는 사실이다.

6 그때 여호와께서 다시 폭풍 가운데서 욥에게 말씀하셨다.

7 "너는 남자답게 일어나서
내가 묻는 말에 대답하라.
8 너는 네가 의롭다는 말을 하기 위해서
내 심판을 무시하고 나를 죄인으로 단정할 셈이냐?
9 네가 나 같은 팔을 가졌으며
나만큼 우렁찬 소리를 낼 수 있느냐?

10 만일 그렇다면 네가 화려하고 아름답게 꾸미고
위엄과 영광의 옷을 입어라.
11 너는 교만한 자들을 찾아
너의 분노를 쏟고 그들을 낮추라.
12 다시 말하지만 교만한 자들을 모조리 찾아서 낮추고

악인들을 그들이 있는 곳에서 짓밟아
13 모두 땅 속에 묻고
그 얼굴을 싸서 무덤에 두어라.
14 그러면 네 힘이 너를 구원할 수 있다고
내가 인정해 주겠다.

15 "너는 하마처럼 생긴 괴물을 보아라.
내가 너를 창조했듯이 그것도 창조하였다.
그 괴물은 소처럼 풀을 먹고 살지마는
16 그 허리와 배의 힘줄에는
강한 힘이 있다.
17 그 꼬리는 백향목처럼 곧고
넓적다리의 힘줄은 서로 굳게 결합되어 있으며
18 그 뼈는 놋쇠처럼 단단하고
다리는 쇠막대기와 같다.
19 이것은 내가 창조한 것 중에서 가장 무서운 놈이다.
그것을 창조한 나도 칼을 들어야만 접근할 수 있다.
20 모든 들짐승이 노는 산이
그것을 위해 먹을 것을 만들어낸다.
21 그것이 연꽃 아래나
습지의 갈대밭에 엎드리면
22 연이나 수양버들이
그것을 그늘에 숨겨 준다.
23 그 괴물은 홍수가 밀어닥쳐도 놀라지 않으며
요단 강물이 넘쳐 그 입에까지 와 닿아도 태연하다.
24 누가 감히 그것을 잡아
갈고리로 그 코를 꿸 수 있겠느냐?"

41 "네가 낚시로 악어처럼 생긴 바다 괴물을 낚을 수 있겠느냐?
네가 노끈으로 그 혀를 묶을 수 있으며
2 줄로 그 코를 꿰고
갈고리로 그 턱을 꿸 수 있겠느냐?
3 그것이 너에게 놓아 달라고 간청하거나
부드러운 말로 아첨하겠느냐?
4 그것이 너와 계약하고
영원히 너의 종이 되겠느냐?
5 네가 그것을 새와 같은 애완동물로 만들어
네 소녀들과 함께 놀 수 있도록 매어 둘 수 있겠느냐?
6 어부들이 그것을 잘라
상인들에게 팔 수 있겠느냐?
7 네가 창으로 그 가죽을 찌르거나
작살로 그 머리를 찌를 수 있느냐?
8 그 괴물에게 네 손을 한번 대어 보아라.
싸울 일이 생각나서도 다시는 그렇게 하지 않을 것이다.
9 그것을 잡겠다는 생각은 잘못된 것이다.
그것을 보기만 해도 기가 꺾일 것이다.
10 그 괴물을 건드릴 만큼 용맹 있는 자가 없는데
누가 감히 나를 당해 낼 수 있겠느냐?
11 나에게 준 것이 있다고 갚아라 할 자가 누구인가?
하늘 아래 있는 모든 것이 다 내 것이다.

12 "내가 그 바다 괴물의 다리와
그 힘과 거대한 체격에 대해서 말하지 않을 수 없다.
13 누가 그 가죽을 벗기겠으며
누가 재갈을 가지고 그것에게 접근하겠느냐?
14 무서운 이빨이 빙 둘러 있는
그 턱을 누가 벌릴 수 있겠는가?

15 그 등은 방패처럼 생긴 비늘이
서로 봉한 것처럼 밀착되어 있고 그것들이
16 서로 한데 붙어 있어
바람도 그 사이를 통과할 수 없다.
17 이와 같이 그 비늘들이 서로 꽉 달라붙어 있기 때문에
아무도 그것을 떼어 놓을 수 없다.

18 그것이 재채기를 하면 불빛이 번쩍한다.
그리고 그의 눈은 타오르는 불길 같고
19 그 입에서는 횃불이 나오며
불똥이 튀어나온다.
20 그 콧구멍에서는 연기가 나오는데
마치 갈대 불에 가마솥이 끓는 것 같다.
21 그 숨이 숯불을 피울 정도이니
그 입에서 불꽃이 튀어나올 만도 하다.
22 "그 괴물의 목에 있는 무서운 힘은
그것이 가는 곳마다 공포심을 불러일으킨다.
23 그 살 조각은 아주 단단하고
굳게 결합되어 있어 움직이지 않으며
24 그 가슴은 돌처럼 굳고
단단하여 맷돌짝과도 같다.
25 그것이 일어나면 제아무리 강한 자라도 두려워 떨며
당황하지 않을 수 없다.
26 칼로 쳐도 소용이 없고
창이나 작살도 아무 소용이 없다.
27 그 괴물은 철도 힘없는 지푸라기처럼 여기고
놋쇠도 썩은 나무처럼 여긴다.
28 그래서 화살도 그것을 도망치게 할 수 없고
물맷돌도 지푸라기에 불과하다.

29 그것은 몽둥이도 마른 풀처럼 보고
창을 던져도 우습게 여기며
30 그 배의 비늘은 사금파리처럼 날카로워
진흙 위에 타작 기계 같은 자국을 남긴다.
31 그것은 솥의 물이 끓는 것처럼 바다를 휘저어
기름이 끓을 때처럼 거품을 일으키고
32 그 뒤에는 광채 나는 길을 만들어
바다를 온통 백발처럼 보이게 한다.
33 세상의 그 어느 곳에도 이 괴물처럼
두려움을 모르는 동물은 없다.
34 이 바다 괴물은 가장 거만한 동물도 얕잡아 보며
모든 교만한 짐승의 왕으로 군림한다."

42 그때 욥이 여호와께 이렇게 대답하였다.

2 "주께서는 무슨 일이든지 다 하실 수 있는 분이시므로
주의 계획은 그 어느 것도 좌절될 수 없다는 것을 나는 압니다.
3 무식한 말로 주의 뜻을 흐리게 하는 자가 누구겠습니까?
바로 나입니다. 내가 이해할 수 없는 말을 하였고
너무 신기하여 내가 알 수도 없는 말을 하였습니다.
4 주께서는 저에게 '이제 너는 들어라. 내가 말하겠다.
내가 너에게 물을 테니 너는 나에게 대답하라' 고 말씀하셨습니다.
5 전에는 내가 주께 대하여 귀로 듣기만 했는데
이제는 내 눈으로 주를 직접 보았습니다.
6 그래서 내가 말한 모든 것을 부끄럽게 여기며
티끌과 재 가운데서 회개합니다."

이해와 감상 Tip

에필로그[42.7-17]. 프롤로그에서, 욥의 형통함은 그에게서 사라졌다. 에필로그에서 그의 형통함은 회복되어진다. 에필로그의 지배적인 문학적인 원칙은 선은 보상받고, 악은 질책 당한다는 시적 정의이다. 그에 대한 상세한 표현은 다음과 같다. (1)사탄은 언급조차 되지 않지만, 스토리의 결말에서 욥이 획득한 믿음의 승리에 의해서 무언중에 사탄은 멸망 되었다. (2)하나님께서 욥은 인정해 주시고 욥의 친구들을 책망하신다(7-9). (3)하나님께서 욥의 외적 형통함을 회복시켜주신다(10-11).

7 여호와께서는 욥에게 하시던 말씀을 마치시고 데만 사람 엘리
바스에게 말씀하셨다. "나는 너와 너의 두 친구에게 분노를 금할
수 없다. 너희가 나에 대해서 말한 것이 내 종 욥의 말만큼 진실하
지 못하다. 8 이제 너희는 수송아지 7마리와 숫양 7마리를 내 종 욥
에게 끌고 가서 너희를 위해 불로 태워 바치는 번제로 드려라. 내
종 욥이 너희를 위해 기도할 것이다. 그러면 내가 그의 기도를 듣
고 너희 어리석은 소행대로 갚지 않겠다. 너희는 내 종 욥처럼 나
에 대하여 진실을 말하지 않았다." 9 그래서 데만 사람 엘리바스와
수아 사람 빌닷과 나아마 사람 소발은 여호와께서 그들에게 명령
하신 대로 하였고 여호와께서는 욥의 기도를 들어주셨다.

10 욥이 자기 친구들을 위해 기도했을 때 여호와께서는 그를 다
시 축복해 주셔서 전에 그가 소유한 재산의 갑절을 그에게 주셨
다. 11 그러자 그의 모든 형제자매들과 전에 그를 알던 사람들이 찾
아와서 그와 함께 식사를 하며 여호와께서 내리신 모든 재앙에 대
하여 그의 슬픔을 동정하고 위로하였다. 그리고 그들은 모두 은화
한 개와 금고리 하나씩을 그에게 주었다.

12 여호와께서는 욥의 말년에 처음보다 더 많은 복을 주셨다. 그

래서 이제 그는 양 14,000마리, 낙타 6,000마리, 소 2,000마리, 암
나귀 1,000마리를 소유하게 되었다. [13]그리고 그는 일곱 아들과 세
딸을 낳아 [14]제일 큰 딸을 여미마, 둘째 딸을 긋시아, 셋째 딸은 게
렌—합북이라고 이름을 지었는데 [15]그 온 땅에 욥의 딸들처럼 아
름다운 여자가 없었다. 욥은 아들들과 함께 딸들에게도 유산을 분
배해 주었다. [16]그 후 욥은 140년을 살면서 자손을 4대까지 보았으
며 [17]나이 많아 늙고 수명이 다하여 죽었다.

■ 참고서적

성경

· 편찬대표 이호열 목사, 『포시즌 성경』, 성서연구원. 1961
· 선교100주년 기념사업회, 『뉴톰슨 관주 주석성경』, 성서교재간행사, 1985
· 현대어성경 편찬위원회, 『현대어성경』, 성서교재 간행사, 1992
· 아가페 성경사전 편찬위원회 편, 『아가페 성경사전』, 아가페, 1991
· 이국진 목사 편찬책임, 『NIV 한영해설성경』, 아가페, 2003
· 『개역개정 큰글성경』, 아가페, 2005
· 민영진 박사 감수, 『쉬운말성경』, 성서원, 2012

번역서적

· 트렘퍼 롱맨 3세, 유은식 역, 『문학적 성경해석』, 도서출판 솔로몬, 2004
· 고든 D. 피, 더글라스 스튜어트, 오광만 역, 『성경을 어떻게 읽을 것인가』, (사)한국성서유니 온선교회, 2010
· 고든 D. 피, 더글라스 스튜어트, 김성남 역, 『성경을 어떻게 읽을 것인가』, (사)한국성서 유니온선교회, 2012
· B. B. 트러워크, 김영수 역, 『문학으로서의 신약성서』, 대한기독교서회, 1969
· 샤론 헬스 외, 안효선 역, 『구약의 지혜문학』, 기독교대한 감리회 홍보출판국, 2003
· 토마스 롱, 박영미 역, 『성서의 문학유형과 설교』, 대한기독교서회, 1999
· 해밀튼 화이프, 김재홍 역, 『시학』, 평민사, 1983
· 볼프강 카이저, 김윤섭 역, 『언어예술 작품론』, 예림기획, 1999
· 게오르그 루카치, 홍승용 역, 『미학서설』, 실천문학사, 1987
· 르네 웰릭, 오스틴 워렌, 이경수 역, 『문학의 이론』, 1990
· D.W. 포켓마, E.쿠네-입쉬 공저, 정종화 역, 『20세기의 문학이론』, 을유문화사, 1985

국내서적

· 기독교대백과사전 편찬위원회, 『기독교대백과사전』, 기독교문사, 1996
· 구인환, 구창환 공저, 『문학개론』, 삼지원, 1990
· 김봉균, 『기독교문학 이야기』, 창조문예사, 2006
· 『기독교문학의 본질과 방향』, 통합연구학회
· 김성영, 『기독교문학이란 무엇인가?』, 예솔, 1997
· 김욱동 편저, 『포스트모더니즘의 이해』, 문학과 지성사, 1990
· 김윤식 편저, 『문학비평용어사전』, 일지사, 1988
· 김주연, 『현대문학과 기독교』, 문학과 지성사, 1984
· 김준오, 『시론』, 삼지원, 1991
· 김해성, 『신문학개론』, 대광문화사, 1998
· 김희보, 『종교와 문학』, 대한기독교서회, 1999
· 나채윤, 『요한복음 서론의 문학적 구조와 신학적 의미』, 대한기독교서회, 2010
· 왕대일, 『묵시문학연구』, 대한기독교서회, 1994
· 이광래, 『미셸푸코: 광기의 역사에서 성의 역사까지』, 민음사, 1989
· 장일선, 『구약성서의 문학』, 대한기독교서회, 1980
· 『히브리 설화의 문학적 이해』, 대한기독교서회, 1985
· 『삶을 위한 지혜(히브리 지혜문학 연구)』, 대한기독교서회, 2000
· 조신권, 『문학속의 기독교적 세계관』, 아가페문화사, 2013
· 최재석, 『왜 그리스도인에게 문학적 소양이 필요한가?』, 대한기독교서회, 2006
· 최종수, 『기독교문학고전의 이해』, 현대지성사, 1997
· 한승옥, 『한국기독교문학연구 총서』, 박문사, 2010
· 한국기독교문인협회, 『기독교문학』, 코람데오, 26-34집(연간집)
· 홍문표, 『기독교문학의 이론』, 창조문학사, 2005

▌외국서적

· John B. Gabel 외, 『The Bible As Literature-An Introduction-』, Oxford University Press, 2006

· C. S. Lewis, 『Reflection On The Psalms』, New York, Harcourt Brace and Word, 1958

· Leland Ryken, 『How To Read The Bible As Literature』, Zondervan Publishing House in USA, 1984

· Zoltan Kovecss, 『Metaphor: A Practical Introduction』, Oxford University Press, 2002

· James J, Paxson, 『The Poetics Of Personification』, Cambridge University Press, 1994

· Richard Bradford, 『Roman Jakobson: Life, language, art』, Routledge, 1994

· Christopher Russell Reaske, 『How To Analyze Poetry』, 탑출판사, 1985

· Nancy Bogen, 『How To Write Poetry』, Arco, 1994

· O. B. Danis, 『Introduction To Biblical Literature』, Boynton/cook Publishers, Shimon Bar-Efrat, 『Narrative Art in The Bible』, The Almond Press, 1989

· R. Alter, 『The Art of Biblical Narrative』, New York: Basic Books, 1981

· 『The Art of Biblical Poetry』, New York: Basic Books, 1985

· J. Kugel, 『The Idea of Biblical Poetry』, New Haven; Yale University Press, 1981

성경 속의 문학

한성우 지음

발 행 일 | 2014년 10월 17일
지 은 이 | 한성우
발 행 인 | 李憲錫
발 행 처 | 오늘의문학사
출판등록 | 제55호(1993년 6월 23일)

주 소 | 대전광역시 동구 대전로 867번길 52(삼성동 한밭오피스텔 401호)
전화번호 | (042)624-2980
팩시밀리 | (042)628-2983
홈페이지 | http://www.lito77.co.kr(홈페이지)
전자우편 | hs2980@hanmail.net

공 급 처 | 한국출판협동조합
주문전화 | (070)7119-1752
팩시밀리 | (031)944-8234~6

ISBN 978-89-5669-644-7
값 15,000원

* 이 책은 (주)교보문고에서 E-Book(전자책)으로 제작 · 판매합니다.
* 잘못 제작된 책은 바꾸어 드립니다.

* 본문에 사용한 종이는 친환경재생지 '그린라이트' 80g/㎡을 사용하였습니다.